“新常态下的中国经济”研究报告（上）

新常态下
中国如何**保障经济安全**

李 伟 主编

中国发展出版社
CHINA DEVELOPMENT PRESS

图书在版编目（CIP）数据

新常态下，中国如何保障经济安全/李伟主编．—北京：中国发展出版社，2015.12（2016.6 重印）

ISBN 978-7-5177-0397-6

Ⅰ.①新…　Ⅱ.①李…　Ⅲ.①中国经济—国家安全—研究　Ⅳ.①F123

中国版本图书馆 CIP 数据核字（2015）第 212991 号

书　　名：新常态下，中国如何保障经济安全
著作责任者：李　伟
出 版 发 行：中国发展出版社
（北京市西城区百万庄大街 16 号 8 层　100037）
标 准 书 号：ISBN 978-7-5177-0397-6
经　销　者：各地新华书店
印　刷　者：三河市东方印刷有限公司
开　　本：700mm×1000mm　1/16
印　　张：21.75
字　　数：300 千字
版　　次：2015 年 12 月第 1 版
印　　次：2016 年 6 月第 2 次印刷
定　　价：55.00 元
联 系 电 话：（010）68990625　68990692
购 书 热 线：（010）68990682　68990686
网 络 订 购：http：//zgfzcbs. tmall. com
网 购 电 话：（010）68990639　88333349
本 社 网 址：http：//www. develpress. com. cn
电 子 邮 件：121410231@qq. com

前言 Foreword

2015年是中国全面深化改革的关键之年，是全面推进依法治国的开局之年，是完成“十二五”规划的收官之年，同时也是中国“十三五”规划的制定之年。

本届论坛以“新常态下的中国经济”为主题。中国经济发展进入新常态，是党中央审时度势做出的重大战略判断。认识新常态、适应新常态、引领新常态，是当前和今后一个时期中国经济发展的大逻辑。新常态要有新理念、新思路、新举措。

本届论坛紧扣当前发展所面临的新形势，围绕新常态下的发展与改革，财政政策与财税体制改革、货币政策、对外开放、创新发展、“一带一路”等一系列重大问题展开讨论，积极推动中国经济结构的优化升级，重塑经济稳健增长的新动力。

中国发展高层论坛自2000年创办以来，伴随着中国和世界经济的发展变革已走过了16个年头。16年来论坛始终秉承“与世界对话，谋共同发展”的宗旨，牢记历史使命，紧扣时代脉搏，紧随中国改革开放的步伐，聚焦中国发展的重大议题，为中国和世界共同发展出谋划策。16年来论坛见证和参与了中国的改革发展，并在中国的改革发展进程中不断扩大影响，在中外各界朋友的共同努力下，中国发展高层论坛已经成为具有全球影响力的高端对话平台。

本届论坛一如既往地得到了中国政府以及国务院领导的高度重视和充分肯定。中共中央政治局常委、国务院总理李克强亲切会见了出席论坛的境外代表，就中国发展与改革的重大议题与大家进行了深入交流。中共中央政治局常委、国务院副总理张高丽出席开幕式，并就中国政府的发展理念和未来深化改革开放的重大举措发表了重要讲话。此外，多位中方部委领导、地方政府领导、国内企业界及学术界的重量级人物出席本届论坛，并就相关议题作了精彩演讲。本届论坛继续得到国际企业界领袖、重要国际机构负责人、政要和学术界著名专家学者的强有力支持，他们都在论坛不同场合发表了非常有见地的意见并参与讨论。

作为论坛的主办方，国务院发展研究中心将不断创新，把握世界与中国发展的新趋势，进一步加强国际对话与合作，促进政府、学界、企业界之间的沟通与交流，继续加快中国特色新型智库建设的步伐。发展永无止境，对话永无止境。我深信，在中外各界朋友的积极努力和参与下，中国发展高层论坛一定会为中国和世界的发展做出新的更大的贡献。

作为本届论坛思想智慧的结晶，将与会代表深入研究、探讨和沟通的发言、评论和研究报告结集出版，不仅是见证论坛发展的珍贵记录，而且对于经济新常态下，顺利推进中国改革开放事业具有十分重要的意义。

国务院发展研究中心主任

目录

Contents

第一篇

专家论“经济新常态”

国务院发展研究中心

新加坡国立大学

美国哥伦比亚大学

美国耶鲁大学

2015 年中国经济：关注经济风险，保持平稳增长

余 斌 陈昌盛

（国务院发展研究中心）

中国经济仍处在经济增长阶段转换的关键时期，供给和需求条件都发生了深刻的变化，“三期叠加”是主导经济增速下降的主导性原因，而且这一下行态势仍在继续。中国经济正在经历增长动力接替、结构调整升级、供给与需求重新匹配的大调整、大转型过程。在这一个过程中，过去经济运行积累的风险，会随着经济减速而进一步凸显暴露，一些新的风险也会逐步显现。2015 年，中国经济面临着短期增速下降过快、通缩压力加大、结构性失业和财政金融风险增加等突出问题，需要高度关注，切实把防控风险放在更加突出的位置，提前采取有效措施防范和化解，以深化改革和结构调整为动力，以提高经济发展质量和效益为中心，促进经济平稳健康发展和社会和谐稳定。

谨防经济短期下降幅度过大甚至失速的风险

1. 当前我国经济增长速度下行符合经济发展的一般规律

以工业化为标志，启动现代经济增长的国家，总体可分为两类：一类是先行国家，一类是后发国家。在后发国家追赶先行国家的过程中，通常会出现在一段时期内高速增长，经济发展和人民生活水平与先行国

家的差距迅速缩小的情况。但随着后发优势的逐步消减，经历一段高增长阶段后，这些国家的经济增速会明显回落。对于那些最终成功完成工业化的经济体，这个回落的时点往往发生在人均 GDP 达到 1 万 ~1.2 万国际元（购买力平价）的阶段。德国、日本、韩国以及中国台湾地区等的经济发展，无一例外地经历了这一过程。中国作为一个快速工业化、城镇化的社会主义国家，虽然我们有自身发展的特殊性，但发展轨迹总体符合经济发展的这一规律。按照购买力平价计算，中国目前人均 GDP 已经达到 1 万美元左右，经济增长换挡减速特征十分明显，这正是由工业化特征下后发经济发展规律的主导所致。

2. 高增长期结束后经济增长降幅可能骤然加大

从历史经验看，德国 1947 ~ 1969 年，GDP 年均增速为 7.9%，在 1969 年人均 GDP 达到 10440 国际元后，增速开始明显下降，1970 ~ 1979 年年均增长率仅为 3.1%。日本 1946 ~ 1973 年期间 GDP 年均增速为 9.4%，在 1973 年人均 GDP 达到 11434 国际元后，经济增速出现快速下降，1973 ~ 1983 年期间，GDP 年均增速降至 3.2%。韩国 1953 ~ 1995 年 GDP 年均增长速度为 7.9%，在 1995 年人均 GDP 达到 11850 国际元后，经济增速也明显下降，1996 ~ 2008 年均年经济增长率为 4.6%。而从典型的落入“中等收入陷阱”国家的情况看，巴西、阿根廷和墨西哥在 1981 ~ 2000 年间经济长期陷入相对停滞期，比其高速增长期（1950 ~ 1980 年），GDP 年均增速分别降低了 67.6%、50% 和 58.5%。在经历高速增长后，如果应对不当，经济增速在短期内突然过大幅度的下降，容易引发一系列问题甚至经济危机。对于中国而言，过去很长时间经济运行具有速度效益型特点，也就是说企业运行效益依赖于较高的经济增长速度，目前这种模式正在调整，但调整仍不到位。若短期速度降幅过大，企业、居民和政府都可能无法适应。

3. 防止短期经济过快下滑仍是当前宏观经济政策的重点

自2011年以来，在经济发展规律和“三期叠加”主导下，我国经济总体下降态势仍在持续，经济增长从高速向中高速转换进程尚未结束。房地产市场调整、通过资产重组化解产能过剩等都还没有结束，结构变化引起宏观指标间的再平衡仍在持续。一方面，房地产投资趋势性回落压力较大。目前二、三线城市库存压力较大，房地产新开工面积仍处于负区间，并显示加速下行的态势，2015年一季度房地产开发投资增速将继续明显回落。另一方面，严重的产能过剩压制企业投资积极性并增大资产重组压力。根据国务院发展研究中心2014年底年对2000余家企业的调查显示，认为行业产能过剩“非常严重”和“比较严重”的共占到74%。经济短期下降过快，对过剩产能行业的冲击和压力会进一步增加，资产重组的进程就可能被激化进而引发风险。另外，由于我国税制结构仍以流转税为主，税基存在高弹性特点，即经济快速增长时，财政收入增速更快，而增速下降时，财政收入增速下降幅度更大。今年，房地产市场阶段性调整带来的土地收入大幅缩减，地方债务偿还相对集中，过剩产能逐步退出，都会加剧地方财政压力。而与此同时，防止投资过快下滑，维持基础设施投资适度增长的需求却紧迫。财政在短期需求管理和中长期稳定之间必须寻求平衡。

谨防通货紧缩预期加强与自我实现风险

受国际市场大宗商品价格大幅下降，欧洲、日本通缩压力的影响，国内通缩预期有所增强，特别是1月份价格数据公布后，市场信心进一步恶化。1月份PPI负增长4.3%，持续负增长35个月，自去年8月份以来的PPI降幅逐步收窄态势出现逆转，降幅呈进一步拉大态势。其中，1月采掘工业下降17.5%，原材料工业下降8.6%，加工工业下降

3.1%。同时，1月CPI涨幅降到1%以下，仅为0.8%，即使考虑去年春节因素，调整后的CPI增速也只为1.2%。过去15年间中，9个春节在2月份的年份，其1月CPI环比平均为0.8%，而今年CPI环比增速仅0.3%，明显低于平均水平。

通缩预期加强，最直接的影响是企业不愿意增加采购和扩大生产，原材料和产成品库存都会减少，居民消费也会尽可能后延。通货紧缩对经济最大的危害是会引发债务紧缩，因为通缩一旦发生，原有的债务负担会加重，实际利率会上升。在我国目前企业杠杆总体偏高、风险比较突出的情况下，通缩预期会使企业债务压力进一步加大，使银行进一步收缩信贷，进而使投资进一步收缩，价格进一步下降——这就是著名的"通缩螺旋"。从实地调研看，目前企业间商业信用已经出现明显收缩，企业都很看重现金回笼，不愿给上下游提供商业信用。去年12月，工业企业应收账款增速已持续降到10%，已经是危机以来的最低水平。从历史数据看，该指标在15%左右或略高一点是比较适宜的，而应收账款增速持续走低，往往发生在遭受经济危机冲击或价格持续走低，企业预期恶化的时候。

从目前看，受需求持续不振和通缩预期加强的影响，企业被动和主动调整库存行为出现叠加，进一步加大了需求侧收缩的强度。从2013年8月份到2014年8月，一年的时间内工业企业产成品存货增速提高了10个百分点，达到15.6%，有力支撑了短周期复苏。2014年9月份以来，企业主动调整存货水平，到12月份存货增速已降至12.6%。如果考虑到原材料库存，我国目前商业库存总量为1.1万亿左右，短期库存增速下降对需求收缩的影响会比较明显。从2015年1月份PMI指数看，企业原材料库存、产成品库存和采购量三项指标分别为47.3、48、49.6，均处于收缩状态。预计一季度，企业去库存态势仍将延续，将成为拉低今年1季度GDP增速的重要因素。

通货紧缩和通货膨胀一样，预期一旦形成，往往有一种自我实现的机制。这也是发达国家十分重视预期管理的原因。在实体经济并未出现明显恶化的情况下，合理引导预期，防止通缩和需求收缩的预期进一步影响市场主体行为，将是当前中国经济政策的重点之一。

维持就业总体稳定前提下，关注结构性失业风险

随着我国人口结构的变化，总劳动年龄人口从 2012 年首次出现下降，同时从农村向城市转移劳动力也明显减量降速，我国城镇就业总量压力有所缓解。但新常态下就业结构性矛盾依然突出。

一是经济结构调整会加快推进，部分传统过剩产业必然面临淘汰和转产，不少职工难免将失业或转岗。因其技能短期不适应新岗位、新业态需求，摩擦性失业也会有所增加。二是每年 700 万大学生进入劳动力市场，而与产业升级、岗位需求不匹配问题依然突出，大学生就业压力还会持续一段时间。另外，由于二代农民工就业形态和报酬要求发生了明显变化，当劳动市场受经济形势影响发生波动，这些农民工并不会回到农村，原有的土地对就业波动的缓冲作用明显降低。

根据国务院发展研究中心 2014 年做的一项调查，对 5 万份电话调查和 8 省市近 1 万份入户调查的统计分析，在城镇地区调查的 38726 个样本（男性 18～59 岁，女性 18～54 岁）中，共有就业人员 30162 人，失业人员 2192 人，非经济活动人员 6372 人，当前我国城镇居民调查失业率为 6.8%（较 2013 年上升了 0.7 个百分点），其中男性为 6.6%，女性为 7.0%。该数据略高于统计局调查失业率 5.1%，主要原因可能是统计及调查主要针对大城市就业情况，而中心的调查包括了大量中小城市。由此可见，中小城市的就业压力可能会更大。

（1）从年龄结构看

40 岁、50 岁群体就业困难的特征依然明显。在 25 ~44 岁之间的青壮年劳动力，失业率普遍偏低，但 45 ~54 岁的女性失业率达到 11.3%，55 岁以上男性劳动者的失业率也达到 11%，就业压力比较大。

（2）从受教育程度看

调查显示，不识字或识字率低的劳动者失业率为 13%，小学到初中文化劳动者失业率分别为 10.7% 和 10.1%，大专、本科和研究生群体失业率分别是 3.9%、2.4% 和 1.2%，受教育水平与失业率明显呈反比关系。分地区看，东部地区失业率为 5.1%，东北地区为 11.9%，中部地区为 7.0%，西部地区为 7.4%，其中东北地区个别省份的失业率达到 15% 以上，问题比较突出，需要关注。

各类风险有所积累并逐步向财政金融领域集中

当前我国经济运行过程中，风险主要集中表为流动性风险、房地产泡沫、地方债务风险和产能过剩问题，这四类风险通过影子银行、土地、地方融资平台、国有企业等渠道，相互交织、相互传导，形成一个风险传递的循环。

首先，地方融资平台依托政府的显性或隐性担保，财务约束不够硬，再加上各类绩效考核的影响，往往投资冲动比较强，对投融资成本的敏感性较弱。

其次，制造业部门存在比较明显的产能过剩，地方融资平台资金使用效率偏低，这就出现了一些企业的利润水平低于融资成本的现象，当然也会降低整个社会的基础资产质量。实体经济盈利并不足以支撑高企的资金价格，继而导致资金脱离实体部门，大量本来有创新能力、可盈利的实体部门，无法得到必要的金融资金支持，整个实体部门的盈利水平进一步恶化。

再次，银行主导的金融机构，在追求利润和规避监管的驱动下，寻求通过表外业务和同业业务扩张资产，影子银行规模明显扩大。特别是中小银行和其他金融机构，为支撑长期资产扩张，资金来源高度依赖同业市场和短期理财产品。杠杆不断被推高，融资链条不断拉长，资金在金融系统内自我扩张过快，与实体经济更为脱节。

最后，由于中小银行及影子银行以大量短期负债支撑长期资产的扩张，资产负债期限、结构、投向的错配问题不断积累。这些机构的资金链滚动与维持，高度依赖从同业市场、理财市场持续获取短期资金。但当资金的净借出者（主要是四大国有银行）感到资金链收紧，对资金借出稍微收缩，货币市场资金价格就会快速跳升，流动性短缺问题就会恶化甚至引发风险。

过去三十多年的快速增长，中国经济已经积累了不少风险，经济快速增长时期这些风险往往被掩盖，一旦速度降低后就会逐渐暴露出来。加上应对金融危机的一些短期刺激政策，也不可能只有好处，难免会留下一些后遗症。制造业严重的产能过剩问题，面临资产重组和结构调整，不可避免地会引发产业新旧更替、企业优胜劣汰、员工转岗换岗等问题。随着房地产市场的加快调整，一些风险已经开始暴露，少数金融产品出现违约。在地方政府性债务、影子银行、房地产、企业互联互保等方面都会潜伏着不少风险，“高杠杆、泡沫化”，最终都会向财政金融领域聚集。

着力管控风险，2015 年有条件争取 7%左右的经济增长

新一届中国政府对防范和化解风险高度重视，始终坚持底线思维，将守住不发生系统性风险作为政策底线。已经采取了一系列针对性应对

措施，出台了地方政府债务管理的办法，加强了对影子银行的监管，实施了促进房地产市场平稳发展政策，制定了应对经济金融风险的综合方案。

目前，中央政府、居民部门的资产负债状况总体健康，企业部门和地方政府的杠杆率也在逐步降低，中国经济具有很大韧性，仍具备较大的政策空间和回旋余地，有能力、有条件应对各种可能出现的风险，保持经济运行基本稳定。

2015 年世界经济继续分化，增长步伐不同步和宏观政策差异进一步加大。受国际货币风险增加、大宗商品价格走低和地缘政治因素冲击等影响，金融市场的波动性有所增加，但总体看全球经济短期并未出现恶化态势。

一是美国维持稳定增长态势。1 月份失业率比去年 12 月上升了 0.1 个百分点，为 5.7%，但当月新增非农就业再创新高。产能利用率维持在 80% 左右，恢复到危机前水平。受能源价格降低和美元强势的支撑，居民消费信心 1 月创危机以来新高。考虑到外部经济的不确定性，美联储对危机后的首次加息显得更为谨慎，在年中前加息的概率较低。虽然对美国经济增长的可持续性仍存在很大争议，但短期将继续保持稳定增长态势。

二是欧元区经济出现积极迹象。受通缩、地缘冲突的打击，加上高失业率和结构改革缓慢，欧盟经济仍在衰退边沿徘徊。但近期有利消息有所增加，欧央行已经做出购买资产计划，将从 3 月份开始每月购入 600 亿欧元政府和私人债券，资产负债表收缩的态势将逆转，对金融市场总体利好。目前德国、西班牙等经济景气和市场预期都有所好转。受低油价刺激，1 月德国消费者信心指数创 13 年新高。希腊左翼政府虽然反对继续实施财政紧缩，但其选择脱离欧元的可能性仍较小。

三是日本经济将维持低迷状态。日本在 2014 年 10 月进一步加大了货币政策刺激力度（QQE），物价水平略有上升，四季度经济增长有望转正。但进入2015年，受国际油价、国内食品价格走低影响，CPI短期将再次出现负增长，全年涨幅在1%左右，同时受结构改革难有实质推进的影响，2015年经济增长超过1%的概率较低。

另外，新兴市场中，除了印度增长相对强劲外，其他经济体受石油等大宗商品价格下降、资本流出、财政平衡压力和潜在增速下降等因素影响，经济运行短期将难有明显起色。

在外部需求总体没有恶化的情况下，考虑今年人民币可能出现小幅贬值，占我国出口半壁江山的机电产品，在美欧的市场份额停滞3年后再次出现回升等积极因素，预计全年出口增长6%左右，与上年基本持平。

在外需难有明显改善的情况下，2015年经济运行的关键在内需。随着经济减速和劳动生产率增长放缓，居民收入增长速度将有所降低，住房、汽车消费带动的增长效应也在减弱，居民消费呈稳中趋降态势。但也要看到，我国储蓄率仍较高、信息等新消费形态持续较快增长等积极因素。2014年网上零售额27898亿元，比上年增长49.7%，其中限额以上单位网上零售额增长56.2%。预计2015年消费品零售总额增速为11%左右。

在固定资产投资中，服务业、现代农业投资仍有望保持较快增长，特别是生产性服务业的增长空间很大，有望保持20%左右的增速。同时，现阶段制造业处于转型升级的关键时期，生产设备更新改造空间很大；高端制造业、战略性新兴产业发展方兴未艾，需要大量新增投资；城市地下管网等亟待更新改造，基础设施质量需要全面提升；中西部地区和广大农村发展明显滞后，历史欠账多。从中长期看，我国仍处在后发追赶进程中，提高人均资本占有水平仍是经济增长的主要动力之一，也是激发近期经济活力的重点方向。若中央财政适当加大支持力度，基础设施投资增长维持近年来的水平，将是短期稳定投资和经济增长的重要手段。

综合内外条件，2015 年我国经济增长仍将延续下行态势。预计上半年经济下行压力较大，年中后有望略减，若不出现较大意外冲击，全年仍有条件争取 7% 左右的增长。但考虑世界经济、国内房地产市场调整和投资增长都存在一定变数，季度间 GDP 增速波动会有所扩大。

当前我国经济经济增长正处于从高速向中高速转换的关键期。从几大主要需求指标的调整进度看，今、明两年转换过程将逐步到位，并有望确立新增长平台。在此期间，经济运行持续承压不可避免。在保持战略定力的同时，需要适当加大短期需求管理力度，积极引导社会预期，防止通缩和需求收缩的预期进一步影响市场主体行为，避免经济增长由减速演变为失速，保持经济有序调整、总体平稳运行的良好局面。

参考文献

[1] 刘世锦等．在改革中形成增长新常态．北京：中信出版社，2014

[2] 余斌，陈昌盛等．关于近期经济形势的判断与政策建议．国务院发展研究中心内部报告

[3] 许召元，来有为．应该关注部分地区失业率偏高问题．国务院发展研究中心内部报告

[4] 陈昌盛．新常态：中国经济发展的大逻辑．光明日报，2015-01-27

[5] 中央经济工作会议公报（2014）．新华网，http：//www.xinhuanet.com/fortune/cjzthgjj/84.htm

[6] 白重恩，张琼．中国当前经济减速的生产率解释．比较，2014 年 9 月

新常态经济思维下所要避免的“两大颠覆性错误”

郑永年 钱继伟

（新加坡国立大学东亚研究所）

1994~2013年，中国的名义GDP年增长率达到14%。1994年财税改革以后，近20年间，财政收入增长保持两位数增长。然而，从2014年起，中国的经济进入“新常态”。在“新常态”下，中国的GDP增速从高速增长转入7%左右的“中高速增长”。而2014年的财政收入增长也转为个位数。与此同时，在新型城镇化的背景下，民众对公共服务的需求提高很快，基本公共服务包括养老、医疗、教育、住房等需要政府的大规模财政投入。2014年以来，社会保障财政支出增长迅速。

在新常态经济下，经济增长的市场动力和政府的财政资源都在变化和调整。过去30年的以投资拉动的经济增长模式难以重现。经济增长减速，但社会开支却迅速增长。显然政府的经济政策以及政府本身的定位需要转型。

从世界经济社会发展历史经验看，这样的转型纯属常态。但这个转型是否成功既要取决于市场，也取决于政府政策。转型不成功，中国有可能长期陷入中等收入陷阱，并在此基础之上的劣质民主；转型成功，就有可能发展成为高收入社会，并在此基础之上的优质民主。近年来，中央高层警告中国在转型过程中要避免犯“颠覆性错误”。这个判断非常及时，且具有远见。

那么，就新常态经济而言，需要避免什么样的颠覆性错误呢？我们认为新常态下的经济改革，既要超越民粹主义的经济思维，也要超越西方新自由主义的经济思维。民粹主义和新自由主义就是两个可能的颠覆性错误。

新自由主义思维可能对下一步的经济改革带来巨大风险

在中国，新自由主义经济学在20世纪90年代以后对经济政策产生影响。1997年中共十五大正式形成了“抓大放小”的经济改革战略，国有企业开始大规模改制。国有企业的改制造成了大部分当时处于亏损状态的中小型国有企业尤其在地方层面的民营化（即中国特色的“私有化”）。同时，另外一部分留下来的国有企业也通过减少教育、医疗福利等，把包袱抛给了社会。新自由主义经济学在中国的影响主要在中小型国有企业的民营化和社会福利的市场化方面。前者表现为必然，因为大量亏损的国有企业的存在势必拖垮整个国民经济；而后者则导致了诸多没有预想得到的结果。国有企业（尤其是大型国有企业）本身并没有实现市场化，到今天为止这些国企仍然是行政和政治组织，但其所负担的社会福利则被市场化。

从经济增长的角度来看，新自由主义经济学在过去二十几年间成绩斐然。改革的绩效通过国内生产总值GDP以及财政收入等的高速增长体现出来。学术界所说的“国家能力”（state capacity）在20世纪90年代以后迅速增强。税收特别是中央政府的税收收入维持高速增长。自90年代中期以来，财政收入增长持续超过GDP增长。同时，政府在基础设施及其他固定资产上的投资大增。

但新自由主义经济学大大忽视了社会政策在实现可持续经济增长过程中的作用。在经济发展的过程中，政府的重要作用是对社会上的弱势群体提供社会安全网（safety net），包括低保、养老金、失业保障等。同时对大多数民众提供基本医疗、义务教育、公共住房等基本公共服务。20 世纪 90 年代以来，政府在提供社会公共服务等方面没有发挥应有的功能。传统上计划经济负责的领域如医疗、教育、住房等逐渐市场化和货币化。90 年代后期，新自由主义首先进入医疗领域，使得这个领域成为暴富领域，其主体医院、医生、制药商成为暴富者。同时，直到 2003 年，中国一半以上的居民没有医疗保险。1997 年亚洲发生金融危机，当时的人们把应付危机仅仅理解成为维持高 GDP 增长，结果导致了教育领域的产业化。在中国传统的影响下，家长们为了下一代，可以不顾一切地投入。尽管官方从来没有正式提倡过或者承认过教育的产业化，但实际上教育产业化成为当时应付危机的一个有效手段。直到今天，中国的教育可以说是世界上最具有产业化性质的。2008 年世界金融危机之后，住房的产业化也愈演愈烈，房地产成为了中国的经济支柱。至此，中国所有主要的社会领域都被货币化和市场化。

相比较而言，中国和西方刚好走了一条相反的道路。在西方，随着经济的增长和发展，很多社会领域的产业化和货币化程度呈现下降趋势。因为民主的抵制，新自由主义没有能力攻克这些社会领域。在大多数发展中国家，例如印度，这些社会领域的市场化和货币化程度也远较中国的低。只有拉丁美洲国家，新自由主义经济学在右派政治强权（例如军人政权）的扶持下进入社会领域。不过，必须意识到，拉美国家的社会福利远较中国的高，因为这些国家在反殖民地统治过程中实现了相当长时期的民主政治，工会、宗教和市民社会等力量有能力为社会争取到社会福利。也就是说，就对社会的影响而言，新自由主义在中国较拉美来得深刻。

政府在社会保护上的缺位导致居民收入不平等加剧。全国居民收入基尼系数达到了国际公认的警戒线。2008 年的基尼系数达到了 0.491。除了收入之外，资产的分配也相当不平等。一线城市出现“蚁族”，而房屋却大量空置。最近西南财经大学一项研究估计，中国的城镇房屋空置率在 2013 年达到了 22%，其中一线城市空置率达到 21%。

在这方面，中国可以从东亚其他经济体的发展过程中学到很多经验。日本和后来的“四小龙”走的道路和欧洲不同。在强调市场的作用方面，东亚经济体和欧洲类似，但社会发展和社会建设方面则很不相同。无论是经济发展和社会发展方面，东亚经济体的政府扮演了极其重要的作用，它们在推动经济发展的同时也积极推动社会的发展。鉴于欧洲社会主义运动的经验，东亚政府往往先发制人，进行社会改革和社会制度建设，从而避免了类似于欧洲那样的长时期的、大规模的工人阶级运动。在东亚，只有韩国有比较激烈的劳工运动，但仍然远较欧洲温和，其他经济体由于社会政策的确立而得以和平发展和转型。不难看到，这些东亚经济体在二十多年的时间里，不仅造就了经济奇迹，而且也造就了社会奇迹——庞大的中产阶层。在日本，企业的技术创新和改进能力、特有的企业终生雇佣制度、政府方面的工资倍增计划等因素很快促成了中产阶级的成长。在中国台湾和中国香港，中产阶级的成长主要是因为中小企业的大发展和政府的社会政策。新加坡政府的作用更大，建国之后就确立了“居者有其屋”的住房政策。后来又根据经济发展水平不断出台和完善医疗和教育政策等，为中产阶级的成长造就了坚实的经济和社会制度基础。

客观地说，在过去的十来年里，中国政府也开始了医疗和义务教育改革，在社会保障方面也努力不少，也有一些制度上的建树。但这些努力远远抵消不了在医疗、教育和住房等重大社会领域“新自由主义化”所带来的恶果。看病难、看病贵、房价居高不下等问题始终存在。中国的社会政策刚刚开始，仍然需要大量的对社会基础设施包括学校和医院的投资。例如，中国的学校建筑尤其是从幼儿园到高中的建筑和教育设施，质量极其低下。再如，因为老龄化社会来临，医院和养老设施严重不足，需要大量的投资。不过，应当指出的是，尽管这些社会投资对经济增长会有间接的正面影响，主要是通过建设消费社会的途径，但社会投资已经不可能支撑经济的高增长，也不会成为新的经济增长点。

中国如果不能像东亚其他经济体那样，通过社会制度建设，在保证社会稳定的同时继续推动经济的发展，那么中国就会面临进入“中等收入陷阱”的危险。从人均国民所得来说，中国已经进入中等收入国家。中国社会的各方面也一直在讨论中国是否也会出现“中等收入陷阱”。从经济上说，要避免中等收入陷阱，就需要实现可持续的经济增长，主要是要建立内需社会。但内需社会的建设不仅关乎于经济，还有两个方面的关键因素：一是社会政策方面的突破；二是劳动收入的持续增长。无论是欧洲还是东亚经济体，内需社会都是依赖这两个要素建立起来的。而这两方面的因素的发展必然造就一个庞大的中产阶层的形成。实际上，内需社会和中产阶级社会是两个可以互相替换的概念。

未来社会政策的设计应当考虑和经济改革相辅相成。第一，社会政策包括失业保险、医疗保险等是为劳工提供的一种保险。在经济转型的过程中，社会政策保护了劳工。第二，社会政策包括教育、就业培训等也是用来进行社会投资的。在经济转型的过程中，这种社会投资对企业的发展不可或缺。

更为重要的是，新自由主义经济学对监管型政府（regulatory state）强调不足。新自由主义思维下提倡对企业自由放任，由市场来淘汰生产劣质产品的企业。在新自由主义思维下，政府单方面“亲商”，缺位监管经济成为必然。政府对企业的监管不力导致了食品安全问题、水污染、豆腐渣工程等。然而，监管是国家治理体系中不可或缺的一环。和法制相互补足，政府监管可以实现对经济活动的干预。如果产品和服务质量有问题，民众可以通过诉讼在事后追究企业的责任。而政府监管的重要之处在于可以相对更有效率地事前监督生产企业，保证产品和服务质量。同时，市场机制难以有效地配置公共物品如环境、公共卫生、公共交通等（“市场失灵”），往往需要由政府提供这些公共物品。政府监管在提供和配置公共物品上非常重要。

政府在监管上的作用的一个突出例子是2014年反垄断政策执法。牵涉企业既有跨国公司如微软、高通，也有国企如中国联通、中国电信等。反垄断政策是保证市场下竞争机制得以运作的重要保障。

除了保护社会和提供监管之外，政府在经济转型中的另一个重要角色是通过优化产业政策提高企业竞争力。这一点也是与新自由主义不同的。除了传统的财政和货币政策之外，政府可以通过战略性行业的国企来稳定宏观经济。国企存在的意义在于“平准”经济、应付危机、基础设施建设、国防等。这些在《盐铁论》里面已经说得非常清楚，到今天仍然没有实质性变化。但国企的全面垄断又会造成无穷的恶果。对中国来说，理想的局面是实现国有企业和民营企业的平衡，从而是大型企业（国企往往是大型企业）和中小型企业（往往是民营企业）之间的平衡。只有国有企业和民营企业、大型企业和中小型企业协同发展，才不会导致大的经济危机。

2006年国资委提出对包括军工、电网电力、石油石化、电信、煤炭、民航、航运等七大行业“保持绝对控制力”。这里的问题在于如何在“绝对控制力”条件下，让这些部门不会演变成依赖垄断性的既得利益，而是具有足够的动力通过产业升级，而非通过垄断来实现可持续发展。

目前的产业政策，经济结构转型也困难重重。制造业主要集中在中低端上，许多高端产品依赖进口，比如手机的芯片、汽车发动机、精密仪器等。产业升级缓慢、产品附加值低下、经济整体缺失动力，诸类现象早已经引发“中国是否会陷入中等收入陷阱”的忧虑和争论。

产业政策还包括政府可以对节能环保等行业的或对企业研发投入的补贴等等来鼓励某些行业发展。当然，企业技术创新和产业升级是未来经济转型的关键。技术创新和产业升级决定了生产率的提高。目前中国的劳动生产率只有美国的13%，大量的生产和出口集中在低附加值的部分。比如中国只生产了苹果手机iPhone附加值的4%。大量的利润被其他国家拿走。目前国家支持的七大新兴产业是好的开始。

产业政策应该有合适的定位。首先，产业政策的设计要和竞争（反垄断）政策互相补足。产业政策应当定位于一个产业，而非特定的企业。产业内，企业的生存也取决于市场上的竞争机制。其次，产业政策设计应该考虑到产业内企业的差异。产业内可能有大型国有企业，也可能有中小企业。金融改革就是一个例子。金融产业政策的制定既要利用市场机制，鼓励竞争，也要考虑到产业内结构性的因素。中国的金融制度结构还没有到位，国有大银行处于高度垄断地位，服务对象主要是大型国有企业。尽管中央政府也要求国有银行为中小企业提供服务，但因为不符合经济逻辑，中小企业得不到所需要的服务，微型企业更不用说了。尽管三中全会把国有企业和非国有企业提高到同等重要的地位，但非国有企业这种理论上的地位，需要体现在制度层面。如果金融系统的结构性改革不能到位，也就是说不能确立中小型民营银行（或者国有银行），那么中小型民营企业还是不能得到服务。同样，中国也需要建设数量众多的微型银行或者金融机构，为微型企业服务。三中全会的《决定》表示要支持发展中小型民间银行等金融机构，这应当是要通过破除国有银行垄断一切的方法，来解决金融制度的结构性问题。有一点很清楚，如果这样的结构改革不到位，光强调利率的自由化，结果会更糟糕。没有结构改革的利率自由化，只会有利于国有银行，导致更高度的垄断。

民粹主义经济思维也可能对新常态下的经济政策带来风险

民粹主义主导下的经济政策是以收入再分配为核心的改革政策，包括国有化，推行扩张性的财政政策以及大幅度的收入再分配政策等。20世纪70、80年代拉美的一些国家就是一个例子。然而，民粹主义下的经济政策过度强调缩小收入差距的重要性，忽视市场机制的作用，对经济增长和增强国际竞争力强调不足。

民粹主义经济政策提倡国有经济。然而，国有企业和非国有企业之间的关系需要用市场化改革来解决。无论是哪一类型的企业，都需要引入市场机制，都必须通过竞争来获得生存和发展。从很多国家的经验来看，就企业来说，所有权并不是根本，竞争更为重要。但鉴于政府有天然的倾向支持国有企业，除了市场化，还必须用法律的形式规定国有企业的空间范畴，对国有企业做科学的分类。一些领域例如自然垄断领域、公共服务领域、社会性很强的领域及其对国家具有重大战略意义的领域，可以由国有企业来主导。不过，国企主导并不意味着政府主导，主导国企运作的仍然必须是市场。同时国企主导也不是排除民营企业积极参与到这些领域来。除了这些领域，其他领域都要开放给民营企业。要用法律的形式把国有企业关在“笼子”里面。国有企业边界的法制化可以避免再次出现类似2008年金融危机之后，国企到处扩张，从而使国企与民企之间结构失衡的情况，有利于国民经济的平稳可持续发展。

民粹主义经济政策强调通过二次分配来实现社会公平。二次分配当然很重要。但必须意识到，在实现基本社会公平方面，二次分配只是一个补充，而一次分配是结构性的，更为重要。通过税制改革来改善经济结构，通过改善经济结构来改善社会结构，从而实现社会公平，这种途径和方式比二次分配更为有效。目前的结构性减税改革是一个好的开始。中国目前的税制结构不仅不利于经济结构的调整，更在恶化社会公平。首先，目前的税制是有利于国有企业和大型企业，而不利于中小型、微型企业。税制的改革要改变这个局面，对中小型和微型企业实行优惠的税收政策。发展中小型和微型企业是解决就业问题的最好手段。就业是个人和家庭收入的最主要来源，一旦没有了就业，那么再多再好的来自国家二次分配的社会保障也难以避免个人和家庭沦落为贫穷状态。

另一个有关民粹主义经济思维的例子是大幅度扩张性的财政政策。2008 年金融危机之后，中国政府推出了“四万亿”的救助计划，而这“四万亿”基本上都进入了国企领域，没有民营企业的份儿。巨额资本的流入，为国企的大扩张提供了强大的财政支持。从此，国企走上了大扩张道路。当时的领导层因为对金融危机的过分担心，只考虑到国家如何避免金融危机，而没有对国企的这种大扩张的结果有足够的考虑。因此，有关部门根本就没有告诉国企如何扩张及在哪些领域扩张。这就导致了国企的盲目扩张。国企领导层的唯一目标就是把国企做大。这就很快改变了 20 世纪 90 年代中期以来的局面。原来，国企被要求在具有国家战略的领域内发展和壮大，但 2008 年之后，国企到处扩张，哪里能盈利，就走向哪里。一句话，2008 年之后，国企不仅侵入了原来民营企业的空间，而且很快就在原来的民营企业空间里占据了主导地位，因此也很快就改变了原来国企和民营相对平衡的局面。而不少国企将资金投入了房地产市场非实体经济，导致房价大涨。

近年来又启动了新一轮的国有企业改革，意在纠正原先的错误。但不管有意还是无意，又出现了民粹主义倾向。最近的央企负责人薪酬制度改革便是一个民粹主义经济思维的例子。这个改革将把央企负责人的薪酬从一般职工的12倍降到8倍。这样的政策受到不少民众的支持。但央企负责人的薪酬和市场价格如果相差太远的话，很难吸引到高质量的职业经理人。没有高质量的人才，国企可持续发展必将成为问题。

今年来已经发生多起有关垃圾焚烧的群体性事件导致垃圾焚烧厂的项目搁浅。中国的城市垃圾危机早已经开始，建设垃圾焚烧厂既符合社会的整体利益和长远利益，也是当务之急。但有关部门决策对“民意”的让步也体现了民粹主义倾向。政府的决策若是经过了科学论证，走过了合理的程序，项目决策就不应该随意改变，受到所谓“民意”的压力。在转型阶段，政府决策牵涉到许多既得利益，如果朝令夕改的话，政府决策的可信度就会下降，同时改革的难度也会增加，最终导致更大的危机。

如何避免两个风险

要避免新自由主义和民粹主义这两个风险，在新常态经济下，政府的作用就要和其他的改革相配合，包括司法改革、行政体制改革（尤其是行政审批改革）等。

1. 司法改革对政府的转型相当重要

在理想状态下，国家通过一个公平的规则保证市场机制下竞争的自由和公正。政府、企业、个人都在这个法制框架下活动。政府在这方面的角色不可或缺。改革开放以来，中国已经有了文本意义上的法律，即法制，但法治仍然很微弱。这主要是指法律执行力很低，很多法律只作为文本而存在。

2. 行政体制改革，尤其是行政审批权改革，就是要建立一个监管型政府

改变以“事先审批”为基本特征的管理方式，在取消审批的地方，政府将权利下放给社会和企业。建立监管型政府既是改革本身的逻辑，也是政府利益逻辑。向企业分权，确立政府和经济领域的边界，并不是说政府和企业之间就不存在任何关联了。实际上的情形是，政府一方面要向企业分权，不再直接干预企业的经济活动，但另一方面政府必须对企业的经济活动进行监管，增进社会的公共利益。如果企业的经济活动不被监管，企业就会损害到社会的公共利益。无论是“分权”还是“监管”都涉及到政府改革。从政府利益逻辑来说，作为组织的政府，其本身也有其自身的利益，就是在和经济领域互动过程中，必须具有足够的权力和能力向公众提供公共利益。一旦政府不能向公众提供公共利益，政府本身的合法性就会成为问题。“强政府”因此成为政府改革的一项重要内容。

中央政府是改革的顶层设计者，也是一些领域的改革主体，例如财政税收、金融领域等。但在很多领域，中央本身不是改革的唯一主角，地方政府、企业和社会才是主体。因此，在向既得利益要回权力之后，要重新把权力下放到改革的主体者那里。行政审批权的大规模下放是个起点。现在一些政府不作为了，但理论上，合法的权力仍然在政府手中。如果不能分权，企业和社会也不能作为。

3. 行政体制改革的法律基础问题也亟待解决

行政审批权下放没有法律基础，也很容易受到来自社会方方面面的压力。社会压力一出现，改革就半途而废。法律基础上的改革可以改变这种局面。但是，改革要进行下去，就需要处理好改革和现有法律的关系。在中国，改革经常是需要突破现有法律框架的。中国的改革开始时往往是“非法”进行的，一段时间之后才去修改法律，把改革合法化。

如何处理这一矛盾？根据其他国家的经验，中国首先需要清理旧的法律、法规和政策。中共是唯一的执政党，在法律和法规上只能做加法，很少能做减法，因为后来的领导层往往不能否认前任所制定的东西。更为重要的是，现行的很多法律和法规，大都是把以前的利益合法化。要改革，首先要把恶法、不合时宜的法律和法规清除，之后再立新法，这样既为改革清除障碍，也为改革提供法律依据。

建立具有中国特色包容性发展政策框架的议程

约瑟夫·斯蒂格利茨
（哥伦比亚大学教授）

随着中国进入下一发展阶段，铭记经济学家从增长和发展历程研究中吸取的重要教训非常重要。尤其是，中国需要避免中等收入陷阱所带来的风险，即认为自己必须而且能够保持快速增长，从而缩短自身与先进国家之间的差距。中国必须确保自身发展具备经济、社会和环境的可持续性，同时必须确保这种增长具有包容性，即广泛分享增长红利。

四个问题破坏制度可信度和信任基础

中国在进军市场经济之初就明确指出，力求实现具有中国特色的市场经济，也就是说，它并不满足于模仿别国已经采用的经济模式。在中国启动市场经济转型的三十多年里，其努力定义自身道路的理由变得越发清晰。

2008 年，人们开始清楚地看到某些貌似强大的经济体其实是建立在一盘散沙的基础上，或者更准确地说，是建立在堆积如山的不可持续的债务基础上。还应该清楚地看到，市场本身既不稳定也不高效，而且，那些受金融部门特殊利益影响最严重的市场经济体表现最差——它们声称放松管制和自由化有诸多好处，这种做法是自私之举①。

按照传统的方法测量，一些国家的确出现过增长，但绝大部分增长红利都被上层获得（如美国），以至于普通公民的情况比25年前还要糟糕。我曾经指出，这种不能为大多数公民谋福利的经济制度是一个失败的经济制度。中国不应模仿这样的制度，事实上，它应该研究导致这种不利后果的原因，并尽量加以避免②。

我们在过去35年里还意识到，不受约束的市场会给环境以及我们的公民甚至地球的未来带来风险。我们已经见证了人类破坏环境的力量，埃克森在瓦尔迪兹、BP在墨西哥湾的漏油事件就是例证。在世界各地包括中国的许多城市里，空气污染（雾霾）已经加剧到威胁公民健康和福祉的程度。最重要的是，全球变暖构成了一种生存威胁，但是一些公司宁愿选择忽视而不是去应对。

最后，我们在世界各地都已看到，私营和公共部门的腐败现象削弱了我们对经济和政治制度的信任度。我们每个人或许都深知自己社会的腐败形式：我曾将通过肆无忌惮的竞选献金公然大规模收买政治支持的行为贴上“美式腐败”的标签。这种腐败行为已将本应基于“一人一票”原则的民主制度转变为一种用“一元一票”描述更为恰当的制度。

上述4个问题不仅导致经济和政治制度的可信度丧失，还导致支持任何社会和任何政府运转的信任基础遭到破坏③。我应该强调的是，腐败侵蚀信任的现象不仅存在于公共部门，也存在于私营部门。当二者有所放任时，信任侵蚀程度尤其严重，这方面的例证包括：公共部门保护

①② 更多论述请见约瑟夫·斯蒂格列茨所著的《自由落体：美国、自由市场以及全球经济的沉没》（纽约：W. W. Norton，2010年），此书已由中国机械工业出版社翻译成简体中文出版。

③ 我在为中国发展高层论坛2014年会撰写的论文《中国面临的一些重大社会风险及其应对措施》中阐述了这个主题。

环境不力，允许金融部门实施滥用权力行为，似乎忽视了对市售产品健康与安全问题的关切；当上层无论如何不能以其社会贡献证明其收入合法却通过特权地位获取收入时，而不采取任何遏制过度不平等现象的行动；政府部门的强权人物与私营部门的强权人物似乎过于靠近，而他们很少对社会底层的困境有所帮助。

对我们来说，重要的是去了解世界太多国家遭遇这些失败的原因，从而建立一个确保包容性和持续性增长的政策框架。一些国家至少避免了部分此类问题的事实表明，它们并不是不可预防的。事实上，一些习以为常的惨淡后果并非经济或自然法则的无情所致。它们多半是在国家、地方甚至全球层面采取某些政策的结果。这个事实实际上带来了某种希望——如果一个国家比如中国选择一个不同的政策框架，或许就能实现包容性和持续性增长……这应该成为中国建立包容性增长政策框架的首要关注点，要吸取我刚刚描述的失败教训，确保不会沿袭相似的发展途径。

根本性失败源于不理解两个基本原则

原则一：政府和市场之间的适度平衡

每个社会都需要集体行动，随着环境的改变，政府、民间社会和私营部门的角色也会发生变化。市场已经证明自己是一股强大的力量——无论是善是恶。市场必须得到管理，或者更准确地说，市场并非在真空中存在。必须有规则和监管，并且规则和监管必须是强制性的。一旦具备良好的规则和监管，一旦市场得到良好管理，经济就会增长，国家就会繁荣。我们一直在体验缺乏适当规则和监管的市场后果。

规则和监管不可能自我强加，自律不能够也不曾奏效。它们必须来自于政府。

这只是现代经济离开政府无法运转的原因之一。政府需要制定规则，确保一切基于规则进行，保护劳动者、消费者的利益，保护环境不被滥用，纠正我们目前关于无数市场失灵现象——市场无法正常运转的诸多情形——的认识，保护难以照顾自身者。政府还能发挥催化增长的重要作用。事实上，最重要的创新和发现一直是基于政府资助的研究（或基金会支持的研究），而不是由私营部门主导的。这里有很好的理论原因：在创新行为的层面上，市场效率低下的原因很多。尽管污染可引发负面外部效应，但治理污染的研究必然会生成正面外部效应，所带来的好处会远远超过创新者的薪酬。也就是说，在一个制造过多污染的市场里，只会产生极少的创新——尤其是具有广泛社会影响的创新[①]。

有些领域可以通过适当监管提升市场可信度，比如：确保竞争，保护环境、安全、健康、劳动者和消费者。有些领域需要政府发挥更大作用。有趣的是，经济理论表明政府发挥了更大监管作用的领域——如金融市场——一直是最能证实其监管不当和执行不力后果的领域。

在保持宏观经济和金融市场的稳定性方面，单靠市场无法做到，这点已得到广泛的认同。尽管政府无法确保完美实现稳定性，但相比放任自流的市场，政府政策还是可以带来较大的稳定性。

未能保持充分就业的稳定增长意味着资源的巨大损失。以美国为例，据我估计，2008 年金融危机造成的实际损失——经济潜在产出与其实际产出之间的缺口——达数万亿美元。但其后果波及面更广：衰退加剧了该国已经高得令人无法接受的不平等水平。普通公民遭受着工作和家庭损失，他们所依赖的公共项目被削减，劳动力市场的疲软也导致工资减少。危机发生之前，多数美国人的状况都不好，之后的情况更加

① 更广泛的讨论请见 J. E. Stiglitz 和 Bruce Greenwald 合著的《创建学习型社会：增长、发展和社会进步的新途径》，哥伦比亚大学出版社 2014 年版。

糟糕，扣除通货膨胀因素之后的平均收入低于25年前的水平。

不过，近年来显著影响美国的不良后果并不只是危机造成的。即使在危机之前，市场也未能合理配置资源。利率很低，国内资金充裕。央行行长甚至提到了“储蓄过剩”。人们会认为，在这种情况下会出现强劲投资，但实际上根本没有。事实上，实际资本存量的增长甚至跟不上资本输出的速度，而输出的资金也过多投入到了房地产业，包括在内华达州的沙漠中心建造劣质房屋①。为了维持经济，美联储和政府鼓励挥霍性的私人消费，不顾公共和私营部门的巨大投资需求。尽管美国是当时世界最大的经济体②，但它入不敷出，每年都从国外借贷数十亿美元用于维持肆意挥霍。

总之，市场本身的失败不只是因为它们造成了过度的不稳定性，还因为它们甚至没有采取必要行动去实现有效的资源配置。

不过，即便是有效的市场也并不意味着有可能出现的福利分配是可以接受的——正如我们所看到的。

到目前为止，我已经在讨论中指出了市场的重要不足，也解释了政府必须发挥的重要作用。我谈到了市场和政府之间的必要平衡。一些国家在这一方面犯错，其他国家在另一方面犯错。正如我们现在应该知道的，无论哪一方面的失衡都会造成很大的不良影响。

但是，将自我局限于有关私营和公共部门的讨论未免过于简单化。有很多其他的既不是政府机构也不是追求利润最大化的私营实体的机构安排。例如，世界最成功的大学就是非营利性的。提供健康服务方面的情况也是如此。在中国，拓展这种社会“部门”的余地很大。

---

① 比如可参见J. E. Stiglitz的《“在个人之间分配收入和财富”的最新理论观点》，该文提交于2014年6月10~11日在约旦举行的国际能源署/世界银行共享繁荣圆桌会议，拟在会议论文集中发表。

② 2014年9月，中国成为世界最大的PPP（购买力平价）国家。

成功的经济增长和发展需要政府、私营部门和第三方部门之间的平衡，但政府有时并没有发挥它们应起的作用。

原则二：治理

政府很多时候沦为强势群体不惜以牺牲他人为代价而牟取自身利益的工具。特殊利益畅行无阻。在这种情况下，它们实际上会加剧市场失灵现象，而不是加以纠正。政府政策实际上会导致更大的不平等。

而且很显然，这些问题几乎在所有形式的政府中均有发生，社会保护自身免受侵害的例子少之又少。尽管如此，在某些情况下，这些现象会比其他时候更为常见，也更为严重。

在每个发展阶段和各级政府中，各种新的治理问题都会发生。例如，在现代资本主义体系中，企业利益已经在发挥巨大作用。在世界各地的地方政府中，随着土地价值的提高，房地产利益发挥了某种扭曲作用。

一旦决策者未能采取完全适合其预期服务对象的行动，就会出现治理问题，而且这些问题在私营部门和公共部门的出现方式完全相同。（在私营部门，我们用技术名称指代这个问题：委托代理问题。）一个主要区别是，本应防止滥用行为发生的法律和法规在私营部门受到了更大限制。CEO 们不惜以股东和工人的利益为代价，慷慨奖励自己，并声称他们的薪酬是基于业绩，尽管有时他们的薪酬和公司业绩之间并无实际关联——事实上，这种关联甚至会是负面的，而他们仍然不会触犯法律。

一些人认为，政府不完美这一事实为反对任何政府行为提供了理由。但是，这个结论是错误的。即便是不完美的政府，也能给不受约束的市场带来可持续的显著改善。事实上，几乎所有获得成功的国家（在其最成功时期）的政府都发挥过某种重要作用，履行了我们此前描述的职能。

尽管如此，各国社会仍应努力完善针对私营部门和公共部门的治理。多年来，我们已经对这方面的某些关键因素有了深刻认识。

一个基于透明的检查制衡系统是至关重要的。民间社会（包括智库和大学）和媒体（近年来因互联网而得到强化）可以披露滥用职权现象，并要求私营和公共部门的肇事者为其行为负责。显然，如果缺乏信息，就很难知道滥用行为是否正在发生。这就是为什么公共和私营部门的肇事者往往倾向于保守秘密。不过，这也正是要依法保障“知情权”和“告知权”的原因[①]。

我最终获得诺贝尔奖的研究主要侧重于信息的不完善和不对称，以及它们如何影响经济运行。当信息不完善时，市场往往表现不佳。一系列问题由此出现：从允许公司获得垄断租金并导致收入和政治权力不平等的不完善竞争问题，到企业负责人不惜牺牲其他利益攸关方（工作人员、股东和社区）利益而利用职位便利将企业资源转化为自身利益的企业治理问题等。政治领域缺乏透明度等同于经济领域的信息不完善。如果被治理者和治理者之间缺乏信息流动，政治体系就不可能正常运转。知情权确保可以获得相关信息；告知权确保可以传播一旦获得的信息。

确保公众利益（良好治理）本身就是一项公益事业——如果留给私营部门，将无法充分满足需求。因此，政府有必要鼓励私营部门和民间社会参与这个领域。但与此同时，政府必须在资助和支持智库方面发挥作用。

---

① 有越来越多的文献述及知情权、告知权、良好治理和包容性发展之间的关系。比如：约瑟夫·斯蒂格列茨，“政府的透明度”，《告知权：大众媒体在经济发展中的角色》，世界银行研究院发展研究中心 2002 年出版，pp. 27～44；约瑟夫·斯蒂格列茨，“前言”，《知情权：一个开放世界的透明度》，哥伦比亚大学出版社 2007 年出版；约瑟夫·斯蒂格列茨，“论自由、知情权和公开话语：透明在公共生活中的作用”，《全球化权利：1999 年牛津大赦文献》，牛津大学出版社 2003 年出版，pp. 115～156。

中国的新常态

中国经历了向具有中国特色的市场经济过渡的多个阶段。适合某个阶段的经济模式和政策并不适合下个阶段。事实上，中国正是按照“摸着石头过河”的思路去解决自己面临的阶段性问题，不断迈向下一阶段。只有通过这种持续性的变革，中国才得以如此长久地保持自己的卓越业绩。

长期以来，新常态的一些要素已经得到认可：不能保持10%左右的快速增长率；需要从数量增长转变为质量增长；需要经济升级，需要实现从出口导向型增长到内需导向型增长的经济转型，而创新将在其中发挥重要作用。

尽管如此，经济仍然可以保持并且应该保持快速增长：中国的人均GDP仍然只占美国的1/5左右，因此有很大的追赶（包括缩小知识差距）空间。

一些观察到全要素生产率（TFP）低值增长（据某些来源显示，最近几年不到2%）的人认为，中国正面临着自身投资收益的急剧减少递减，因此应该侧重于消费。而一旦提到应该增加消费，所指的往往是个人消费。

我认为，TFP的低值表明中国在投资分配方面没有发挥应有作用。但这并不意味着不存在高水平投资需求，而是意味着中国必须提高投资分配水平。事实上，至少五个领域的（主要是公共方面）投资需求仍然很大：①人力资本；②技术/研究；③城市化；④健康；⑤环境，包括应对全球变暖的经济改造，以及降低空气和水污染。

请注意，如果要实现具有包容性和持续性的强劲增长，政府需要在这所有五个领域发挥核心作用，尽管在各领域的作用会有不同。

只有借助公共教育体系，才能创建一个有凝聚力的社会，确保所有个人发挥他们的潜力，而不论其父母的收入和教育程度如何。只有借助这样的教育体系，才能确保今天处于特权地位的人无法向其子女传递这些优势。

获得医疗保健被视为一项基本权利。美国已经见证以私营为主的医疗保健体系的失败：与以公共体系为主的国家相比，成本高得多而效果差得多。鉴于中国的不平等程度已经如此之高，沿袭美国道路的后果将是灾难性的。

中国重视创新的重要性，这是正确的。但创新和健康、教育一样，不能留给私营部门。西方的创新侧重于节约劳动力——结果导致了许多国家的高失业率。中国最迫切的创新需求是在其他方面，包括保护环境。这就是为什么中国鼓励开发太阳能电池板（全世界都已从中受益）是一件好事。（即使经济方向是正确的，以平衡方式进行投资仍很重要：即便是在一个高社会回报区域，也可能出现过度投资。）

即使是在健康等较为狭窄的重点领域，私营部门也并不关注对全社会福祉至为重要的创新领域（如疟疾），而会关注那些能带来最大回报的领域。

未来几年将会出现人口从农村部门到城市部门的广泛迁移现象。生活在城市中的人口比例将越来越大，而前提是这些城市适合居住，有良好的公共交通、公园和经济型住房。同样，如果缺乏政府的大力支持和社会的积极参与，这一切都不会发生。

最后，我们已经在世界各地看到，私营部门会在政府不作为的情况下导致不可接受的高度污染——空气不能呼吸，水不能饮用。而今天，全球变暖和气候变化给地球的福祉带来了更大的威胁。要解决这些主要由私营部门导致的问题，只能通过政府行为——通常情况下，是进行政府投资。

中国是一个拥有巨大投资需求的庞大经济体，这一事实使中国处于一个有利地位：在可预见的未来，有明显充足的需求可以维持高增长率。在这方面，中国的地位明显不同于以前依赖出口主导性增长的其他国家。中国可以过渡到需求驱动型增长。

但是，如果只是把问题留给市场，中国向新常态过渡所需的结构转型将不会顺利发生。事实上，市场在实现大的结构转型方面往往表现很差。（它们这种能力低下可以作为大萧条的部分解释，同时也是今天一些西方国家所面临的经济萎靡的一部分①。）导致这种失败的原因包括资本市场的不完善，从而不能为老部门向新部门的转型提供充足资金。这些问题往往因治理问题而加剧，现有部门利用其政治影响提供支持，力图超越更具活力的新兴部门的影响力，尽管它们的业绩无法超越后者。

在西方，尽管金融部门能够而且应该为这种转型提供便利，但它们更多参与的是往往更加有利可图的其他行动：金融领域的私人回报与社会回报不够一致。正如我们看到的，它们参与的许多行动都有巨大的社会成本。危机以来，已经就如何防止金融部门将此类成本强加给其他社会群体——从滥用信用卡行为，到操纵市场、过度冒险、反竞争做法等问题进行了广泛讨论。但是，一直很少有人关注如何确保金融部门真正执行为实现强劲的包容性增长而应该也必须履行的社会职能。我曾经得出结论认为，不仅有必要加强监管——旨在防止非生产性社会活动，鼓励更多的生产性社会活动——而且政府自身必须发挥更加积极的作用。

---

① 我在近期的两篇论文中阐述了这些观点。论文一是“流动性制约、生产力趋势和危机扩展”，《经济行为与组织期刊》，83（3）：pp. 375 ~ 393；论文二是“部门失衡和长期危机”，发表在《全球宏观经济和金融》，F. Allen，M. Aoki，J. – P. Fitoussi，N. Kiyotaki，R. Gordon 和 J. E. Stiglitz 编辑，国际能源署会刊第 150 – Ⅲ期，Houndmills，英国和纽约：Palgrave，第 61 ~ 97 页（两篇论文均与 D. Delli Gatti、M. Gallegati、B. C. Greenwald 和 A. Russo 合写）。

不过，如果这些政府行动旨在做出力所能及的贡献，就必须实现良好治理。

此前，我简要讨论过总体治理问题，以及特殊利益集团在不惜牺牲其他社会群体的自身利益的追求中所发挥的作用。金融部门比其他领域更为明显。这个部门同时具备资源（资金和人力）和营造此类影响的动机；而且它们的政治“投资”至少在美国已经得到回报——通常比其他投资更加丰厚。

这就是为什么在建立包容性增长框架时必须警惕来自金融部门的“忠告”。它们有其自身角度、利益和议程。这种议程并未殷切服务于那些听取建议的国家；它可能更不适用于中国。

例如，它们多年来一直在兜售资本市场自由化的好处——在它们的影响下，国际货币基金组织甚至试图在 1997 年香港会议上修订章程，以强制各国实行自由化。幸运的是，这项倡议最终失败，而在此后的几年里，我们已经看到资本市场自由化并未导致更快增长，反而加剧了不稳定。最终，甚至国际货币基金组织也在 2008 年危机后改变了其资本市场自由化的观点。

一些人仍然主张在中国实行资本市场自由化，声称这是人民币国际化的必要条件。尽管后面的这种主张一直存在争议，有一点很清楚的是，与资本市场自由化有可能导致的成本和风险相比，货币国际化带来的任何好处都会显得微乎其微。

整体大于部分的总和

在制定政策框架时，有时会倾向于针对逐个问题和逐个部门进行。这是很自然的，我们是围绕各个领域组建政府部委的，而且在现代社会里，专业知识必然有其专门性。但是，整体大于部分的总和。各个部分之间的相互作用可能是至关重要的。例如，与资本市场自由化相关的不稳定所带来的宏观经济和社会后果取决于业已建立的社会保障体系的实力。如果某个银行系统愿意并且能够向中小型企业贷款，就可以更有效地实行结构转型，从而创造新的就业机会，因为旧的就业机会已经遭到破坏。

这就是为什么改革的顺序和节奏会如此重要。有了正确的顺序和节奏，有些改革就能产生更强劲的增长；有了错误的顺序和节奏，它们实际上会导致收入和福利减少。（这是俄罗斯向市场经济转型失败的原因之一——所谓的市场改革导致了 GDP、生活水准甚至预期寿命显著下降。）

也是由于这个原因，在我担任世界银行（在 James Wolfensohn 行长领导下）首席经济学家时，我们主张制定一个全面发展框架，在这个框架中，各项政策的短期和长期后果以及各部门的相互关系都是可以预见的。

衡量标准

在制定包容性增长政策分析框架时，必须采用新的衡量标准，要超越基于 GDP 评价经济表现的做法。事实上，我曾主持的国际经济业绩和社会进步衡量委员会认为，GDP 是一个糟糕的社会福祉衡量标准，我们可以做得更好[①]。这一点很重要，因为我们的衡量结果会影响我们的行动。

① 该委员会的报告可见：《错误衡量我们的生活：为什么 GDP 背离事实》，J. E. Stiglitz、J. Fitoussi 和 A. Sen，纽约：新出版社，2010 年。中国新华社以简体中文出版。该委员会在经合组织及其“美好生活指数计划”和高级别专家组的主持下继续运转。

例如，该委员会认为，需要更加关注不平等现象（在所有方面），尤其要关注反映“典型公民”状况的收入中位数，以及贫困和被剥夺状况。它观察到，GDP 统计数字未能充分捕获或者根本没有捕获到诸多重要福祉内容，比如安全和健康。它还指出，GDP 未能充分捕获环境、社会或经济方面的可持续增长数据。在危机发生之前，许多国家的良好 GDP 数据掩盖了其真实的经济状况。长期以来，我主张“绿色 GDP”，以纠正自然资源枯竭和环境恶化现象。在这些方面，中国的增长尽管仍然良好，但是会有明显变缓。

结论意见

随着中国进入一个新的发展阶段，如果要成功实现包容性可持续增长，就需要一个新的政策框架，注意借鉴其他国家的成功经验和失败教训。在引言中，我们概括了一些全球经济面临的严重挑战——日益加剧的不平等、经济不稳定、环境退化（包括气候变化构成的风险），以及私营和公共领域普遍存在的腐败现象，所有这些都破坏了经济与社会的信任度和正常运转。

在中国还有一些人担忧，认为中国将陷入所谓的中等收入陷阱。我曾经试图解释这并非是不可避免的。正如日益加剧的不平等问题、污染问题以及一直存在的效率低下、不平等、不稳定和环境退化问题，这是政策被误导的结果，而不是自然或经济法则导致的必然结果。

最近的研究已经证明，收入不平等和机会不平等水平较高的国家之间存在高度相关性。过去 35 年的显著特点不仅是高增长率，还有在不平等方面的高增长率，以至于中国现在的基尼系数与先进国家中不平等水平最高的美国相当。中国应该采取积极政策，促进成果和机会更趋平等，如果任由机会不平等现象不断加深，将会给中国带来风险。

我所概括的各种挑战不会通过不受约束的市场自行解决。需要在有助于解释这些问题的成因和解决办法的研究基础上制定一个全面的政策框架，将这些问题放在议事日程的优先位置，采用更好的指标来评估解决问题的进展情况。

好消息是，这项研究表明环境和经济之间存在很强的互补性：如果我们在解决环境问题的同时实现更具包容性和更能共享的增长，从较为狭隘的 GDP 意义上讲，我们甚至能拥有更加强劲的经济。如果我们避免过度放松管制，实现公共部门和私营部门之间的更好平衡，我们就可以实现更加强劲的经济和更具包容性的增长。

中国迈向新常态的一个重要步骤，是制定一个政策框架，确保新常态不将现有不平等水平和现有环境状态视为“正常”。我希望本说明概述了一个包容性增长的政策框架，它可以避免中国步入别国所遭遇的陷阱——这个框架能让中国像应对此前各阶段所面临的挑战那样，有效应对下一发展阶段的挑战。

中国的再平衡机遇、挑战与非预期后果[①]

史蒂芬·S. 罗奇
（耶鲁大学教授）

连续30年以10%的速度增长之后，中国当前的实际国内生产总值（GDP）增速已经减缓至7%。很多人对中国经济的这一状态表示担忧，担心这意味着可怕的硬着陆，甚至更糟。此类担忧是否有根据？这对世界其他国家与地区而言又意味着什么？

第一个问题的答案很简单，是否定的。中国经济此时经历的增速放缓，是早已预见且颇具积极作用的放缓，因为它将带领中国经济过渡到一种十分不同、最终更为可持续的增长战略，即从中国的消费中获取发展的动力，同时降低对生产的依赖程度。对于第二个问题，大体说来是各有利弊。对于那些过度依赖于中国制造的国家，他们在未来几年会面临更为严峻的局面，那些资源型经济体和工业材料部件供应国尤其如此；与此相反，那些准备好从中国消费者的崛起中获益的国家，将会发现新的经济增长源泉。

可以肯定的是，中国经济增长战略的转变与经济放缓都需要谨慎而

① 本文为2015年3月21至23日在北京举办的中国发展高层论坛而撰写。罗奇先生是耶鲁大学杰克逊全球事务研究所的高级研究员，原摩根士丹利亚洲区主席兼公司的首席经济学家。

行。这一过程是两股力量的相互作用：一股源自对中国经济进行重组和再平衡的刻意努力，另一股则来自国内外瞬息万变的发展形势。中国及中国领导人所面临的挑战是，要在这两股力量之间的钢丝上行走，同时还不能出现重大的经济事故。

避开陷阱

历史表明，这一挑战令人望而生畏。2014 年，中国的人均 GDP 跨过了 12000 美元的门槛（按购买力平价计算），逼近了“中等收入陷阱”关键区域，而经济发展往往都会在这里“折戟沉沙”。经济增速减缓至 7%，加之对中国债务问题、房地产市场过火、影子银行风险的普遍担忧，都表明中国跌入这一陷阱的危险越来越大。

好消息是，中国对这样的风险非常重视，并且有策略、有决心、有方法去避免这种严重后果。大约 8 年前，中国在重新审视其自身发展战略的时候就已经预见到了这一点。这种重新审视最早可以追溯到 2007 年年初，当时中国的经济增长模式看上去几乎所向披靡，但对中国领导人来说，这不是沾沾自喜的时候。事实上，原国务院总理温家宝就曾指出，表面下的经济“不稳定、不平衡、不协调、不可持续”正在与日俱增，现在这一警告已经众所周知。

这一“四不”评语，引发了围绕中国经济战略主题而展开的激烈内部争论。随着 2011 年年初“十二五”规划的颁布，改变增长模式（从以制造业为主导的出口和投资增长模式向以服务业为主导的国内个人消费增长模式转变）的决策也随之出台。

为实现这一转变，新规划提供了相对应的框架：通过发展创业孵化服务创造更多就业机会，通过城市化实现更高的实际工资水平，通过建立可靠的社会保障体系减少恐慌性预防性储蓄情况的发生。结果则是喜忧参半。虽然在鼓励服务业发展和城市化进程方面确有建树，但在保障体系方面却进展甚微；医疗保障和退休养老规划的登记范围扩大了，但福利资金却严重不足。其结果是，持谨慎态度的中国家庭仍在观望，他们既没有能力也不愿意在选择性消费上花钱。

2013 年 11 月举行的十八届三中全会出台了具有开创性意味的改革措施，这一不足现在正逐步得到解决，其中那些涉及计划生育政策、户籍登记（户口）制度、存款利率上限的措施，以及新近出台的中国储户存款保险制度等尤为关键。与此同时，通过提出到 2020 年时将国有企业税费从 15% 提高到 30%、对涉及社会保障的新获资金收益实行专款专用等举措，政府已经解决了保障体系的资金问题。缓解保障体系的制约状况，促进以消费者为主导的经济再平衡，这样的改革应该还有很长的路要走。

此外，中国领导人还在转变增长模式方面又向前迈出了关键的一步，即更加注重实施情况。为此，中央政府组建了新的全面深化改革领导小组，并赋予其职权，力图消灭对这一宏伟战略构成潜在威胁的权力集团、特殊利益集团和各种腐败现象。这意味着中国政府正在经历一场治理方式的改革，而这很可能是其结构转型中最具决定性的一个方面。

中国的增速放缓问题，需要放在所有这些发展的背景之下看待。GDP 增长速度下降到 7%，实际上是朝着正确的方向迈出的重要一步，在很大程度上，这是因为它所反映的是偏向于劳动力密集型服务的 GDP 构成的转变。2014 年，服务业在中国 GDP 中的比重上升到 47%，超过了制造业和建筑业合计 43% 的份额。但这种发展的真正意义在于，就中国的单位产出而言，服务业所需要的工人要比制造业和建筑业多出 30%，这就预示着经济结构更趋于劳动密集型，表明在 GDP 增速比过去要缓慢得多的情况下，以服务业为主导的中国已具备足够潜力去达成其就业或吸收劳动力的目标。

对于中国来说，虽然在正确的时间推出了正确的策略，但是近期的货币宽松政策（自去年 11 月以来，政策性利率两遭削减，法定准备金也有所降低）表明，中国并没有把成功看成是理所当然的事。看起来中国领导人所设定的 7% 的 GDP 增长速率似乎是在纸上谈兵，对这一阈值的严重违反可能会进一步加重人们的担忧；他们认为，改革和全球经济低迷可能会带来压力，而遭到减弱的中国经济或许无法承受这种进一步的压力。值得庆幸的是，如果有这方面的需要，实行进一步的宽松政策仍大有余地，这就为中国提供了重要的缓冲，使其能够坚持既定方针，而不是放弃正在进行中的转型改革，走回头路。讽刺的是，所谓的走回头路只能导致硬着陆，而这正是许多人所担心的。

服务业中的机遇

中国经济放缓既会带来风险，同时也会提供难逢良机，原因就在于上文所强调的经济活动中的结构转型。现在，以服务业为主导的经济增长成为中国这一强大经济体的主要引擎，这在中国现代历史中尚属首次。这种方兴未艾的转型展现出的完全是一派蓬勃向上的态势。为了顺应最现代的中等偏上收入经济体结构，中国的服务业在 GDP 中所占比重应从目前的 47% 上升到 2025 年的 55% ~60% 。

当前，中国服务业发展迅速，但仍处于初期阶段，其规模仍远远小于最优规模。在服务业的大多数分销环节中，也就是在批发和零售贸易、国内运输、酒店及休闲、金融等领域中，步伐尤其缓慢。在小微型医疗部门中尤其如此，而对人口迅速老龄化的中国来说，拓展小微型医疗部门的需求显得尤为重要。中国目前着重于建设服务业，这就需要强调三个重要方面的发展。

1. 服务业是消费者需求的基础设施

提供诸如水电及医疗保健等基本公共服务，是现代社会福利的本质所在。如果无法与以服务为基础的销售和分销网络连接，任何经济体的家庭都成不了积极成员；如果没有交通运输系统、旅店和以家庭为基础的娱乐设施，他们也就无法将新获得的劳动收入花在选择性消费的休闲活动中。上述提及的绝大多数领域都是中国严重欠缺的，至于律师、会计师、咨询顾问、金融分析师、软件工程师等行业的专业服务人员的匮乏也就无须多言了。

2. 服务业既是低速增长的关键，同时也是可持续增长的关键

与那些主要依靠工业的经济体相比，所有以服务为主导的经济体的增速都会更慢一些。对于中国来说，这并不会对其吸纳劳动力的艰巨要务（即就业增长和减少贫困）造成威胁。如上文所述，在中国经济中的服务领域内，实现单位 GDP 所需的工人要比制造业和建筑业加在一起的经济活动多 30%。也就是说，中国只需要 7% 的 GDP 增长速度，就可以凭借以劳动密集型服务为主导的经济模式实现其吸纳劳动力的目标。而要实现这一目标，如果依赖于资本密集型产业活动的旧有模式则需要 10% 的 GDP 增长速度。对于这一点，所有因中国目前经济增速放缓而绝望的西方人士都没能认识到的是，与普遍看法相反，以服务为主导的慢速经济增长模式并不会危及中国社会的稳定性。

3. 向服务业转型，有助于中国兑现其提高增长体验品质的承诺

与制造业相比，服务业的碳足迹明显要小得多，这对减轻环境退化和污染程度至关重要。此外，历史经验告诉我们，城市化的进展和服务行业就业的增长如影随形。对中国来说，这种交汇至关重要，因为中国同时还在实施前所未有的城市化战略——根据最新规划要求，到 2020 年将有 1 亿农村居民在新的城市安家落户，此后还会有更多。

中国最应当避免的，就是在向城市地区重新安置农村劳动者的同时未能保证他们得到有酬雇佣。服务业提供的就业机会，与新城市化地区较高待遇职位所带来的工资增长一样，不仅能够提高个人收入和消费水平，从长远上看来，还能减少各种不平等现象——这正是未来中国品质议事日程中的一个关键目标。服务业的发展，可以使中国城市化的经济基础得到有效的合法化。

以服务业为主导的经济发展不仅会在中国国内产生重要影响，同时也会在全球范围内产生深远影响。据我估计，从现在到2025年，中国服务业的增长可能会达到约12万亿美元（以当前美元汇率计算）之多[①]。但与以往经济体在服务领域的增长不同，中国模式很可能在一个关键方面独树一帜。服务业曾经被视为“非贸易品”（意思是该行业的经济活动，大多是由在相对封闭的国内市场运营的国内公司所提供的），但是在IT驱动的连通时代，在全球劳动力教育水平日益提升的时代，服务活动中很大一部分已变为可贸易品。

由此可以得出一个强有力的结论：根据对进行中的服务业改革的公认乐观假设，管制会放宽，越来越多的外商会进入中国国内服务市场，未来十年可能会有4万亿~6万亿美元的中国服务业务扩展量由外国服务提供商分摊[②]。美国拥有世界上最大、最有竞争力的服务业（目前占全球服务贸易出口的14%，是紧随其后的最大竞争对手份额的两倍），因此占据了有利位置，可以在中国服务领域未来的金矿中分一大杯羹。从零售连锁企业（即沃尔玛）到娱乐休闲企业（即迪士尼），从国内运输（即联合航空）到医疗保健行业庞大的保险和医院系统阵营，在战略、人才、体系、分析和以品质为重点的文化方面，美国跨国服务公司正好可以弥补中国的不足。

①② 请参见史蒂芬·S. 罗奇的《非平衡：中美两国的相互依存》，耶鲁大学出版社2014年版。

遗憾的是，当大家都为中国面临的危险——从增长到债务风险、从房地产泡沫到网络黑客——而扼腕叹息时，美国极有可能为了抓住这些痛处大做文章，而因此错过了参与中国经济转型的良机，这真的令人遗憾不已。转向消费者，以服务为主导，这样的经济增长可以在21世纪上半叶创造出世界上最大的总需求新增长金矿。失去这样的机会，增长乏力的美国将更加一蹶不振。

对于美国来说，现在的时机尤为理想。美国经济陷入了危机后恢复缓慢的泥潭，这在很大程度上是因为家庭资产负债表的压力挥之不去，美国的经济增长议程需要舍弃不堪重负的国内需求，而向出口和国外需求方向倾斜。中国以服务为主导的发展模式势在必行，恰好提供了这样的一个机会。

抓住机遇

当然，造就机遇是一回事，抓住机遇又完全是另一回事。在这方面，关键就是“市场准入”，尤其是合资企业少数所有权股份的最高上限。这种限额是各国施加在彼此身上的，目的是努力保护本国最为珍视的行业，如服务业。中美两国一直都在对对方的跨境投资施加这种限制，这一历史可谓源远流长。在金融领域尤其如此，但在大部分非金融服务领域也是这样。

幸运的是，中美间有一种用于处理两国矛盾冲突的议程机制。大约6年以前，战略与经济对话（S&ED）机制成立，其目的只有一个：解决两国面临的共同背景问题，使两国能够制订一种战略框架，以促进很可能是世界上最重要的双边对话，就经济与安全问题进行磋商。在两国面临瞬息万变的挑战局面下，特别是鉴于中国前所未有的以服务—消费者为主导的经济再平衡时期带来了诸多机遇，这样的谈判就显得尤为重要。

在认识到通过放宽限制外资所有权的要求可以带来的潜在收益后，在2013年举行的战略与经济对话中，中美两国都围绕着“双边投资协定”展开了认真的谈判。保尔森研究所的研究表明，大约有3000种这样的双边投资协定已经生效，除了其他方面的内容以外，还包括显著降低此前对国内企业外资所有权的严格要求在内①。尽管这样的协定相当普遍，但是目前在中美两国间却不存在类似的安排。

通常情况下，双边投资协定谈判是从“负面清单”（一个国家视为外资控制禁区的行业或部门）的角度出发加以拟订的。这些谈判目前仍在持续，与美国相比，中国的负面清单要长很多，不过不应该为此而感到沮丧，中国开始为加入世贸组织而展开谈判时的负面清单一样很长，随后到了2001年正式加入时，这一清单就遭到了大幅删减。负面清单的架构对辩论的内容和随后的谈判议程都有所帮助。

中美两国间双边投资协定谈判取得突破的可能性巨大，这不仅可以开辟两国间服务贸易的道路，而且还可能为中国参与类似跨太平洋伙伴关系这样更广泛的多边贸易安排铺平道路，全球经济也会因此大大获益。

在我们当中，对改善中美关系持乐观态度的人一直都希望双边投资协定谈判能够取得进展，因为它能使两国的市场对彼此开放。这样的进展确实潜力巨大，但只有为两国间更广泛的关系定下更富有建设性的基调，这样的潜力才会成为现实。最近围绕着网络黑客、东海和南海地缘政治紧张局势和货币政策等出现的紧张局面，都存在着使议事日程偏离其核心目标的风险。这些问题非常重要，不应受到忽视，但都需要放在具体背景中进行考虑。

① 请参见丹尼尔·M. 普莱斯和迈克尔·J. 施马特的《一步一个脚印：加强中美关系的道路》，保尔森政策备忘录，2013年7月。

中美信任赤字

尽管存在着圆满完成双边谈判的可能性，但是中美两国于2014年7月在北京举行的最新战略与经济对话却令人深感失望——所谓对话，不过是一系列的演讲再加上照本宣科的会谈要点。当两国在很多领域都面临严峻挑战的时候，这样的对话就显得缺乏战略深度。不过最令人失望的是，此次对话未能解决破坏性日甚一日的信任赤字问题，而信任赤字则对25年来的中美关系构成了最严重的威胁。

通往谈判的道路曲折艰难。美国财政部再度指摘中国的货币政策——在过去的八年半时间里，人民币对美元升值了37%，但在2014年上半年却贬值了2.4%。围绕着中国东海和南海日益升级的领土和海上争端问题，美国国务院与中国外交部唇枪舌剑争执不休。

最黑暗的云层笼罩在网络领域。2014年中美战略与经济对话前的两个月，美国司法部指控中国人民解放军（PLA）的5名军官犯下31项罪状，其中包括计算机诈骗、非法侵入他人计算机盗窃他人身份、从事经济间谍活动等。作为回应，中国暂停参与两国军方间的关于网络安全的军事交流活动。与此同时，无孔不入的美国网络间谍活动遭到曝光，从美国国会到德国政要都对此震惊不已，引发了旨在规范美国国家安全局（NSA）行为的立法行动，同时也给极为重要的美德关系蒙上了阴影。

在网络问题上的指控和反诉主要集中在动机上。美国已经可以做到快速识别商业和军事间谍活动，但对于中国而言，这种区别形同虚设。

在中国官员眼里，由美国国家安全局造成的网络威胁和由解放军造成的网络威胁没什么区别。这主要是因为，美国的网络攻击事件也以外国公司、贸易谈判代表和国际领导人为目标，而这些攻击目标都直接或间接地从事商业活动。说到底，道德上的吹毛求疵不如指摘他人更有分量，而这正是因中美相互依赖关系遭到破坏后，双方互不信任程度加深而引起的明显表现。

在这种背景下，最近举行的中美战略与经济对话成效甚微就不足为奇了。美中两军之间的网络交流并没有重新启动，双边投资协定谈判尤其令人感到失望。尽管2013年的投资协定取得了令人鼓舞的突破性进展，但在2014年又遇挫折，关于哪些行业应纳入久议不决的负面清单中的磋商的启动日期推迟到了2015年。

“一路皮球踢到底”的问题在于，这条路是直接通往即将到来的美国总统大选周期的。而大选期间，有关中国问题的争论一直都是更为激烈，另外还有两极分化且机能失调的国会。缔结中美投资协定的时间框架，让人不禁联想起2001年中国加入世界贸易组织前长达十年之久的谈判过程。对中美两国来说，这绝对不是什么好事，要知道两国现在都面临着紧迫的经济挑战。

2014年中美战略与经济对话结束以后，我在北京待了一周，中国政府官员间的热议话题就是以服务为主导的经济再平衡所带来的新的增长机会。有人清醒地认识到了在这方面所取得的有意义的进展：中国的第三产业（服务业）增长速度已经连续三年超过了第二产业（制造业和建筑业）。

中国官员同时也明白，朝着以服务为主导的经济再平衡方面的发展要想取得进一步进展，那就少不了全球性跨国服务供应商的人才、制度、经验和规模，否则会寸步难行。那么在提供所需的这一切方面，又有谁能比得上美国？美国可是世界上最大、最有竞争力的服务型经济体啊。考虑到美国仍陷在持续低迷的经济复苏泥潭中，人们可能会想到，在中美战略与经济对话谈判桌前，这个机会将会引起美方的共鸣。

毫不夸张地说，中美两国领导人未能认识到投资协定的互利共赢性质，这令人感到不安。在这一明显的“双赢”改革问题上进展缓慢，这就说明，要么是两个国家都不重视彼此间的共同发展要务，要么就是不愿意直面使两国产生隔阂的、日益增加的潜在信任赤字来解决这一紧要问题。

我认为问题出在后者。两国领导人都很清楚他们国家所面临的发展挑战，但似乎谁都不愿意去解决在过去一年中因网络问题而引发的不信任程度加深的问题。指摘他人就是在这里掩盖了显而易见的事实：两个国家都有黑客行为，并且都没能控制住自己的黑客。此外，在当今相互关联的世界里，网络黑客攻击行为自身正在以指数速度增长着。换句话说，以网络为名的指摘是毫无意义的。

如果中美两国想要在共同面临的其他地缘战略和经济挑战问题上再度合作，那就需要承担今后的共同责任，逐步了解并着手处理网络紧张局势，这是必不可少的。2014 年中美战略与经济对话的失败是一次真正的鸣枪警示，但另外一个迹象表明，两国关系正朝着错误的方向发展。一条路走到黑绝不可行。

保持人民币币值稳定

与此同时，中国所面临的全球性压力正在从另一个痛苦且熟悉的方面悄然来袭——那就是人民币的汇率政策。货币战争正肆虐全球，尽管人民币在 2015 年年初略有疲软，但中国仍然首当其冲。在过去几年中，中国货币有较大幅度的升值，出口疲软，通货紧缩的风险也在加大。在这种情况下，许多人都建议逆转货币政策以使人民币贬值，认为这才是最合乎逻辑的路线。这就大错特错了。

赞成较为弱势货币的争论，无论从短期战术基础的角度看上去是多么的令人信服，但对中国来说都将是错误的战略举措。事实上，中国现在所追求的结构性改革，其目的是确保持续发展。在各说各话的情况下，被迫贬值或许会起到作用，同时还可能将中国经济中所有正在进行的重要转折引向歧途。对全球经济来说，这也可能是一个存在很大问题的结果。

没错，从表面上看，情况似乎令人担忧，通过货币镜头察看时尤为如此：它可以捕捉到中国价格相对于世界其他地区的变化。根据国际清算银行（BIS）的数据，截至2015年1月的4年时间里，中国的实际有效汇率（经通胀调整贸易加权平均的人民币价值对比中国贸易伙伴众多典型部门的货币价值）的增长幅度已经达到了26%。

在国际清算银行业务所及的国家中，中国的货币升值幅度已经超过了所有其他60个国家（除了机能失调的委内瑞拉，该国的数据为多种外汇管理体制所扭曲）。相比之下，所谓的坚挺美元在同期实质上仅上涨了12%。与此同时，中国的新兴市场金砖四国同行都经历了货币的大幅贬值，其中巴西雷亚尔下跌了16%，俄罗斯卢布下跌了32%，而印度卢比则下跌了12%。

当然，货币的这种变化，其功能等同于中国出口价格的大幅提高。更何况全球需求持续低迷，曾经盛极一时的中国出口机器也正在经历着阵痛：一月份出口总额同比下降3%。对于出口约占国内生产总值25%的经济体来说，这可不是什么无关紧要的走势。

与此同时，人民币升值使得进口的成本较低，这就对中国的价格结构施加了不小的压力。毫无疑问，这又进一步加剧了对通货紧缩的恐惧，与去年同期相比，2015年1月的消费者价格指数（CPI）仅上升了0.8%，生产价格全年跌幅骤然达到了4.3%。一落千丈的世界石油价格无疑使这一趋势进一步加剧，1月份中国的核心CPI通胀率（不包括波动较大的食品和能源价格）接近1%。

至于为什么许多人预测中国的货币政策会出现从升值到贬值的战术

性调整，在这样的背景下就很容易理解了。当然，这样的举措看起来是一种很有吸引力的方式，可以使增长和价格的下行压力得到暂时缓解。但这样的举措可能会适得其反，其原因有三。

首要原因就是，货币政策的转变将会使中国在改革和再平衡的道路上所取得的进展遭到削弱，或者实事求是地说，会前功尽弃。事实上，强势的人民币与中国从出口密集型增长到以消费为主导的发展转型的关键目标是一致的。人民币的一般性稳步升值（自2005年年中以来，对美元汇率已经上涨了32.6%）与这一目标相符合，因此不应该逆转。强势的人民币使中国消费者的购买力得到加强，同时还减少了对出口的货币性补贴。

在最近的金融危机中，中国当局暂时中止了人民币的升值政策，而汇率则从2008年年中到2010年年初保持稳定态势。鉴于当前形势下受到的威胁比身处大危机深渊的时候小得多，对中国货币政策进行另一种战术性调整的需求也就远没有那么尖锐。

其次，转向货币贬值可能会引发中国主要贸易伙伴的反中国情绪，其中尤以美国为甚。多年以来，美国国会一直都吵吵嚷嚷地想要对中国出口商实行贸易制裁。如上所述，这种紧张局势似乎总是围绕着选举周期而加剧，按照这个规律来看，当前的表演已经玩得过火了。

事实上，众议院的一个两党联盟最近推出了所谓的《货币改革促进公平贸易法案》，该法案把货币低估视为补贴，允许美国公司寻求更高的进口反补贴税。同样地，贝拉克·奥巴马政府最近更是在世界贸易组织发起了另一项针对中国的诉讼，这一次的重点是中国通过所谓的“公共服务平台”和“示范基地”向出口商提供的补贴的合法性问题。在这种充满争执的环境中，如果中国进行干预并推动其货币贬值，那么毫无疑问，美国反对中国贸易行动会获得更多的政治支持，从而把世界上两个最大的经济体进一步推向保护主义的危险境地。

最后，人民币的彻底转向无疑会导致业已爆发的全球货币战争急剧升温。在前所未有的量化宽松时代，竞争性的货币贬值已经成为世界主要出口国的常态：首先是美国，然后是日本，现在则是欧洲。如果中国彻底加入这场竞赛，其他国家就会在刺激之下采取进一步的行动回应，世界金融市场就更会饱受另一种严重不稳定根源之苦。

正如中国在1997～1998年亚洲金融危机期间抵制住了人民币贬值的诱惑那样（当年的决定可能在制止那场致命性的区域性蔓延危机中发挥了关键作用），今天中国也必须坚持既定方针。在这种由被称为量化宽松或定量宽松的新货币政策所造就的无序环境中，情况尤为如此。与20世纪90年代末相比，在量化宽松政策时代，中国所扮演的货币锚角色或许还会进一步表现出更为重要的性质。

策略是中国最大的优势。中国政府官员已经一次又一次地成功应对了意想不到的发展问题，同时还没有失去对其长期战略目标的清醒认识。他们应该努力秉承这一纪录，利用强势人民币刺激经济，加倍努力进行改革和再平衡，而不是以此为借口走回头路——这可不是中国退缩的时候。

对全球商品周期的潜在影响

对全球经济的其他方面而言，中国的经济再平衡同样有着强大且深远的影响，在自然资源市场中尤为如此。因为在这一市场中，所谓的大宗商品超级周期已经出现了急速的转向，石油、煤炭、基础金属以及其他自然资源的价格突然一泻千里并非意外，许多因素都在其中起到了推波助澜的作用，以金融市场为基础的因素就是如此，特别是货币因素。另外还有全球经济真实的一面的诸多因素，技术也是因素之一，特别是所谓的页岩革命及其对世界能源市场供给方的最终影响。但是，影响当前资源市场趋势走向的最重要的发展因素，却很有可能来自中国。

原因就在于前文已经反复强调过的中国经济活动组合中的过渡性转变，也就是从不可持续的资源密集型工业活动向增长较慢且更可持续的淡化商品的服务业转变。减少服务业的碳足迹也要计算在内，这一结构性经济再平衡对中国可怕的环境退化和污染问题来说也大有裨益。总之，以服务业为主导的发展，很可能掌握着成功实施中国长期可持续发展战略的钥匙。

然而，对于依赖于中国超速发展效应的世界而言，对于迷恋上中国超速发展效应的金融市场而言，这种转变就是一记当头棒喝。基本要点就在于，以服务业为主导的 GDP 增长不仅速度较慢，而且淡化了商品的重要性，而这就是彻底颠覆中国大宗商品密集型增长模式的关键所在。

石油便是最突出的例子。在 2013 年以前的 10 年时间里，中国的石油需求激增，占世界石油消费总增量的份额足有 45% 之多。然而，中国国内生产总值的同期增长率平均为 10.2%，其能源密集度（单位国内生产总值能源消耗总量）为发达国家平均水平的两倍以上。随着中国现在日益向较慢速的服务密集型 GDP 增长方向（服务业的碳含量仅仅是高能耗制造业的一个零头）发展，世界石油需求增长的主要动力一下子就撞上了南墙。世界石油价格暴跌与这一重大发展不无关系。

同属一类的重要实例还有煤炭。在中国的总燃料中，足有 68% 的份额来自煤炭，是世界其他地区 19% 份额的 3.5 倍。但迄今为止，若是将中国以煤炭为燃料的经济置于其令人触目惊心的环境和污染挑战中进行观察的话，煤炭却是碳密集型能源之最。在经过多年的束手无策之后，中国似乎最终还是在解决过度依赖煤炭问题方面取得了一定进展。最近的数据显示，2014 年的煤炭生产（-2.5%）和煤炭需求（-2.9%）都显著下降，这在 14 年来尚属首次。人们会自然而然地将这一事实归因于经济增长放缓，但这一解释却大大有悖于事实：中国在 2014 年对原油（+5.9%）和天然气（+8.6%）的需求均有增加。总之，中国似乎最终还是选择了走无煤燃料组合的道路。自2012年以来，国际煤炭价格就出现明显下降，到现在几乎已经下跌了50%，要解释这一现象，中国方面的因素不可小视。

对于从基础金属和工业到食品和纤维等商品市场的其他领域而言，这一看法同样成立。例如，美国对外关系委员会任易明（Elizabeth Economy）和迈克尔·利维（Michael Levi）的研究结果表明，中国在全球铁矿石消费量中所占的份额从2005年的30%上升到了2010年的67%；同样也是在这五年时间里，中国在全球铝矾土（铝的主要矿石）消费量中所占的份额从7.5%上升到了17%；而在2005年至2010的时间里，中国的大豆消费量则从11%飙升到了25%①。中国对食品的需求不太可能会出现衰退的迹象，这是因为中国提高了对城市化的要求，从以制造业为主推动出口和投资转向以服务为主导的消费，而这理应会对中国对与工业活动密不可分的资源市场近乎无限制的需求产生重要且持久的影响。

这样的结果也理应会使全球经济的两大主流如梦初醒：资源密集型的经济体，如俄罗斯、澳大利亚、加拿大、巴西和许多非洲国家；诸多的机构投资者，正是他们将大宗商品提高到了现在的重要位置，并以此作为其多元化投资组合的资产类别。在两方看来，以中国为主导的大宗商品超级周期已经推到了未来。他们广泛认为，资源消耗之路有中国经济这样的定海神针支撑着，而这跟定海神针则基本上停留在过去30年的路线中。相比之下，很少有人会去考虑以服务业为主导的、淡化商品的结构转型所驱动的中国经济放缓问题。既然现在中国经济增长正在放

① 请参见任易明和迈克尔·利维的《采取一切必要手段：中国的资源追求是如何改变世界的》，牛津大学出版社2014年版。

缓，既然这种放缓可能还会持续很多年，那么无论是大宗商品长期投资者还是资源经济体，其业已遭受到的冲击就显得更为严重。

当然，在许多大宗商品市场的供应方面也已经取得了很多新的技术突破，特别是可产生新的石油和天然气资源的水压致裂法（水力压裂法）。就美国而言，水力压裂法已被广泛宣传为能源独立的希望，最终能够使美国从对外国石油那令人担忧的依赖中摆脱出来。对这一发展的潜在重要性心存误解的可能性或许并不存在（尽管环保主义者对此持反对态度，尽管纽约州州长安德鲁·科莫下达了水力压裂法禁令①），但是就能源格局的供应方面来看，这样的技术突破却很难说得上是惊奇。多年以来，市场方面一直都低估了这种可能性，就连在世界石油市场中充当着无拘束产油者和价格制定者角色的欧佩克的作用遭到削弱，也没有使人感到过一丝震惊。

但是，正如最近基础金属及其他工业材料价格大幅下跌所表明的那样，在大宗商品市场出现的骤降幅度要高于石油。最大的新闻来自中国：中国担心的不是别的，而是现在的经济放缓态势就是可怕的硬着陆的序幕。虽然这种担心被夸大了，但是有充分的理由相信，世界上对自然资源的需求最为迫切的国家，现在正逐渐被期待已久的结构性转型所驯服。随着中国从资源重型制造业转向淡化资源的服务业，大宗商品超级周期很可能会顺其自然地发展。

抉择关头

中国正处于经济发展道路上的一个非常重要的十字路口；同样，危

① 请参见克莱尔·福伦的“纽约州采取行动禁止水力压裂法”，《国家期刊》，2014年12月17日。

机过后仍然不景气的全球经济也正处于同样重要的关键时刻。在一个相互关联的世界里，任何一个经济体内发生的变化都会对其他经济体产生重大影响，对于中美两国间的关系而言尤其如此。自20世纪80年代初期以来，一种强有力的相互依赖关系就一直在起着塑造这两大经济体各自特征的关键作用①。

中国向着以服务和消费为主导的增长模式转变，对于中国自身，以及对于美国和世界其他国家来说，这到底是威胁还是机遇？从理论上讲，这种转型与其说是一种威胁，倒不如说是一种机遇：它既为中国提供了一种更可持续的增长战略，同时也为世界其他国家提供了总体需求的新来源。但在实践中，这种转型却存在着明显的不确定性，轻而易举地就能对贸易紧张局势、调节大宗商品和货币市场、资源经济体压力等施加影响并找到平衡点。

虽说结构调整正在让中国付出重大代价，并且在未来一段时间内很可能还会继续让中国付出重大代价，但选择走另外一条路却是不可想象的。中等收入陷阱十分可怕，这就意味着中国的经济再平衡和改革道路没有回头路可走。对世界其他国家来说也是一样，不仅在处理其自身的结构性议程及某些人担心的“长期停滞”② 的相关危险问题时如此，而且在处理由中国经济中正在进行的历史性变革所带来的间接影响时也是如此。对美国而言尤其是这样，不管美国愿意不愿意，中美相互依赖的现实都会迫使美国去适应未来的中国。如果中美两国都能抓住这一机遇，那就会受益无穷；否则，后患无穷。肆意挥霍这样的历史性时刻，将会是莫大的悲哀。

---

① 请参见史蒂芬·S. 罗奇的《非平衡：中美两国的相互依存》，耶鲁大学出版社2014年版。

② 请参见劳伦斯·H. 萨默斯的“美国经济展望：长期停滞、低迷和零利率下限”，载于《商业经济学》，由全美企业界分析师联合会2014年出版。

第二篇

金融改革稳步走

友邦保险集团

瑞穗金融集团

通往新常态的三座桥梁：金融业改革、保险及养老基金

杜嘉祺

（友邦保险集团首席执行官兼总裁）

金融业改革：通往新常态的桥梁

如同20世纪80年代的农业改革及90年代的制造业改革，中国金融业的改革在取得加入世界贸易组织后的初期腾飞后，还将成为稳步增长、高质高效、服务业领先、更注重环保的“新常态”经济增长的原动力或桥梁。这将包括拓宽零售层面储蓄和投资选择，各行业平等获得更多的股权和债务融资渠道。

决策者已清楚合理地制定了好通往新常态桥梁的路线图，归纳如下：

①建立银行存款保险机制；

②拓宽银行业的准入；

③放宽利率管制；

④地方政府的财政改革；

⑤地方和省级国有企业混合所有制；

⑥深化资本市场改革；

⑦资本账户开放和人民币国际化；

⑧推出沪港通。

以上八个步骤的先后次序显然十分重要，反映了建造桥梁前需要有牢固的根基。尽管在所有八个领域已取得可喜的成绩，当前的重点，特别是在过去一年，仍着重于前期步骤。下面我们将逐一分析这八个步骤。

（1）银行存款保险为银行体系提供稳定性及避免挤兑，符合国际惯例

银行存款保险制度也有助于建立银行间的公平竞争环境并促进竞争。此前，大型的国有银行享有的政府隐性担保，使他们能够吸纳更多的存款，同时支付较低的存款利率。鉴于银行存款占中国银行体系资金来源的主导地位，这是一个很大的优势。银行存款保险制度，结合完善且严格的银行监管，将建立公平的竞争环境，为迈向更商业化及多层次的金融体系的桥梁奠定了良好的基础。

（2）拓宽银行业的准入同样促进对银行存款的竞争

中国正在拓展网上、资产管理和农业金融服务。在存款方面，为城市居民服务的网上银行、为乡村居民服务的小微金融机构是当前金融创新热点，为以往服务不足的人群提供新的服务渠道、产品和服务。在贷款方面，扩大对以往服务不足的群体的金融服务会增加对中小型企业信贷流通。

（3）放宽利率管制是新的经济体系的核心部分，因为它有效地终止了对任何经济体中最重要的商品——货币的价格管制

直至近期，中国的存款利率、贷款利率均由政府定立。存款利率常常设置在较低或甚至负实际利率的水平。贷款利率也同样地设置在较低的水平，没有反映实际的风险。这实际上是让存款者补贴获得人为低息贷款的产业。它导致几大经济结构的扭曲，例如过高的家庭储蓄率、在影子银行及房地产行业追求高风险收益、国有企业的低效投资。

（4）地方政府的财政改革将深化资本市场改革，减少当地基础设施建设对银行贷款的依赖

地方政府以发行地方债取代卖地是一个非常积极的发展。市政债券市场在其他国家，尤其是美国，既是保险基金和养老基金的长期投资收益的稳定渠道，也是地方基础设施建设融资的稳定来源。

（5）国企混合所有制是深化金融改革的最大胆的尝试

如果存款保险制度和放宽利率是通往金融新常态的桥梁的基础，国企混合所有制则是桥顶。将地方和省政府的国企发展成为上市公司，或类似地允许私有资金参与的所有权架构，已被中央政府层面的大型国有企业证明是一个成功的战略。国企改革拓展到省和地方国营企业，和以前的央企改革一样，将引入市场激励机制和管制原则。同时，这些的国企的上市也将有助于深化国内资本市场。

（6）深化资本市场将在中国建造多元化的资本市场，取代目前以银行为中心的金融体系

正如前美联储前主席艾伦·格林斯潘所说，有效的资本市场——特别是债券市场，是金融危机发生时银行融资冻结的“备胎”。中国的地方政府一直依赖出售土地和银行贷款为发展融资。地方市政债券将会更稳定且更透明。

（7）资本项目开放和人民币国际化虽是最后的金融行业创新，但不意味着不重要

资本账户开放容易造成资本市场大幅波动的高风险。因此自由化需有序进行，尤其是中国及其他发展中国家时常受到“热钱”的涌入和退出的影响。这两项放在最后是因为中国经济需要达到足以应付短期“热钱”流入流出的稳健、强大和国际化。这只有在成功完成前七个步骤方可实现。鉴于主要发达经济体正在积极实施延长的非常规的货币政策（零利率政策和央行购买资产），拥有内部稳健的金融体系尤其

重要。

（8）沪港通的成功推出彰显了中国资本市场的逐步成熟和吸引力

将债券市场纳入沪港通范围顺理成章。这既可以为零售投资者拓宽投资选择，又为企业提供更多元化的融资渠道。对内的外来投资在深化资本市场改革的同时促使市场监督和治理。外资流入有助于人民币国际化。两者将有助于中国迈向多层次的金融体系以及全球金融体系的稳定。

新常态需要多层次、多元化的金融系统，为存款者和贷款者提供所有资产类别和不同期限的各类金融产品。目前中国的金融体系以银行存款为主导，银行贷款具短期特性。在经济发展初级阶段的国家和时期这种金融市场形态较为普遍。如今中国正在跨越从低收入到最终高收入国家的桥梁，迫切需要一个拥有深度资本市场的更多元化的金融体系。

人寿保险与养老基金：连接零售与批发金融之间的桥梁

新的金融体系的轮廓逐渐呈现，人寿保险和养老保险将扮演愈趋重要的角色。它们是在向新常态过渡的过程中极之重要却被忽略的桥梁之一。本节将讨论它们如何在连接零售与批发金融中的角色。下一节将讨论更迫切的中国家庭的社会保障问题。

人寿保险和养老基金对深化资本市场改革，建立一个降低银行主导的、更多元化的金融体系过程中扮演独特的角色。人寿保险和养老保险为家庭提供保障的同时，聚集大量的长期资金。有别于银行聚集的短期存款，这些长期债务寻求投资于的长期资产。

中国目前的金融系统，除了以银行为中心，还存在许多的金融制约。储户除了低或甚至于负实际利率的银行存款外，选择有限。上述银行业改革试图解决这一问题，但建立深化的资本市场还需要像保险资金和养老基金这样的长期机构投资者的积极参与。这些改革将使银行体系更具有竞争力，为储户提供更高的实际利率，降低影子银行的影响，改善中小型企业的融资。

保险基金和养老基金在发达经济体的资本市场中举足轻重。根本而言，保险基金和养老基金是发达经济体的资本市场尤其是债券市场的基石。

保险基金和养老基金是连接零售与批发金融之间的桥梁的基石：零售金融——家庭购买保险和养老产品，批发金融——资本市场的机构投资者。在发达经济体中，共同基金公司以及投行利用资产证券化也扮演类似的角色，但保险基金和养老基金是这一经济范畴的基石，尤其在发展中国家。

因此，中国深化资本市场及建立多层次的现代化金融体系需要大幅度增加保险和养老储蓄资产。

目前中国保险渗透率低。2013 年的人均保费只有 110 美元，相比如韩国的人均保费为1800美元。同时，人寿保险在过去几年增速缓慢。名义保费收入增长在 2012 年和 2013 年分别是 4.5% 与 8.4%，低于同期的 12.0% 和 10.8% 名义 GDP 增速①。在中国当前的经济发展阶段，人寿保险的增速应高于 GDP 的增长。

中国养老保险的覆盖率同样较低，但与保险不同的是，尽管近年有所增长，但增速缓慢并且起点较低。中国正启动养老保险改革。改革的重点是国家基本养老保险支柱。但近年人们已开始重视养老系统的三支柱及公私合作模式，以期在不过度加重政府的财政负担的同时可持续地增加养老保险覆盖。

尽管保险和养老基金对资本市场创新和发展至关重要，保险和养老

① 资料显示，寿险业 2014 年的增长高于名义 GDP。

保险的基础功能仍然是促进和提高个人及社会保障水平，下一节将对此进行探讨。

人寿保险与养老保险：从铁饭碗通往可持续的社会保障网络的桥梁

从铁饭碗通往可持续的社会保障网络的桥梁，需要有三大支柱和三大范畴。所谓三大支柱是指国家或固定养老金支柱、企业或固定供款支柱及个人支柱。原本用于养老的三大支柱的概念也可引申运用到社会保障的三大范畴：健康保险，养老保险和人寿保险。以下将探讨每一范畴。

1. 健康保险

中国健康保险体系经历多次改革。1980 年代打破了“铁饭碗”，国企基本不再需要负担员工的健康医疗开销。1994 年启动城镇职工基本医疗保险。2002 年严重急性呼吸系统综合症（SARS）发生后，公共健康医疗纳入政策重点。2002 年推出新型农村合作医疗保险及 2007 年推出城镇居民基本医疗保险，逐步覆盖大部分中国的家庭。与发达经济体例如美国相比，中国新的医疗保险的覆盖率令人瞩目[①]。

目前的城镇及农村的基本医疗保险包含了政府、公司、个人三大支柱的参与。国家在中央及地方为整个基本医疗保险系统提供日趋增加的财政补助资助。公司供款到系统的公共账号和雇员的个人账户，雇员亦向个人账户供款。采用该系统设计是希望减少道德风险和政府的财政负担。

① 中国的有效覆盖率由 2004 年人口的 34% 上升至 2010 年的超过 90%，美国的 Medicaid 的覆盖率仅仅高于 80%，参阅 Xian Huang，Journal of Contemporary China，2014 and Hong Liu，Qi Sun，Zhang Zhao，Institute for Study of Labour，Discussion Paper No. 7251，2013 年 2 月。

该系统尽管仍新但初期运作良好，充分体现了三大支柱的内在关系。研究表明中国的医疗保障覆盖面不断扩大，健康水平有所提升，医疗费用也有所降低①。

中国的医疗保障体系仍在发展，未臻完善，在公立医院融资、医药定价、一般医疗服务提升等方面，仍面临艰巨的任务。特别是中国人口老龄化和不断增加医疗成本，问题更趋严峻。

从金融创新的角度来看，已有的城乡基本医疗保险的基础上，可以继续开发放面向中产以及富裕阶层的医疗服务。在成熟经济体例如英国、德国及瑞士，拓展商业医疗保险是辅助基本医疗系统的有效补充。随着中国民众收入的增加，商业医疗保险可以补充基本医疗系统的缺口，分担部分医疗的开支。

2. 养老保险

相对于整体经济改革特别是金融改革，甚至与医疗保障改革相比，中国的养老保障改革明显滞后。迄今养老保险改革的重点一直集中于第一支柱——国家运作管理的基础固定养老金计划；部分于第二大支柱——企业提供的固定供款计划，即国内一般称之的“企业年金”。目前出台的改革政策较少支持第三大支柱或私人退休储蓄计划的发展，尽管由于计划生育政策的长远影响导致中国的人口老龄化正在快速步入一个临界水平。

一个可持续的养老保险制度的基本框架在过去二十年间各省的试点方案逐渐成形。这些试点已显现至少五个方面的问题：①所谓的“个人账户空账”；②试点计划主要针对政府和国有企业员工；③省际计划的一致性和可流动性；④缺乏财政激励；⑤需要提高金融知识水平。

① 参阅 See Feng Huang and Li Gan，NBER working paper 20873，2015 年 1 月；Xian Huang，Journal of Contemporary China，2014。

（1）“个人账户空账”

“个人账户空账”问题指名义上设计完善的省级计划中为每一个员工设立个人和一般账户，类似于基本城镇和农村医疗保险计划或世界各地的三支柱设计。问题是在某些情况下，省或地方政府从一般或个人账户“挪用”（想不到一个更好的说法）资金。

（2）试点计划主要针对政府和国企员工

试点计划主要针对政府和国有企业员工限制了其规模。由于养老金计划被视为一种社会福利，只有政府或国有企业员工被纳入大多数试点。国有企业和城镇职工享受社会福利并不总是普通大众可以获得。除了解决社会不公问题，养老计划涵盖所有员工——包括各级政府，国有企业和私营企业——将扩大计划的规模和覆盖面，类似于已推行基本健康医疗保险制度。在强制性供款可以针对一个基本的水平，但还应该为社会中较为规避风险或保守的成员提供“额外供款”的机会。

（3）省际计划的一致性和可流动性

省际养老计划的一致性和可流动性将有助于改善养老系统的扩展和有效性。随着人口老龄化导致的劳动人口的供给不足，以及业务的发展由省内拓展致全中国，劳动力流动在“新常态”的经济环境中越趋重要。如果养老金挂钩于最初就业的地区，对劳动力流动带来直接的制约。省份间计划缺乏一致性也引起了社会平等的问题，并省级官员滥用养老基金打开大门——类似于“空账户”。基本养老保险制定国家标准，如医疗保险，将是非常积极及影响深远的一步。

（4）缺乏财政激励

缺乏财政激励限制了试点制度的扩大。全球经验清楚显示了缺乏财政激励时年轻人拖延退休储蓄的风险，而中年人则甚为担心年轻时储蓄不足。财政激励是加快退休储蓄决定的手段。中国的情况受人口老龄化的影响更为严重。四位祖父母及父母依靠一个孩子的所谓“4－2－1”

的问题，对孩子步入中年后造成明显的压力。为个人通过长期养老计划而非短期银行账户进行退休储蓄及企业为员工提供的企业年金或商业养老保险提供财政激励，将扩大社会保障网，通过提高覆盖率减少国家的隐性财政负担。

（5）需提高金融知识

提高金融知识将有助于深化金融改革，对扩大退休储蓄尤其重要。民众纷纷投资房地产、股票、“影子银行”账户、黄金甚至比较模糊的大宗商品，既是由于资产存放在银行为中心的金融体系中会不断贬值，也是因为缺乏金融知识。根据国际经验，提供财政激励有助于在零售层面推广金融知识。

更重要的是，将基本退休储蓄计划设置为强制性参与，例如像澳大利亚、新加坡和中国香港，可显著地增加退休储蓄计划知识的推广及参与。选择性参与方案，例如美国的401K方案，主要为社会中高阶层使用。他们的补充退休储蓄不足的问题较少，对国家财政资源可造成的风险较低。强制性参与的基本国家退休储蓄计划应视为增加在各阶层养老保险覆盖率，以及推广金融知识之更广泛目标的一个关键的优先事项。

3. 人寿保险

寿险保障与退休储蓄相辅相成。后者筹备个人的未来支出需要，前者则更侧重于保障个人的家庭或亲人的财务危机。任何家庭失去主要经济支柱都是对一个家庭的幸福和未来严重的甚至是最严重的金融风险。寿险可因此被看作一个家庭的“收入保险”。中国的“4－2－1”家庭结构使此类保险尤为重要。

（1）中国保险覆盖不足

中国的保险覆盖仍然非常不足。如前所述，2013年中国的人均寿险保费收入仅为110美元，保费收入仅占国内生产总值的1.6%。人寿保险的增长没有跟上经济增长，更何况中国存在日益加大的“保障缺口”。该保障缺口是指人们在发生意外或健康不佳时潜在的财务需求，与覆盖该风险的保险及储蓄的实际水平的差额。中国的储蓄率如此之高，很大程度上是因为其保险渗透率非常低。迈向“新常态”将需要中国寿险渗透率的显著增加。

纵观全球，人寿保险基本上是依赖于两个，而非三个支柱。除了公务员，政府一般不为其他公民提供寿险保障或死亡抚恤金。公司通常提供团体保险覆盖所有的员工。在全球范围内，寿险与养老和健康保障相比的特别之处在于它主要依靠个人（或有时雇主通过团险计划）购买来获得保障。如保险业常常指出，不会有人一早醒来想到需要购买人寿保险。寿险是一种需要被推销的，而不是简单地被购买的产品。人寿保险因其本质比其他社会福利保障更依赖于第三大支柱。而中国的第三个支柱尤为薄弱。

（2）中国保险业低渗透的四个原因

中国保险业的低渗透率源于至少四项因素：较低的人均 GDP；较低的金融知识水平；缺乏财政激励；需要加强市场竞争。

①较低的人均 GDP。全球范围内较低的人均 GDP 与低寿险渗透率密切相关。然而，即使在目前的人均 GDP 水平，中国的寿险渗透率仍然偏低。此外，中国由低等收入向中高收入转变的过程中，寿险的增长不足以缩小日趋扩大的保障缺口。

②较低的金融知识水平。如之前关于养老保险产品的阐述，较低的金融知识水平制约寿险渗透率。从多方面讲，该不足更多是行业本身的责任，而不是政府。在其他经济体，市场的竞争激烈迫使保险公司、代理商和合作伙伴积极参与市场营销和教育活动，以提高消费者的认知度。在中国，有效的营销活动的缺乏可以追溯到下面两段讨论的两个主要问题。

③缺乏财政激励。缺乏对团体人寿保险的财政激励意味着员工难以

通过值得信赖的信息来源——雇主来了解寿险保障的好处。在其他市场为雇主为员工提供基本寿险可获得财政激励。该激励机制鼓励企业提供团体计划，并鼓励员工在团险的基础上购买其他保障，进一步加大保障的规模。增加的保障既为员工的家庭提供了社会保障，也减少了国家在家庭一贫如洗时需承担的潜在风险。

④需要加强市场竞争。加强市场竞争对深化金融改革必不可少。大多数已超越“中等收入”阶段的主要市场提供开放的市场竞争，或者至少公平的竞争环境，包括对外商投资企业。中国限制寿险公司持有49%或以下的股权是一个明显的例外。友邦保险作为唯一的独资寿险，经营区域上被限制在上海和北京两个城市，以及广东和江苏两个省。而国资企业可以在全国范围内经营。

缺乏外资的竞争导致了行业被原为国有，甚至上市后仍保持国有背景的企业所主导。这些国有企业不需面对充分的市场竞争，对金融创新或金融知识的推广缺乏动力。而且，事实证明，这些企业具有国有背景也意味着民众憧憬国家将最终将间接承担其债务。这不仅增加了国家的隐性财政负担，也变相鼓励了企业不健全的财务行为。

中国的寿险业未来的道路已相当清晰。整体经济特别是寿险行业已发展成熟，足以完全对外开放。国内业界对外资竞争并无担忧，且最终获益良多。

此外，大型内资企业难以向海外扩张，在国内受保护的地位使他们缺乏在全球层面竞争的经营经验。相反，外资保险公司拥有的可“有所作为”的专业知识和潜在的流动资金，却受制于合资结构和本地牌照的要求而无法优化其业务扩展及推动市场的发展。

总 结

中国经济改革正处于新的深化改革和新常态下的减速、更稳定且更高质增长的关键时刻。继最初几十年农业和制造业的历史性转变后，服务业，特别是金融服务将成为下一轮深化改革的重点。

金融业改革将是通往新常态的桥梁。金融服务行业的创新将引导数亿中国家庭的储蓄进入更深层次的资本市场和多层次的金融体系，为新常态提供融资，增加稳定性以防范金融风险。保险和养老基金同时是通往新的可持续的社会保障网络的桥梁。相关的改革的执行将推动中国经济进入下一阶段，促进国内和国际的和谐安定。

保险和养老基金将同时提供通向一个新的、可持续的社会保障网络的桥梁。这些改革的实施将引导中国经济登上新的台阶，并促进国内和国际的稳定。

人民币实现国际化需要金融改革加快步伐

——日本的经验教训及启示

瑞穗金融集团

人民币国际化发展的进程和今后的课题

1. 人民币国际化的发展

在中国，随着进入21世纪后周边国家地区使用人民币的情况逐渐增加等，出现了有关人民币国际化的讨论，而以2008年的全球金融危机为转折点，对美元的依赖日益堪忧，在此背景下，中国政府更加积极地采取措施推进人民币国际化。

例如，中国政府自2009年7月试点性开放跨境贸易人民币结算后，逐步扩大试点地区；作为境外人民币的“承接托盘”，推进了以中国香港为首的人民币离岸市场的建设（扩大香港的人民币相关业务、扩大人民币债券的发行及开放人民币计价IPO等）。此外，允许使用人民币直接投资、实施人民币境外合格机构投资者（RQFII）制度、“沪港通”等，渐进式地开放资本项目交易使用人民币。同时，中国政府还与各个国家和地区的货币当局签订货币互换协议、设立人民币清算银行等，致力于支撑人民币国际化的制度的建设。

经过这些举措，以贸易交易为主，人民币在国际上的使用切实扩大。从作为结算货币在世界上的地位来看，人民币2012年12月仅排第

14 位，而 2014 年 12 月时已上升至第 5（表 1）。

表 1　　国际结算使用货币的排名（%）

排名	2012 年 12 月		排名	2013 年 12 月		排名	2014 年 12 月	
	货币	占比		货币	占比		货币	占比
1	欧元	39.76	1	美元	39.52	1	美元	44.64
2	美元	33.34	2	欧元	33.21	2	欧元	28.30
3	英镑	8.68	3	英镑	9.13	3	英镑	7.92
4	日元	2.45	4	日元	2.56	4	日元	2.69
5	澳元	2.11	5	加元	1.90	5	人民币	2.17
6	加元	1.97	6	澳元	1.89	6	加元	1.92
7	瑞士法郎	1.91	7	瑞士法郎	1.29	7	澳元	1.79
8	港元	1.09	8	人民币	1.12	8	瑞士法郎	1.39
9	新元	1.03	9	港元	1.11	9	港元	1.27
10	瑞典克朗	0.96	10	瑞典克朗	0.96	10	新元	0.90
11	挪威克朗	0.84	11	新元	0.96	11	泰铢	0.88
12	泰铢	0.83	12	泰铢	0.80	12	瑞典克朗	0.78
13	俄国卢布	0.67	13	挪威克朗	0.76	13	挪威克朗	0.72
14	人民币	0.57	14	波兰兹罗提	0.54	14	波兰兹罗提	0.56
15	丹麦克朗	0.45	15	俄国卢布	0.51	15	南非兰特	0.45

资料来源：SWIFT RMB TRACKER（SWIFT 人民币追踪记录）。

然而，截至 2014 年 12 月，人民币占全球结算额的比例仍仅停留于 2.2%，与占 44.6% 的美元、28.3% 的欧元、7.9% 的英镑相比，存在很大差距（日元占 2.7%）。因此可以说推进人民币国际化还有很大空间。

2. 对今后推进人民币国际化的做法的建议

如上所述，虽然中国政府从 2000 年代末就开始积极推出有助于人民币国际化的措施，但首次使用“人民币国际化”一词明文阐述今后方针是在2014年12月召开的中央经济工作会议，制定了“稳步推进人民币国际化”的方针。

为了推进人民币国际化，通过资本项目交易的完全放开、形成有深度的国内资本市场来提高人民币作为运用货币的方便性固然重要，但为了实现中国政府谋求的“稳步推进人民币国际化”，可以说，建立能够承受住资本移动加剧的、稳定的国内金融体系也是当务之急。具体而言，关键应是尽可能快地推动利率完全市场化、汇率市场化、建立健全作为资本市场发展基础的制度。

（1）利率完全市场化

要提高金融体系的稳定性，利率的完全市场化不可缺少。在中国，各种利率经过市场化后，目前仅剩下存款利率仍有上限管制，这项管制与存贷比要求等相互作用，存在导致了金融体系扭曲的方面。

代表性的事例就是回报率高于银行存款利息的理财商品的急剧增加，中国政府鉴于流动性风险和信用风险的问题加强了监管力度，此事尚记忆犹新。目前，相关措施奏效，上述风险看似较之以往得到了控制，但是，只要存款利率上限管制存在，以逃避管制为目的的资金流向今后还会重新冒现，致使国内金融体系动荡的风险犹存。

为了防患于未然，存款利率市场化就必不可少。中国政府自2014年11月以来，两度扩大存款利率浮动区间，切实地推进了市场化，今后有待继续采取措施。此外，还需要预先建立健全存款保险制度、金融机构倒闭处理机制等安全网。因为在存款利率市场化引起争夺存款竞争加剧的过程中，在上限管制下压得较低的存款利息将上升，致使利差利润缩小，从而可能会出现经营情况恶化、甚而陷入倒闭的金融机构。关于存款保险制度，2014年12月公布了征求意见稿，朝着启动制度向前迈进了一步；而关于金融机构倒闭的处理，亦有必要就负责处理的组织及其权限、进行处理时所需资金的筹措方式等尽早制定出草案，加快机制的建设。

（2）汇率市场化

要提高金融体系的稳定性，人民币汇率市场化也必不可缺。中国对一部分交易尽管仍实施资本项目交易管制，但渐进式地予以放宽，不过并非完全不受热钱流入和流出的影响。在此情况下，如果人民币汇率处于僵硬状态，则有可能加大流动性和利率的波动性，有损金融政策的自由度。

最近，对人民币过度低估的情况得到缓解，从人民币对美元汇率出现双向波动行情可见，汇率随着市场化而发生大幅波动的风险降低了。截至2015年2月，人民币对美元汇率允许在对比中间价上下2%区间内浮动，今后则需要在努力扩充风险对冲手段等的同时，加快推进汇率市场化。

进而言之，理想的做法是步调一致地推进汇率市场化和存款利率市场化。因为如果较之汇率市场化先行推进了存款利率市场化，则在汇率波幅小、上限管制的取消导致国内存款利率上升的情况下，投机资金涌入中国境内的压力将增大，这恐会成为扰乱金融政策的因素。

（3）建立健全作为资本市场发展基础的制度

建设有深度的资本市场对于推进人民币国际化的重要性如上所述，然而作为其基础，在资本市场也需要逐步建设安全网，使市场规则能够更好地发挥作用。为此，需要建立健全保障投资者权益的规则，并严格执行。在日本等发达国家，为加强保护投资者，建立了信息披露制度、信用评级制度、退市规则、保护投资者基金等各种法制，对不公平交易行为实施监督和取缔。

中国也已明确了加强相关措施的方针。例如，在资本市场发展政策大纲——《国务院关于进一步促进资本市场健康发展的若干意见》（2014年5月公布）中，明确了建立健全上述保护投资者的各种相关制度、推进可谓证券交易基本法的《证券法》修订的方针。把保护中小投资者权益、建立健全退市制度等各项措施予以具体化的动向也相继出现。有必要加快这些措施。

日本在“日元国际化”上的经验教训与人民币国际化

1.“日元国际化”未取得进展的原因和基于日本经验教训的启示

在日本，随着20世纪90年代中期实施的存款利率市场化，完成了金融、汇率和资本交易的一系列的市场化，然而相对日本的经济规模等，日元并没有被作为国际货币使用，“日元国际化”尚在半途。这是多个原因复杂交织的结果，在此列举两个主要原因，并透过日本的经验教训浅议对“人民币国际化”的启示。

（1）对日元的国际信任降低

“日元国际化”未取得进展的第一个原因是，泡沫经济崩溃后的日本经济长期疲软，致使日本在世界经济中的地位大幅下滑，对日元的国际信任降低。在此过程中，日元对主要货币的汇率剧烈波动，从国际上来看使用和持有日元的风险上升，这也可能对日元国际化产生了负面影响。另外，在货币的世界里，如果某一货币的使用量增加，则该货币的交易成本的下降会进一步促使使用量扩大，因此亦需要注意到，一旦成为国际货币，“惯性法则”会起很大作用。

根据日本的经验教训，要实现本国货币的国际化，国际上对于“该国的经济运营包括未来在内保持平稳、结果汇率亦稳定”予以信任成为重要的基础。

中国与日本的共同点是都拥有GDP排名世界第二的经验。但是，与GDP世界第一的美国相比，日本的GDP在1996年达到了相当于美国69.6%的顶峰后转为下降，而中国的GDP在2014年达到了59.5%，且预计未来将超越美国[①]。因此，从“经济规模”这一点出发，可以说中国比日本更具备实现本国货币国际化的基础。不过，基于日本的经验教训可以说，“经济的稳定性”也是货币国际化极其重要的必要因素，今后中国还需要充分照顾到这一点来进行经济运营。换而言之，不只优先、追求眼前的经济增长，中国更加需要面向未来，在推行必要的改革之同时，以可持续增长为目标进行经济运营，有必要向世界证明中国经济兼备“规模”和“稳定性”双方面。

（2）日本的贸易和产业结构的特点

基于日本的贸易和产业结构的特点，很多时候进行交易，外币计价比日元计价更为合理，这成为了日元在国际上的使用未得进展的第二个原因。

比如，在以加工贸易为主的日本，主要进口的能源和原材料在国际上的交易已确立为美元计价，要改为日元计价很困难，所以如果出口时也同样使用美元计价，就能够综合性地降低汇率风险。

此外，日本企业以降低汇率波动影响为主要目的，将生产基地转移到国外，这一动向也被指是导致美元计价交易增加的原因之一。通过把在转移对象国家当地的子公司与母公司之间的公司内贸易统一为交易成本最低的美元计价，将汇率风险集中到母公司，从而通过用抵消和轧差来压缩风险敞口等的形式使汇率风险最小化，这种做法作为企业活动更具合理性。

从上述日本的经验教训来说，如果不能把本国货币的使用需求和使用情景具体地增加到超出本国贸易和产业结构特点所产生的影响之上，则通往国际货币的道路渺茫。

中国已拥有了巨大的国内消费市场，且今后还有望进一步扩大，因

① IHS公司《China to Become World's Largest Economy in 2024 Reports IHIS Economics》。

此未来过度依赖出口的必要性将减小，并且，不同于国内市场前景有限的日本，中国把生产基地转移到靠近消费地的国外的必要性也不是很高。基于上述理由，可以说中国较之日本不易受到贸易和产业结构带来的影响。此外，如果有效地利用立足于巨大经济规模之上的议价能力，则将来国际上各种交易业已确立的基准货币变为人民币的可能性也是有的。综上所述，继续维持和推进现作为目标的扩大内需路线亦有利于人民币国际化。

2. 成为“亚洲的国际货币”

尽管人民币有今后也将不断扩大的中国经济作支撑，但由于存在第1章节所述各种课题等，要立即取代美元和欧元并非易事。因此，鉴于以下理由，认为首先在经济密切关联的亚洲确立起作为国际货币被广泛使用的地位，是通往人民币国际化的重要“桥头堡”。

（1）亚洲地区在全球的重要性急剧上升，预计未来还将进一步上升

从各地区占世界名义GDP的比重看，亚洲地区（日本、中国大陆、亚洲四小龙、东盟五国、印度的合计）在2013年占27.3%，已超过美国（22.7%），预计到2020年将进一步扩大至31.5%（预计届时美国占20.1%）[①]。亚洲地区占世界贸易的比重也在2013年达到了31.4%，紧追欧元区（31.6%）[②]。中等收入人口预计将从2010年的14.6亿增加到2020年的23.1亿等[③]，亚洲地区作为最终消费地的地位将更加提高；而且，资本市场的扩大和机构投资者的成长等亦切实进展。如果人民币能够充分利用地区性的紧密关联，成为在前景如此光明的亚洲地区

① 瑞穗综合研究所《国内外经济中期展望与人口和地区的课题～瑞穗综研展望的2020年的世界～》（“紧急报告”2014年10月2日）。

② 国际货币基金组织（IMF）《Direction of Trade Statistics》。

③ 不包含日本的数字（日本经济产业省《通商白皮书2011》，2011年版）。

广为使用的国际货币，则其在国际上的使用将随着亚洲的成长与发展而更加扩大。

（2）为了进一步加快亚洲地区的成长与发展，要求建立更为稳定的货币体系

尽管当前美元在亚洲的地位并未出现任何动摇的迹象，但经历了20世纪90年代后半期的亚洲金融危机和近年的欧洲主权债务危机，过度依赖美元的害处以及亚洲货币体系对于外来冲击的脆弱性受到了深刻认识。日本从在亚洲地区最早实现了经济发展和国际化的有责任的立场出发，把“日元国际化”定位为有助于通过促进在本地区内的当地货币计价交易来稳定亚洲货币体系的重要政策课题，加大推进力度。除日本以外，作为亚洲第一大国的中国也来响应亚洲各国要求建立多元化货币体系的呼声，对于进一步扩大人民币在国际上的使用是重要的。那么，作为上述措施的未来展望，人民币成为特别提款权（SDR）货币也指日可待。

实现人民币和日元的合作

上一章节阐述了作为实现人民币国际化的“桥头堡”，“成为亚洲的国际货币”的重要性，本章节来探讨人民币与日元的合作，即中日两国金融市场的协调助推该进程加快的可能性。

要成为亚洲的国际货币，扩大人民币被采用为储备货币将是课题。作为偏好把美元作为储备货币的背景可指出的是，以经济规模作支撑的有深度的金融市场的存在、作为安全资产（安全且流动性高的投资对象）的美国国债，以及成熟的法制和干练的市场参与者的存在。为了扩大人民币被作为储备货币，建立“有深度的金融市场”必不可少。

美国债券市场规模达38万亿美元，形成了有深度的市场。而中国

与日本的债券市场，就各自的规模而言很难说形成了能与美国相匹敌的市场（表2）。为此，要建立“有深度的金融市场”，也可考虑加深中日两国债券发行人和投资者之间的相互交流，以提高作为市场的一体感。

表2　　债券市场的规模（截至2014年9月底）

	美国	中国	日本
债券市场规模（对比GDP）	38万亿美元（220%）	5万亿美元（53%）	10万亿美元（220%）

资料来源：日本瑞穗银行根据美国证券行业和金融市场协会（SIFMA）、Asian Bonds Online的数据编制。

例如，以发行人为出发点，有人民币投资需求的日本企业在中国本土发行债券、中国企业在东京市场发行债券将可成为重要举措。瑞穗金融集团现正研究在东京市场发行人民币计价债券，拟作为民间企业积极参与。

而以投资者为出发点，尤其是拥有1600万亿日元金融资产的日本机构投资者，扩大其参与中国债券市场，能够为中国实现稳定、可持续的增长做出贡献；同时通过作为干练的机构投资者的行动，还将有助于提升中国资本市场的功能。而从中国投资者的角度看，随着投资限制放宽，今后全球分散投资将成为课题，同在亚洲且是成熟金融市场的东京市场将可作为有力的投资平台发挥作用。

中国债券市场的对外开放刚刚起步，尽管中日两国金融市场的协调发展尚面临诸多课题，但期待通过相关方的共同努力来取得切实进展。

第三篇

民以食为天

陶氏化学公司 •

杜邦公司 •

雅培公司 •

安利公司 •

坚持不懈创新改革　促进中国粮食安全

陶氏化学公司

背景：中国粮食安全面临的挑战

虽然中国的农业产量增加，农业生产效率和农民收入却未获得相应的增长。中国的农业体制面临越来越大的压力。生产投入在稳步上升，包括劳动力、机械、运输、用电、农药的成本。小块土地难以降低成本，也难以利用机械化和科技优势；而且农民也不能出售或出租土地用于整合。要让农民在这种环境中保持利润率，农作物价格必须上涨。然而，中国的农作物价格已经明显高于国际价格。因此，中国的耕种业已经变成了受额外收入来源补贴的兼职活动。为了继续改善农村居民福祉，中国必须对其耕种业、土地和资源管理进行现代化改造。

为了保护农民收入，中国政府在多年中通过补贴项目支付了溢价，导致了水稻、小麦和玉米的巨量过剩；而在国际市场，这些作物的价格远低于中国的价格，且大量过剩。2014 年，中国进口农产品 1.12 亿吨，同时消除了 1.24 亿吨国内粮食库存——占该年中国粮食产量的 20%；中国购买的粮食中，35% 从市场直接进入库存。这种不平衡的活动体现了资源的严重错配，需要通过一项综合性改革方案来解决。去年，中国政府采取了重要的初步措施，开始实施棉花和大豆的目标价格改革，并将补贴直接支付给农民。2015 年中国政府“1 号文件”宣布，这些试验在2015年将持续，对其他作物种植农户的直接补贴也即将实施。如果实施成功，这一系列改革将使中国农业更有竞争力和盈利能力。

户籍制度以及相应的土地和产权改革，是确保未来可持续增长和粮食安全的重中之重。城镇化促使大批农民迁移到城市，由于法律不明晰且缺乏法律指导，常常使手中的土地闲置或容易受到侵权。在十八届三中全会决议中，中国领导层承诺为农村居民获得大城市户口设定合理的条件，方便他们获得经济适用房和社会服务，同时还将赋予农民对其土地的更多权利，并且将放开对农村土地经营权转让所设的限制。另外，十八届三中全会还提出，要建立更公平、更可持续的社会安全体系，扩大社会保险体制中的公平。政府的新农业政策和“1号文件”进一步明确了保护农村产权、规范农村市场、引入改革的目标，让某些农业企业发行债券、出租大型农场设备。这些政策的实施虽然艰难，但能够帮助农民将其土地视为资产，并且提高农业生产力和稳定性。

提高中国的粮食安全，要依靠的将不仅仅是增加投入和产出、维持/增加农产品进口。中国为城镇化付出了环境和食品安全方面的巨大代价。根据中国政府的最新数据，中国16%的土壤和19%的耕地都遭受污染。2012年，中国耕地仅有3.34亿英亩，略高于政府为可用耕地设定的“红线”。经过数十年化肥和农药的过度施用，中国现有的耕地已呈现出质量较差或欠佳的状况。中国土壤中最常见的无机污染物镉和砷，已导致了公众的慢性健康问题。含三聚氰胺的婴幼儿配方奶粉、含激素肉类、大米镉超标、地沟油等被广泛报道的食品安全丑闻，引起了公众对食品安全的深切关注与焦虑。每年有近1亿中国人因食源性细菌而患病。

用水量的不断增长（尤其是在水资源已经极其短缺的中国北部），给中国的城镇化提出了另一个挑战，同时也提供了一个机会。那些为城区供水和污水处理系统实施了整体解决方案的城市，将有能力更好地应对其用水需求。中国应消除对海水淡化和污水再利用探索的限制，以增加供水。建设综合性废物、雨水保护及溢流管理系统，也有助于应对水资源短缺和碳排放问题。此外，要满足数量不断增加的中产阶级的需求，中国各城市也须修订其饮用水水质法规，对饮用水水厂和市政污水处理厂进行升级改造。中国应利用创新的废物削减、再利用及先进的处置方法，来减少固体废弃物系统的碳排放量。

中国政府认识到了这些问题的严重性，并已经采取了重要措施来防止土地和资源的进一步污染和退化。在 2013 年召开的人大会议上，李克强总理在其做的首次工作报告中，直接谈到了这个问题，并宣布“向污染开战”。中国拨出了 48 亿美元资金用于“十二五”计划期间的土壤污染治理和防范工作，目前的投入预计已超过这个数目。对地方官员的基于 GDP 的绩效考评，被涵盖范围更广的考评标准（包括环保方面内容）所取代。此外，大多数中国大城市已形成了污染数据发布制度，所有省份都被要求将其当地大企业所造成污染的数据在线上报给中央政府。尽管如此，监管不力和产权管理方面的漏洞，仍然使一些地方官员疏于对自然资源和食品安全的管理，这种局面亟待改进。

最后，鉴于农业对能源和资源有巨大需求，在中国的农业现代化进程中，可持续的建筑和基础设施将至关重要。中国将需要升级其智能电网的能力，改进替代能源发电和输电之间的协调。中国还需尽早对智能电网技术进行投资和鼓励，为其可再生能源的快速增长提供动力，避免燃煤发电厂扩张所可能产生的锁定效应。

建　议

中国国务院已经连续 12 年将农村和农业现代化建设问题列为年内

首份重要政策文件的重中之重，这也体现了中国政府为治理粮食安全问题所做的不懈努力。在接下来的几年中，中国需要建立现代化农业技术，并规范和加强食品和其他农副产品质量管理机制。为了进一步解放生产力、保障食品安全，中国可以在耕种业和食品生产领域全面推进技术和创新，改善农村基础设施建设，鼓励引进境外投资和先进技术。

1. 在教育、研究和发展等领域加大投入

与顶尖人才高效合作，提高环境危机意识，才能使农业现代化得以稳步发展。陶氏在2009年与设在杭州的中国水稻研究所签署一项研究合作协议，强强合作，整合陶氏在特性、技术方面优势和水稻研究所领先的水稻种质研究成果，提高水稻产量，帮助解决全球日益增长的粮食需求。此项合作也为优化包括玉米和大豆在内其他主要农作物的抗旱和固氮性能提供了技术参考。

农民群体往往缺乏环境意识，同时对生物农药、种子和其他农业新技术也缺少足够的认识，这也影响他们在农业可持续性和农业生产效率方面有更大提高。陶氏在北京大学设立的“大学生可持续创新奖”激励大学生利用最佳创新技术，解决中国城市化和现代化过程中遇到的难题。

2. 充分应用农业创新

为增加产出，中国政府将工作重点从日益增长的资源投入转移到科学技术所带来的增效上来。通过发展和应用创新的农药和生物技术，中国可以获得更高的产能，更多样化的品种以及更高效的虫害管理表现。陶氏的农业解决方案通过基因改良、增强耐受性，有效控制杂草和虫害，提供更高产、拥有更强适应力的农作物，来帮助中国的农民提高土地产量。陶氏先进的农作物特性，结合了更先进的基因技术、虫害控制和保护技术，更小的避难所面积，能有效提高玉米产量，其每英亩产量超出竞争对手近4蒲式耳。这对农民们也意味着相当可观的潜在收入增益。同时，中国在努力提高主粮的营养价值，微量营养素和维生素。这也是中国为增加日益缩减的可耕地面积的食物产量而做出的努力中的一项重要举措。陶氏已经制定出惠及稻米、小麦、蔬菜和水果等四种主要作物的多样化综合计划，旨在为农民们提供全面的农作物解决方案。

中国对大豆的需求量已经增长到全球大豆消费总量的30%。萌前除草剂能显著提高大豆对抗顽固杂草的能力，然而中国大部分的大豆耕作面积并没有喷洒萌前除草剂。陶氏 sonic 除草剂在杂草萌发前就控制其长势，并能持续发挥残留活性，并增强后续喷施的效果，使杂草植株矮小化，增加杂草的可控性。杂草萌后处理的方式方法有限，因此杂草萌前处理对大豆作物的产量显得尤为重要。同时，陶氏还在努力推进一项抗虫害的特性研究。这项研究成果一旦投入商业化生产，将为大豆种植户提供最广谱的虫害控制方案。这项抗虫害特性将提供更广泛的植物自身的虫害抵抗力，使这项新技术的表现持续性高于市场上其他同类技术。当前，杂草的泛滥之势已严重影响美国和拉丁美洲的农作物产量。这项技术将结合 Enlist 杂草控制系统，为全球范围内大豆，玉米和棉花的种植户所利用，来控制杂草的生长。

3. 消除外资和对外贸易壁垒

围绕三中全会的以市场主导资源配置的指导方针，中国政府将会对国外先进技术的拥有者提供更宽松的市场准入机制，以提高国际农业产量。中国近期在加强法制建设、基础设施建设和产能扩大等方面取得新进展，推动了竞争立法，并于2008 年推出《反垄断法》，根据国际规则和标准对并购、定价及不正当竞争行为和市场秩序实施更加有效的监督，那些对外资企业可能利用技术优势扰乱市场秩序的担忧由此可以大大减轻。

中国政府再三强调保持中国国内粮食生产盈余的重要性，特别是水稻和谷物。自给自足长久以来一直是中国食品安全战略的核心，而当今中国也必须倚重资源的多样化——不管是国内的还是国外的。国际贸易是中国食品安全的关键要素。中国人对谷物和肉类的口味需求正在不断变化中，同时城镇化、污染和沙漠化导致耕地面积的大幅缩减，这些都意味着中国需要向国外开放更多的粮食市场，从而加强食品安全，使食物来源多样化并保持低价。

要稳定粮食供应，中国必须要对那些主要的农业贸易伙伴提供足够的透明度并增强他们的信心。粮食进口可以缓解中国目前在水资源和可耕种土地等方面所面临的巨大压力，解放土地和劳动力，转向种植水果，蔬菜和其他更高价值的经济作物，同时导致中国谷物过剩的资源不当分配现象也将得到缓解。例如，2014 年中国取得小麦的大丰收。但是由于在全国范围内强筋小麦品种的种植面积有限，其产量依旧低下。随着中国消费者对西式面包和糕点的需求日益增加，迫使中国的面粉厂商不得不花巨资购买国产的高筋面粉，而且面临严格的进口配额约束，这些都使得可供私营企业用户选用的小麦面粉品种的价格居高不下。对一个物质日益富裕、需求日渐复杂的中国社会来说，此类市场管理机制有需要进行调整，以实现中国消费者和制造商的利益最大化。

4. 加强知识产权保护、统一登记条例

有效的知识产权保护计划是保障创新政策成功实施的强有力支撑。随着农业技术向纵深发展，中国需要在提高认识度、优化法律法规等方面做出进一步努力，并加强对 PVPs，新化合物、设计、商标、版权和商业秘密等方面的保护力度，以此鼓励国内企业自主创新并吸引更多外国企业将优秀技术引入中国。中国农业部在 2010 年颁布了《农业知识产权战略纲要》，提出了全面地解决知识产权问题的方案。中国政府可以考虑将《纲要》的层级进行提升。还可根据四中全会的决议将农业相关的知识产权问题列为知识产权法庭的工作重点。

有效保护农业知识产权对保证市场上的产品能有源可溯，加强食品安全监管也有帮助。

鉴于目前明确的政府鼓励和行业内部需求现状，我们可以预见，农业创新行动将在中国如火如荼地铺展开来。而实际上，中国已经在开展技术出口，与此同时，中国的农产品进出口总量也在日益增长，这些都要求中国政府在诸如监管方式的一致性，审批速度和技术标准，数据互认和监管合作等方面，与重要的国际合作伙伴同心协力，进一步优化新产品/技术登记技术要求和程序。

5. 实施水源和农田解决方案

随着土地和水源缩减，资源流失日益加剧，中国政府有必要扩大遭受重金属开采和加工所导致的污染和损害的土地清理范围，并将更多的土地纳入“永久性农田”保护规划，以防止工业化对农田所造成的侵蚀。据估计，中国70%的河流和湖泊在一定程度上已受到污染，而有一半的中国城市用水来自遭受污染的地下水，这些都给公共卫生和食品安全埋下巨大隐患。建立污水处理厂对减少环境破坏就显得尤为重要。

陶氏有能力帮助中国建立更好的灌溉设施，推广节水技术，提高耕地质量，为土壤修复助一臂之力。陶氏是以提高水处理的效率为目的的反渗透和超滤技术领域的全球行业先导。在2008北京奥运会期间，中国政府采用了陶氏FILMTEC™膜，使中国政府得以顺利实现50%的污水回用率和45000立方米水处理能力的承诺。今天，陶氏技术每天在帮助中国处理1亿加仑的污水。陶氏最近还在湖州帮助建设了一家世界一流的工厂，进行反渗透海水淡化处理和水资源再利用，为当地的饮用水、非饮用水和工业用水提供了安全保障。

此外，陶氏微灌系统等技术可以将灌溉水输送至作物所在的确切位置，并提供作物生长所需的精确灌溉量，通过减少水分的蒸发和浪费来节约用水。与此同时，陶氏益农还投资于本土和遗传基因性的抗旱性能研究，培育在水应力影响下保持稳定产量的杂交品种。陶氏益农的玉米杂交品种可以帮助农民用更少的水种植更多的作物，其产量表现一直来都超过其他竞争对手的抗旱产品。

中国现在所面临的空气污染也严重威胁到了中国农业产业的安全。空气中的污染颗粒阻挡了光合作用所需的自然光；造成酸雨，对大约30%的中国农田产生不良影响；还导致了臭氧这一最普遍的空气污染物的形成，对玉米产量造成严重损失。中国政府设定了一个国家目标，争取到2020年将碳排放强度减少40~45个百分点。机动车贡献了中国超过1/4的二氧化碳排放量，陶氏低挥发性有机化合物（VOC）车用胶粘剂产品及轻质材料可以减少燃料消耗和二氧化碳排放，帮助中国在对抗空气污染的排放控制方面达到更为严格的标准，从而减少空气污染对农业造成的伤害风险。

6. 减少浪费

陶氏对中国食品包装行业的可持续发展也做出了突出贡献。尽管全球产出的粮食足以让目前8.05亿左右饥民免受饥饿之苦，但有1/3的粮食被浪费掉。陶氏的高性能食品包装采用环境可持续方法，可减少食品的浪费。柔性塑料包装通过延长许多种产品的保质期，将食品在商店内的废弃率从3%减少到1%以下。

设在上海陶氏中心的陶氏上海“包装大师”平台将促进协作性创新，加快包装解决方案的开发。在陶氏上海包装大师平台上，中国企业可对食品和饮料包装的各种性能进行测试，包括食品保护性屏障膜、密封剂、黏合剂、硬质塑料及软包装等。例如，牛奶袋的新颖包装设计使牛奶在运输途中无须冷藏。陶氏的包装解决方案同时也可循环利用，从而有助于中国政府实现提高材料和主要污染物再利用和再循环比率的目标。

7. 对农业基础设施进行投资

中国农村在关键交通基础设施，仓储设施和通讯服务方面还比较落后。要降低交易成本、让农民走向更广阔的市场，以上设施都是必需的。建设供水管道、改造电网及替代能源网络，可提高农村的连通性和生产效率。中国还需大规模扩充其公路网络。中国已制定了到2020年以前新建80万英里普通公路及1.6万英里高速公路的计划。采用高标准的公路路面铺装材料，可提高中国公路的维护成本、提高公路使用寿命。

此外，中国的农民和科技产业正借助信息化和电子商务，改变着农业的面貌。信息化和电子商务对农产品安全性、品质、营销和分销的改进已做出了巨大的贡献。2013年，中国农业电子商务交易的总价值超过500亿元人民币（81.7亿美元）。陶氏能提供3G、4G网络声音和数据的高频信号传输所需的高品质、高纯度的产品，为中国农业电子商务的繁荣提供更有力的支持。最后，中国还可以提高其小型电网的能力，并改善替代能源发电和输电之间的协调。中国还需尽早对智能电网技术进行投资和鼓励，为其可再生能源的快速增长提供动力，避免燃煤发电厂扩张所可能产生的锁定效应。

创新与合作：实现中国食物保障之道

杜邦公司

全球粮食与营养保障概况

自2011年以来的短时间内，世界在消除极端贫穷和饥饿方面已经有所进展。在此期间，发展中国家成功将饥饿人口减少近一半[①]。

此外，从效率的角度来看，全球农业生产力有望满足更大的全球食物需求[②]。近些年来食物价格的飙升，伴随着对世界是否有能力生产足够食物的担忧，催生了可以衡量全球粮食与营养保障根本原因的新型工具。这些工具促使我们重新审视营养及其对我们个体和全球发展的影响。以科学为基础的解决方案得到更多重视，用以帮助减轻如极端干旱气候等生物和环境压力的冲击，从而提高全球农业生产力。持续进行的贸易谈判有望提升食物在全球的流通性。公共与私营部门之间更紧密有效的合作旨在为改善小农户的生计而创造新型的、可持续的模式。

虽然全球粮食与营养保障的格局已经有所改善，世界仍然面临着长期饥饿和营养不良的巨大挑战。人口快速增长和预期寿命更长将会影响

① 粮农组织，《世界粮食不安全状况》（2013）。

② 全球丰收倡议（GHI），《2013年全球农业生产力报告：通过可持续性途径创造足够有营养和负担得起的食物》。

到我们在确保人皆获得负担得起、富含营养又契合文化的食物方面的能力。新兴市场中财富不断膨胀造就了日益壮大的中产阶级，这一人群预计将消费更多的资源密集型食物，如肉类和奶制品。同时，有限的水和可耕地等资源，要求我们采用更可持续的方法来应对不断增长的食物需求和变化的饮食，从而减少我们的环境印迹。

中国的挑战与机遇

作为世界第二大经济体，中国已经成为经济和社会发展的领导者[①]。事实上，逾6亿中国人口业已脱贫，中国已成为第一个将日均生活费用低于1.25美元的人口数减半的发展中国家[②]。中国的目标是在2015年将2.5亿农村居民迁移到城市中去[③]。此外，中国经济的快速增长使其有能力对非洲国家投资了数十亿美元[④]。

但是，中国的进步也伴随着挑战。中国的城市发展和经济增长——中产阶级以超过21%的年增长率迅速壮大——已经导致粮食供给与不断变化的饮食偏好所带来的需求之间日益扩大的鸿沟[⑤]。中国的粮食需求预计在2030年增长三倍，中国人的饮食消费模式已经从以谷物为主转向含有更多动物源性蛋白的饮食[⑥]。同时，中国的贫困人口数量位列世界第二[⑦]。

---

① 世界银行，“中国概述”。

② 中国中央电视台，“联合国官员赞扬中国脱贫进展”（2013年10月17日）。

③ Ian Johnson，“中国人口的伟大迁移：2.5亿人迁往城市”，《纽约时报》（2013年6月15日）。

④ Bartholom. us Grill，“来自中国的数十亿美元：非洲人为中国投资产生分歧”，《明镜周刊》国际在线（2013年11月29日）；Danniel Flynn，“非洲投资——中国带来产品和道路，现在非洲想要工作”，路透社（2013年7月21日）。

⑤⑥ 全球丰收倡议，《2013年全球农业生产力报告》。

⑦ 世界银行，《中国——2013~2016财年期间的国家合作战略》（2012年10月11日）。

随着快速的城市化，中国将面临的粮食与营养挑战包括：保证有足够的食物以满足国民需求，确保基础设施到位，将粮食从农场运往人口不断迁往及增长的城市。

政府数据显示，2013 年全国农民工数量近 2.7 亿，约占农村劳动力总数的 45%。其中外出 6 个月以上的农民工达到 1.7 亿人。

飞快的城市化进程使得更多人居住在远离粮食种植地的城市中，造成稀缺资源紧张，还会使人们对加工食品的需求上升。这些转变要求新颖且全面的方式来将粮食更高效地从农场运往城市，应对自然资源挑战，并向消费者提供负担得起的、健康的食物选择。在审视中国食物保障进展时，我们发现两个对粮食与营养保障至关重要的挑战——技术接纳障碍和农业可持续发展。

技术接纳障碍

推进粮食与营养保障的一大挑战来自于人们对于科学技术在农业与食品中的作用存有惧怕和误解。尽管越来越多农民正在应用先进的种业技术来提高作物产量并改善生计，然而先进种植技术和农业投入品在世界各地的应用推广依旧障碍重重。满足全世界日益增长的食物需求意味着所有的农民，尤其是小农户，都能有机会掌握各种知识技能来构建一个更富足的、更健康的而且更安全的食物供给。为此，国际社会应紧密合作，寻求推进粮食与营养保障所需的解决方案，以确保对农民所需的全方位技术进行投资。此外，农民应该被赋予更广泛的信息渠道来接触新型的以科学为基础的解决方案，来提升他们对于现代科技的接受程度。

农业创新在中国可谓历史悠久，早在两千多年前，中国人就发明了改良型水泵和谷物加工技术。今天，中国再次依靠强大的技术创新来增进自身的食物保障水平。

知识产权保护对于整个农业产业来说都是一个有待解决的问题，对于中国种植者来说，这一问题尤为突出，他们有权在购买种子时获得符合期望的高质量的、货真价实的产品。

中国在知识产权保护方面已取得了长足的进步，激发了行业内的研究和革新，并确保了农村人口的长远利益。与其同时，在规范市场、控制垄断方面也有了不少进展。目前由中国农业部牵头的有关知识产权保护的审议和行动方向让我们备受鼓舞。

杜邦在农业行业的销售渠道模式使得我们可以从中国各地的农民和种子零售商那里获得直接的反馈意见。这种密切的合作关系令我们得以开发出一套提供农艺实践和新技术介绍的扩展服务。通过这些服务，我们把知识和技术传授给农民，帮助他们实现稳定高产从而受益。杜邦一直在寻求新的合作机会和伙伴关系，为加快中国农业现代化和专业化发展做出更多的贡献。

同时，社会应力求加强以科学为基础的政策框架来批准现代化技术的应用。

在生物科技产品的问题上，2015 年中央“一号文件”指出，在生物技术育种方面寻求技术突破的同时，我们应该加强生物科技农产品的安全管理和科普工作。这是中国的一贯政策，因为生物技术可能成为协助中国实现粮食安全与保障的新技术和产业。

杜邦公司致力于为中国的种植者提供技术并与其分享前沿知识。我们和中国政府以及行业内的合作者共同努力，来确保跨国公司能够遵守中国政府的风险评估要求，并可以快速响应现代农业的自然发展法则和动态的市场信号。

我们认为，让消费者更好地了解现代农业、农作物种植过程以及科学进步对于改善食物供给的前景也很重要。

杜邦直接与中国的政府部门、客户和消费者开展合作，包括农民、当地和全球性的非政府组织以及其他企业。杜邦向中国市场提供300多个系列的产品，从合成纤维到农业产品、从食品配料到电子产品，涵盖相当广泛。杜邦将中国视为创新的热土。多年来，杜邦见证了中国解决其主要食物保障问题的决心，也见证了中国与广泛的、拥有尖端专业技术和科技知识的私营公司及各界精诚合作的努力。

农业可持续发展

农业利用了地球上70%左右的可用淡水来灌溉庄稼[①]，并占用了约50%可居住土地[②]。因此，国际社会应采取如改良种子、免耕农业、更好的农作物和牲畜管理办法等具有环境可持续性的工具和做法，帮助减少农业的环境印迹。

杜邦公司拥有丰富的植物保护产品，帮助农民种植出更高质量的农作物。近些年来，杜邦已经将Rynaxypyr和Cyazypyr两种产品引入中国，这两种革命性的杀虫剂对粮食安全和保障的显著作用获得了中国农业部的大力支持。它们可以取代过去用于水稻、玉米和蔬菜的高毒农药。

任何用来推进粮食与营养保障的途径也应当具有社会可持续性。我们应当让务农成为一项充满吸引力的职业，从而激励年轻人加入到食品和农业领域来。此外，我们必须继续超越传统的推广体系，将农业与21世纪技术和社交媒体连接，以吸引下一代农民的参与。

未来的农业需要受过专业培训兼具理论知识和实践能力的从业人员。当今的中国并不缺少人才，挑战在于吸引非传统人才参与到中国的

---

① 联合国，《水数据——水资源》。

② 世界自然基金会（WWF），《农业：栖息地的转换和损失》。

农业产业中来，吸引那些能够快速掌握如何驱动一个现代化的、高效的、可持续发展的全球农业体系的人才。随着愈来愈多企业家和商业人士在繁华的城市中心各司其职，我们也需要确保年轻的专业人士能够看到他们在中国农业变革中所能发挥的作用。我们需要年轻有才的高校毕业生选择务农和农业综合企业作为他们的职业，并在充满活力的中国农村生活。

杜邦在培养专业化农业人才方面投入巨大。过去 15 年里，杜邦为中国农业专业学生提供了许多实习和就业机会；并与农业部和其他的国家和省级政府部门合作，引进领先的农业技术。在过去两年中，杜邦甚至把教育和培训项目扩展到了商业合作伙伴和专业农户。杜邦同时还致力于打造一套专业化的农业工业化模式并培养农产业从业者。

最后，未来的农业体系也必须具有经济可持续性。作为社会发展的基石，我们必须在全球范围加大对农业部门的投入，构建更强大的价值链使农民可以受益，从而在推动全球经济发展的同时改善农民的生计。我们应当确立有效的、规模化的且有潜力产生长远利益的合作关系。

供参考的政策解决方案

三十多年来，中国在增加农业产量、提高食品标准和质量、开发新技术等方面取得了长足进步，以满足其不断增长的人口的营养需求。由政府主导的改革强力推进经济发展，加上农业科技和知识的革新与应用，共同促进了上述变革。其结果是，今天的中国已经成为世界上最大的农业生产国，据联合国粮农组织资料，中国饥饿和营养不良人口比率从 1990 年的 21.4% 降至 2012 年的 11.5%①。以下是我们推荐的一些政

① 粮农组织，《2012 年世界粮食不安全状况》。

策方案，以供参考。

1. 加强防伪和知识产权保护

作为一家学公司，杜邦高度重视知识产权（IPR）。我们赞赏中国为之付出的巨大的努力和所取得的进步，特别是专门成立了全国领导小组办公室来协调防伪工作，开展了一系列活动严厉打击侵犯知识产权，还进行了相关司法的改革和法律法规的修订，大大改善了知识产权所处的环境。中国所取得的这些成就已经受到创新者、科学家和整个国际社会的关注。尽管取得了一些进展，我们认为可以在某些方面进一步加强防伪工作。例如，商业机密保护、打击网络造假和农业产品的知识产权保护。美国的公司欢迎中国政府官员继续与我们在这些方面进行合作。

作为一家科学公司，杜邦感激中国政府为打击造假活动所提供的大力支持，并愿意全面合作，为美国和中国的创新者在中国推进知识产权的保护。

2. 鼓励长期外商研发投资

我们希望中国将继续开放跨国公司在中国的长期研发投资。集中精力确保对合作协议（即如合资企业等各种商业模式等）、研究协议和专利进行及时的审查，将继续促进中国经济的发展和繁荣。杜邦在中国的协作模型支持与本土中国企业在中国的创新，这将营造出中国正在努力实现的创新型经济文化。我们期待继续与我们的本土合作伙伴进行协作。

3. 加速农业人才培养，以确保健康的农业人才输送

现代农业需要能够使用技术进行机械种植和收割的现代人才。中国有相当水平的人才。关键需求是要吸引非传统人才进入中国的农业生产。随着农业的发展，这些新型领导人能快速掌握推动现代、高效、可持续化和全球农业系统的方法。

中国成为世界领先的粮食净出口国之一的进程将为世界其他国家提

供重要经验教训。中国对发展本土农业的承诺为整个食物价值链创造新的机遇，让我们可以期许一个激动人心的未来。对包括专利保护在内的创新投资的持续支持，将继续促进中国专业的农业产业的成长，激励下一代的中国科学家、企业家和农业专家。当我们展望未来，创新、技术和协作依旧是持续增长的支柱。杜邦公司与中国有着相同的愿景。我们期待着与中国政府和其他合作伙伴携手前进。

精诚合作，努力提高中国食品安全以及营养健康水平

雅培公司

概 述

食品安全一直是政府和百姓所考虑的头等大事，它所涵盖的营养，健康食品和健康需求的政策体系已经成为经济全球化中关注的焦点领域。如何通过对技术和管理的监管和创新来确保食品安全，这对所有的利益相关方来说都是一大挑战。

利益相关方紧密合作、信息透明以及以科学为基础的国际食品安全标准是确保食品安全的基础。此外，实施前瞻性的监管和技术也可以确保食品安全体系建立，保护各个年龄层消费者的权益和健康。在许多国家，比如美国，目前正被迫遵守前人留下的监管规则，幸运的是，中国正处于重要的改革之中，可以吸取他国的经验来制定监管规则，成为世界其他国家的基准。

雅培提请中国发展高层论坛考虑如下建议。

1. 全盘考虑食品和营养的策略，实施北京宣言中的措施来提升食品安全

雅培建议政府在解决食品安全和营养问题上需要进行全盘考虑。在解决食品产业发展问题的过程中，监管者必须考虑整个食品安全的价值

链，包括加工、销售、消费、营养、健康影响以及教育因素。

雅培支持采取北京宣言中的策略，即鼓励监管者和企业合作通过以下途径来提升食品安全和粮食安全：

①增加政策制定的透明度；

②协调生产、分析方法和数据处理的监管方式；

③引入科学的标准、步骤和评价体系。

2. 通过实施科学有效且具有性价比的策略来解决营养不良和提升健康水平

中国迫切需要公共健康政策制定者、营养学专家、医疗服务者和健康产业应对营养不良问题，提升健康水平，通过引入科学有效且既有性价比的解决方案来降低健康成本：

①制定营养不良的筛查标准；

②向医疗服务者提供教育培训；

③确保公众和病人享有营养介入服务，包括高性价比的口服营养品，以提供均衡的营养和支持成长、治疗和恢复。

3. 把应对营养不良列入国家经济和社会长期发展计划来支持中国的“健康老龄化”

中国迫切需要公共健康政策制定者、营养学专家、老龄化专家、医疗服务者和健康产业把营养筛查、营养介入和营养教育列入国家的战略规划，以应对日益老龄化的人口。

以下是我们的具体建议。

合作提高食品安全

食品安全和贸易是息息相关的，并直接影响到中国的营养、人口和经济的健康发展。中国主导了 2014 年 9 月 APEC 食品安全合作论坛并促成了“北京宣言”，该宣言鼓励监管者与产业界合作来解决食品安全问题。

1. 鼓励监管者和产业合作来提高食品安全和粮食安全

APEC 食品安全合作论坛（FSCF）上形成的“北京宣言”鼓励监管者和产业界合作通过下列途径共同提升食品安全，其一打造安全的食品供应链，其二采用科学的国际食品安全标准作为国际贸易可预见性和稳定性的基础，其三确保监管者和企业拥有足够的技能、资源和专业知识来建立和维持食品安全体系。

在解决食品安全的对话中，以下三点是重中之重：

①增加政策制定的透明度；

②协调生产、分析方法和数据处理的监管方式；

③引入科学的标准、过程和评价体系。

2. 建议实施“北京宣言”中的措施来提升食品安全和粮食安全水平

雅培建议中国发展高层论坛采取“北京宣言”中的措施来提升食品安全水平。通过征求行业的意见和建议，来提升食品安全政策制定的透明度。比如，作为婴幼儿乳品测试和标准的全球领导者，雅培积极与各政府部门和行业协会合作来提高整个中国婴幼儿乳品行业的质量和安全水平。

确保产品的品质和安全性始于杰出的生产管理和质量控制。它要求原材料，质量检验，生产和分析方法上均采用最高标准。比如，雅培总共有九个营养分析的技术交流项目，六个化学分析研发项目位于俄亥俄州哥伦布市，两个项目在北京，一个在广州。在中国，雅培的研究人员展开积极合作，通过研究新的营养和污染物测试方法和生产、加工、包装和存储的风险测试手段来提升食品安全。这些项目体现了雅培是如何在营养分析和质量控制上运用我们的科学和专业知识来提升中国和全球的营养标准。雅培相信这些努力极为重要，能够帮助婴儿、儿童和成人实现均衡的营养和持续的健康。

标签和包装的诚信对于确保食品安全和树立公众的信心也是至关重要的。雅培集合了医药和健康领域的经验，创新了包装技术来大幅度减少假货。此外，我们的消费者可以通过电子追溯系统扫描条形码，了解产品的来源和保质期。

合作提升营养和健康水平

1. 营养是食品安全体系的一部分

如上所说，食品安全和贸易是息息相关的，并直接影响到中国的营养、人口和经济的健康发展。营养对全年龄的健康都是极为重要的。在胎儿出生之前，营养的摄取影响胎儿的发育。对儿童来说，营养支持着身体和心理的发育成长。对成人来说，只有良好的营养才能有健康和积极向上的生活。随着我们变老，营养对于延续身体和心理的健康至关重要，它能让我们的生活品质更高，生活更加独立①。

营养不良对公众的健康水平有很大的影响，特别是对儿童和老年人由于食品安全或者疾病导致的营养摄入不足和非正常节食会造成营养不良目前还未被充分认识和正确面对，它会对公众的健康水平带来重要的影响，使经济资源和人力资源承受到很大的压力②。营养不良的人口和环境风险因素包括粮食安全，食源性疾病，全球人口老龄化以及慢性病和非传染疾病的大幅度增加，比如糖尿病、肥胖和肺部疾病。

营养不良在年龄较大的人群中风险更高，特别是那些患有慢性疾病和并发症的，包括心血管疾病、中风、癌症、肺部疾病、肾病、抑郁症和痴呆③。营养不良会发生在体重指数不同的人身上，也就是说肥胖的

---

①② Miller. R.，“解决营养不良提升全球健康”，《科学》杂志增刊，2014 年 12 月期，第 4 页。

③ Jensen GL，et al. J Parenter Enteral Nutr. 2010；34：156 ~ 159.

人也会营养不良，因为他们缺少帮助支持身心健康、治疗和降低疾病风险所必需的营养。

2. 营养不良普遍存在，治疗成本高且越来越多地受到公众的关注

根据联合国粮农组织2009年的统计数据，全球约有10.2亿或者说1/6的人处于营养不良①。在全球死于腹泻的儿童中，有61%的案例是由于营养不良导致的。微量营养元素的缺乏会削弱免疫功能，增加儿童受到感染的可能性，延缓康复速度，增加严重疾病继续发展的可能性②。在世界上大多数成熟的医疗体系中，50%的病人营养状况不良或者有风险③。针对中国的研究表明，住院病人营养不良的风险高达39%④。每年至少有1700万住院的老年病人（大约占总数的50%）忍受着营养不良，这给越来越多的住院老人带来潜在的危险⑤。

疾病相关的营养不良带来的发病率和死亡率给社会带来了沉重的负担。对大部分发展中国家来说，随着经济不断增长，贫困带来的营养不足越来越少而慢性非传染性疾病带来的营养不足不断增加，导致疾病引发的营养不良不断增多⑥。近期一项疾病负担研究估计，疾病相关的营养不良每年给中国社会带来610万伤残调整寿命年（DALYs）。该研究还表明有肺部疾病的人和容易得慢性病的老年人的负担相对更大。欧洲

---

① Philipson et al.，“营养不良的全球经济负担”，《科学》杂志增刊，2014年12月期，第17页。

② 世界卫生组织，《腹泻情况分析》，2013年4月。

③ Correia，I. et. al，“解决医疗服务中营养不良问题的建议——食品的新战略”，全球研究集团《后急性和长期护理药物》杂志，2014年8月第15卷第8期，第544～550页。

④ Liang，Z. et al.，“北京和巴尔的摩医院营养风险和营养支持的比较研究”，《营养》，2008年10月，24：10，第969～976页。

⑤ Chen，W. et al.，“重新定义和克服发展中国家营养不良问题：从系统生物医药角度”，《科学》杂志增刊，2014年12月，第6页。

⑥ Philipson，T，et al.，“营养不良的全球经济负担”，《科学》杂志增刊，2014年12月，第9页。

和美国的研究显示，疾病带来营养不良的负担与经济压力是息息相关的。目前对伤残调整寿命年没有统一的价值评估，但从损失健康年份的经济成本角度来说，营养不良带来的成本高得令人难以置信。之前提到的疾病负担研究估计营养不良每年带来的经济负担高达上亿人民币①。随着中国老龄人口的不断增多，研究人员预计营养不良的蔓延和成本将不断上升，除非采取系统性的介入措施②。

3. 营养筛查和及时的营养介入包括口服营养品是有效的解决方案

营养不良在全世界的社区，长期护理和医院中都没有得到很好的诊断和治疗。尽管科学的临床指导推荐系统性的营养筛查、诊断和及时营养介入，但确诊和治疗营养不良和有风险病人的能力仍然是严重滞后的，需要进行医疗服务体系的改革和医疗服务人员的培训来提高临床的效果，降低营养不良相关的成本③。

营养筛查和营养介入被证明是改善症状、提升寿命的社会价值、降低死亡率和增加经济产出最具性价比的途径。此外，通过提供口服营养品，即提供热量、蛋白质和其他营养素全面均衡的医学营养治疗，可以提高健康水平和降低成本。近期雅培支持的健康经济和结果研究表明，提供口服营养品与30天内再次就诊比例、住院天数和成年病人住院诊断成本的下降之间有关联④。进一步的分析表明，向老

---

① Linthicum，Economic，“中国疾病相关营养不良的经济负担”，亚洲公共健康网，2014年10月。

② Chen，W. et al.，“重新定义和克服发展中国家营养不良问题：从系统生物医药角度”，《科学》杂志增刊，2014年12月，第6页。

③ Correia，I. et. al，“解决医疗服务中营养不良问题的建议——食品的新战略”，全球研究集团，《后急性和长期护理药物》杂志，2014年8月第15卷第8期，第544～550页。

Tappenden，K，et al，“营养在提升护理质量中的重要角色：跨学科号召行动去解决成人营养不良问题”，《营养与膳食学院》杂志，2013年9月113卷，第1219～1237页。

④ Philipson，T，et al.，“口服营养品对医疗效果的影响”，《精心护理》，2013年2月。

年病人提供口服营养品可以帮助所有病人以及那些患有急性心肌梗塞、充血型心力衰竭[①]和肺病[②]的病人提高他们的健康水平。

4. 针对改善营养，提升健康水平和支持中国“健康老龄化”的建议

（1）通过采取科学有效且性价比高的策略来解决营养不良问题和提升健康水平

发展中和发达地区的研究显示，营养筛查和其他辅助流程在临床和机构中的实施提供了一个最具性价比的有效途径来确诊和治疗个人，他们会从营养介入中受益[③]。当营养不良或者有风险的病人被确诊后，尽早的营养介入对改善病情和营养相关的健康水平是至关重要的。中国需要公共医疗政策制定者、营养学专家、医疗服务者和健康产业共同采取科学有效且高性价比的解决方案，来提升公众的健康水平，降低成本：

①制定营养不良的筛选标准；

②向医疗服务者提供教育培训；

③确保公众和病人享有营养介入服务，包括高性价比的口服营养品，以提供均衡的营养和支持成长、治疗和恢复。

（2）把应对营养不良列入国家经济和社会长期发展计划来支持中国的“健康老龄化”

在过去的十年中美国和欧洲进行了大量的研究，评估在不同情况下针对营养不良的成年和老年病人进行营养筛查和提供口服营养品的效果。特别是在住院期间或者之后，在一系列医疗、术前和术后情况下，

---

① Lakdawalla，D，et al.，“口服营养品能否提升医院对病人的诊治效果?”，健康经济政策论坛，2014 年 11 月。

② Snider，J，et al.，“医院使用口服营养品对病人住院天数，医院成本和 30 天再次就诊的影响”，CHEST，2014 年 10 月。

③ Philipson，T，et al.，“营养不良的全球经济负担”，《科学》杂志增刊，2014 年 12 月，第 19 页。

接受了营养筛查和口服营养品的病人其健康状况持续改善[1]。中国迫切需要公共健康政策制定者、营养学专家、老龄化专家、医疗服务者和健康产业把营养筛查、营养介入和营养教育列入老年人的战略规划并支持中国的"健康长寿"。

总而言之，全面考虑解决食品安全和营养问题需要各利益相关方的精诚合作，包括政府领导人、监管者、医院、学术和产业界。由于粮食安全和食品安全的重要性以及营养不良的巨大经济和社会效应，雅培致力于在中国合作发展科学、提升质量和加强培训，不断提高营养水平，帮助中国人民在各个年龄段实现最精彩的生命。

① Philipson, T, et al.,"营养不良的全球经济负担",《科学》杂志增刊，2014 年 12 月，第 19 页。

如何应对食品安全的挑战

安利公司

发达国家在保障食品安全上的举措

1. 美国：严惩违法行为，鼓励有偿举报

美国的食品安全监管体系由政府承担执法责任。制造商、分销商、进口商和其他企业必须遵守法律法规，一旦被查出食品安全有问题，食品供应商和销售商将面临严厉的处罚和数目惊人的巨额罚款。美国特别重视学生午餐等重要食品的安全性，这类食品通常由联邦政府直接控制，一旦发现问题，有关部门可以当场扣留。一旦食品安全出现问题，召回制度就会发挥作用。

在企业监管方面，比起惩罚，美国更重视奖励制度，比如以高额奖金鼓励食品业内员工有效举报。一旦查实企业存在行贿、违法生产等行为，其重处的罚金中，会有20%～30%奖励给举报人。

2. 英国：在食品追溯和召回制度下，施行责任主体的严厉追责制度

在英国食品安全监管方面，一个重要特征是执行食品追溯和召回制度。食品追溯制度是为了实现对食品从农田到餐桌整个过程的有效控制，保证食品质量安全而实施的对食品质量的全程监控制度。监管机关如发现食品存在问题，可以通过电脑记录很快查到食品的来源。一旦发生重大食品安全事故，地方主管部门可立即调查并确定可能受事故影响的范围、对健康造成危害的程度，通知公众并紧急收回已流通的食品，同时将有关资料送交国家卫生部，以便在全国范围内统筹安排工作，控制事态，最大限度地保护消费者权益。

在英国，责任主体违法不仅要承担对受害者的民事赔偿责任，还要根据违法程度和具体情况承受相应的行政处罚乃至刑事制裁。例如，根据《食品安全法》，一般违法行为会根据具体情节处以5000英镑的罚款或3个月以内的监禁；销售不符合质量标准的食品或提供食品致人健康受损的，处以最高2万英镑的罚款或6个月监禁；违法情节和造成后果十分严重的，对违法者最高处以无上限罚款或两年监禁。食品安全监管由联邦政府、地方主管当局以及多个组织共同承担。

3. 法国：打击舞弊，保证食品信息公开透明

在法国，保障食品安全的两个重点工作是打击舞弊行为和实施畜牧业监督，因此近几年与之相应的两个新部门也应运而生。其中，直接由法国农业部管辖的食品总局主要负责动植物及其产品的卫生安全、监督质量体系管理等，同时也负责检查包括食品标签、添加剂在内的各项指标。法国农民也已经意识到，消费者越来越关注食品安全乃至食品产地和生产过程的卫生标准以及对环境的影响。

在销售环节，实现信息透明是保证食品安全的重要措施。除了每种商品都要标明生产日期、保质期、成分等必需内容外，凡是涉及转基因的食品，不论是种植时使用了转基因种子，还是加工时使用了转基因添加剂等，都须在标签上标明。此外，法国规定，食品中所有的添加剂必须详细列出。由于“疯牛病”的影响，从2000年9月1日起，欧盟各国对出售的肉类实施一种专门的标签系统，要求标签上必须标明批号、屠宰所在国家和屠宰场许可号、加工所在国家和加工车间号。从2002年1月开始，又增加了动物出生国和饲养国两项内容。

4. 德国：政府监管和企业报告相结合，消费者举报机制成熟

一直以来，德国政府实行的食品安全监管以及食品企业自查和报告制度，成为德国保护消费者健康的决定性机制。德国的食品监督归各州负责，州政府相关部门制定监管方案，由各市县食品监督官员和兽医官员负责执行。联邦消费者保护和食品安全局负责协调和指导工作。

消费者自身加强保护意识也非常重要。例如，一旦发现食品企业存在食品安全检查不合格或者食品标签有误，可以通知当地食品监管部门。如果买回家的食品在规定的保质期内出现变质现象，也可以向食品监管部门举报。联邦消费者保护部开设有“我们吃什么”网站，提供多种有关食品安全的信息，帮助消费者加强自我保护能力。

5. 日本：建立电子追溯系统

早在1947年，日本就制定了《食品卫生法》，并先后对《食品卫生法》进行了十多次修改。日本有关方面还建立了农产品生产履历管理系统，要求生产、流通等各部门采用电子标签，详细记载产品生产和流通过程的各种数据。日本还于2003年出台了《食品安全基本法》，并在内阁增设了食品安全委员会，以便对涉及食品安全的事务进行管理，并对食品安全做出科学评估。

中国食品安全现状及问题

中国用30年时间完成了发达国家用百年才完成的从温饱到小康的跨越。回顾过往，食源性疾病以及食品欺诈在中国不同程度地出现。据估计，中国在2010~2011年发生急性胃肠炎7.48亿人次，4.2亿人次因病就诊，其中2亿多人次被怀疑是由不安全的食物引起。近年来发生的三氯氰胺事件、大头娃娃事件、地沟油事件等，加之个别媒体片面追求轰动效应，不经核实就随意发布信息，公众及消费者脆弱的信心更是受到严重打击，对国内食品安全的现状形成片面认识。综合分析，我们认为中国目前的食品安全问题及根源大致包括以下三个方面。

1. 传统管理模式难以适应现代食品体系的复杂性和多变性

目前，中国规模以上食品工业企业总产值已达5.3万亿，食品工业体系与20年前相比已发生翻天覆地的变化。由于中国食品工业自身的发展以及全球食品贸易的拓展，中国在食品安全领域也不可避免地面临着全球共性的问题，比如庞大的食品供应链以及诸多中间环节让风险物质进入中国食品供应链的情况日益普遍，细菌等致病微生物污染仍然是食品供应链中突出的问题。

中国快速发展的工业化进程，使农产品产地的空气、水、土壤等污染加快，包括农作物、畜牧、水产等来源的初级农产品在尚未进入食品加工环节便有可能已经受到污染。在生产的不同阶段，包括违规使用食品添加剂、营养强化剂、杀虫剂和兽药，甚至非法使用抗生素、激素的情况不时出现。生产加工、贮存及运输的设施以及方法老旧，难以满足现代食品供应链的需求。消费者的卫生意识不强及就餐环境欠佳也带来一定的风险。另一方面，包括辐照、纳米、转基因等新技术以及大量的新食品原料和新产品大大超出各界对原有食品范畴的认识。

我们总结的中国食品安全事件有如下三个特点。①问题食品的涉及面越来越广。问题食品已从过去的粮油肉禽蛋菜豆制品和水产品等传统主副食品，扩展到水果、酒类、南北干货类、奶制品、炒货食品等，呈立体式、全方位态势。②问题食品的危害程度越来越深，已从食品外部的卫生危害走向了食品内部的安全危害。过去只注意食品细菌总数，现在是深入食品内部的农药、化肥、化学品残留。③制毒制劣手段越来越多样、越来越“深入”、手法越来越隐蔽，从食品外部的走向内部的、从物理的走向化学的。从曝光的有毒有害食品看，犯罪分子制毒制假手法花样翻新而且更加隐蔽。

2. 食品安全的责任主体缺位

企业是食品安全的第一责任人，中国及其他各国都已将此明确列入法律中。而中国不时出现的食品安全事件却提示责任主体存在缺位现象。调查数据显示，当今中国发生的食品安全事件中，80% 以上与企业主体责任丧失或责任意识淡薄有关。这其中既包括由于对具体的法律法规标准不了解而导致的无意识违规行为，也存在着蓄意违法进行掺假掺杂和假冒伪劣等食品欺诈行为。

如何落实企业的食品安全责任，仍是现实中的难题。数据显示，在中国 50 万家食品生产和加工企业中，约 70% 是 10 人以下的小企业。中小企业对监管法律和国家监管体系的了解往往较少，而且通常没有加入贸易或商业协会，无法得到关于食品安全和卫生事务的新知识。这些企业也雇佣不起咨询公司，因此更依赖国家监管体系来对其进行教育和提出建议。但中国目前由政府主导的法规宣传教育仍不多，相关部门更多的是充当监管者的角色，在企业建设食品安全管理体系的过程中，比较少有机会能够获得政府部门的指导和帮助。

另一方面，对于食品欺诈行为目前也缺乏有效的应对手段。食品欺诈本身具有较强的隐蔽性，包括中国在内的各国都缺乏有效手段能够较早地发现这类问题。与此同时，对于欺诈者，目前的处罚措施和处罚力度也不足以产生震慑效果。然而，由于欺诈者可能会在食品中使用或添加并不常见的物质甚至非食用物质，因此食品欺诈比传统的食品安全危害更具有风险性。

3. 各界对食品安全的片面认识

食品安全并非仅仅通过政府管理或是食品企业努力就可以做好的事情。由于其本身的复杂性，食品安全还需要通过公众、媒体等相关各方共同努力，才有可能形成良好的局面。

目前，中国公众及媒体参与公共事务管理的要求愈发强烈，法律意识不断提高，也有意愿参与食品安全的监督。但令人惋惜的是，当前公众对食品安全的认知水平较低，甚至形成了错误和片面的认识。比如，许多民众将非食品物质与食品添加剂混为一谈，将指示菌认为是致病菌等。食品安全信息的不透明和不对称容易引起各方的误解，使得食品安全问题进一步复杂化。不管食品领域出现任何新闻，公众的负面情绪都较为强烈，政府和企业都面临被动和尴尬的局面。另一方面，不少居民在日常生活中处理食物时对安全卫生习惯缺乏重视，无形中增加了出现食品问题的风险。

出现这一情况的原因是多方面的。食品安全风险交流的机制在中国尚处于初步阶段，科学界以及政府的失声，使得伪专家以及谣言有机会占据主导地位。公民以及媒体的科学素养水平仍较低，使得谬误和谣言容易形成。网络及新媒体快速扩张的同时却缺乏传统媒体的自我审查机制，使得各类未经证实的信息广泛传播。

中国食品安全管理发展及建议

伴随着新中国食品工业体系的建立及发展，食品安全相关法律体系也在中国逐步建立和完善。从 1964 年国务院颁布的《食品卫生管理试行条例》，到 1983 年通过的《食品安全卫生法（试行）》，1995 年颁布的《食品卫生法》，2009 年 2 月 28 日，十一届全国人大常委会第七次会议通过了《中华人民共和国食品安全法》。实施四年后，中国首部《食品安全法》在 2013 年 6 月启动修订，截止到 2014 年 12 月 25 日，《食品安全法》修订草案二审稿提请全国人大常委会审议。中国近年在大幅改革食品安全管理体系，除了《食品安全法》及配套法规的制修订，也包括相关政府部门的架构及职能调整，食品安全监管队伍的建设，食品安全国家标准的清理整合等。而包括《食品工业“十二五”发展规划》

《中国食物与营养发展纲要（2014～2020年）》等政策性文件也从食品安全、营养健康、行业发展等不同角度提出了发展方向和要求。

安利公司1995年进入中国，可以说在市场经济蓬勃发展的浪潮中，见证了市场体系逐渐完善的过程，也根据中国相关政策法规的变化，逐渐调整自己的经营方式，更好地适应中国社会的发展。作为一家具有近60年历史的美资企业，我们对中国政府的法制建设非常有信心。同时，我们也愿意分享世界食品行业管理的经验，并希望可以对中国的食品安全建设有所帮助。

1. 加快现代食品安全管理体系的建设

现代食品体系的特点要求有现代的食品安全管理体系与之相适应。世界卫生组织、联合国粮农组织等都敦促各成员国建立农田到餐桌的全程管理体系，采纳良好农业规范（GAP）、良好生产规范（GMP）、良好卫生规范（GHP）等针对不同环节的一系列操作规范和标准要求；同时，也呼吁各国建立以危害分析与关键控制点（HACCP）为核心内容的预防性管理措施，将工作重心由终端的产品检测转变为前端预防。美国《2011食品安全现代化法》在强调全程管理的同时，也制定出诸多具体措施，如为蔬菜水果的种植和收割设立最低标准，在目前已对肉禽、海鲜和果汁产品等食品企业强制实施HACCP的基础上，进一步要求更多企业建立基于GMP和HACCP的食品预防性控制规则。欧盟的食品卫生系列法规也强制要求食品企业实施HACCP，并沿着从“农田到餐桌”的全过程设立出具体的标准。

中国目前的《食品安全法》修订草案已纳入了现代食品安全管理的理念，如预防为主、风险管理、全程控制等。国家也已经建立了包括GAP、GMP、HACCP等一系列认证体系及配套的标准规范。但对于绝大部分的食品企业及从业者，这些标准规范仅属于推荐性而非强制性要求。在现实中，主动采用这些标准管理体系以及通过相应认证的企业比例非常低。各界对这些预防性管理措施的必要性认识不足，相关标准对数量众多的小型企业及个体农户适用性差，缺乏明确的鼓励措施等因素都使得这些体系的推广应用受阻。

为此，建议国家在现有针对保健食品和婴幼儿特殊食品强制实施GMP的基础上，逐步在其他食品领域尝试建立强制性GMP要求。由政府牵头开辟专项研究，联合研究机构、认证机构、行业组织等相关各方共同探寻适合广大中小型企业及个体农户使用的包括GAP、GMP、HACCP等标准。加强对相关标准的宣传教育及培训，让包括执法部门、行业、媒体及公众等各界认识到这些规范措施的必要性和有益作用，并了解基本知识。设立确实有效的鼓励措施，如对于已通过相关认证企业的产品减少抽检频次，将监督工作转变为相关记录文件的查验等。

2. 强化企业的主体责任

再先进和适用的食品法规标准，只有在得到食品企业及从业者遵守的前提下才能够真正发挥出改善食品安全现状的作用。针对如何落实企业食品安全责任的问题，欧美多国积极推行以企业自我监管为核心的共同管理模式。

美国法律授权主管部门对企业提出自我监管的要求，同时也在法律中明确了包括主管部门在内的各方的教育和宣传职责。针对自我监管，企业需要制定书面的食品安全预防控制计划，包括企业对自身食品安全风险的评估，为了降低风险所采取的措施，采取怎样的监控体系确保这些措施得到有效实施，对监测情况的定期记录，以及一旦发现问题时的补救措施等。同时，政府部门也开辟企业咨询的渠道，与包括行业组织在内的多方就具体问题进行沟通。英国也采取了类似的企业自我监管措施，各类食品企业被要求去评估和监控自身的风险，并由监管机构来对其进行监督和强制执行。欧盟目前实施的一系列食品卫生法规也要求食品企业结合危害分析与关键控制点（HACCP）等措施对自身进行管理。

在全球食品安全管理改革浪潮中，食品企业的自我监管已成为不可或缺的一部分，被认为弥补了政府命令和控制等传统手段的不足。

结合中国当前的现状，希望国家能够建立相关法规及指南，进一步明确企业的自我管理职责。针对遵纪守法的绝大部分企业，希望主管部门主动建立政企合作管理的模式，为企业开辟更多的法规标准宣传教育，并在企业建立食品安全自我管理体系给予指导和扶持，特别是针对自身条件及能力有限的中小型企业。例如，由主管部门帮助企业共同建立 HACCP 管理体系，邀请专家甚至是有经验的企业共同参与其中，在具有行业共性的标准管理模式基础上，对企业特有的问题设立个性化的措施。通过这样的方式，主管部门对于企业的实际运作可以有更好的了解，在日常管理过程中也更有针对性。

3. 加强对食品欺诈行为的惩治力度

针对蓄意违法的食品欺诈行为，首先应考虑加大处罚力度。尽管《食品安全法》修订草案中已加大了处罚金额，仍需要进一步明确作为犯罪的判断原则以及设立明确的量刑要求。其次，加快建立完善的食品追溯体系，在对违法者进行震慑的同时，增加违法造假的难度。第三，应增加欺诈行为在媒体和公众当中的曝光度，当造假者在社会中无所遁形时，食品欺诈行为也会减少。第四，尝试逐步建立强制性企业自我管理体系，结合政府部门对体系及相关文件的定期审查，减少食品欺诈的发生。此外，也可考虑效仿美国的举报奖励制度，比如以高额奖金鼓励食品业内员工有效举报，一旦查实企业存在行贿、违法生产等行为，其重处的罚金中，会有 20% ~30% 奖励给举报人。

政府联合行业以及研究机构共同研究食品追溯体系应如何建设从而实现有效衔接等。由政府与企业共同建立产品真实性的相关数据库，由企业定期更新如何判断产品真伪的信息，以便执法部门能更有效率地识别假冒伪劣产品。建立政府、研究机构及行业共同参与的研究项目，探寻针对食品欺诈尤其是蓄意掺假掺杂的快速识别方法，探索质量授权人制度等。

4. 建立食品安全信息平台及不实谣言追责机制

国际经验表明，食品安全信息公开非常重要。一个信息完备的食品安全信用体系使系统的运行更充分、更高效。建议由政府建立统一的食品安全信息交流体系，让媒体和公众能够实现对食品安全信息同步、趋利避害，可以有效解决部分过去政府出现的信息发布内容相矛盾的尴尬局面，增强政府威信，可以避免网络不实谣言对产业和经济的冲击。同时，当前的《食品安全法》修订草案列明媒体编造、散布虚假食品安全信息的处罚要求。我们也期待在食品安全法修订完成后，尽快制定管理细则。

建议探索适应当前形势的食品安全信息反馈机制，鼓励消费者的自我保护，引导社会力量参与食品安全监督。在食品安全管理与决策及立法过程中，听取来自消费者及相关团体的意见。

加强科普知识宣传力度。结合今年世界卫生日的契机，重点加强家庭餐饮食品安全教育，鼓励公众养成良好的卫生安全习惯，比如推广世界卫生组织的“食品安全五要点”等。提供假冒伪劣、掺假掺杂食品辨别方法，帮助消费者形成正确的消费习惯，减少问题食品的生存空间。

参考文献

[1] 涂永前，张庆庆．食品安全国际标准在我国食品安全立法中的地位及其立法完善．社会科学研究，2013（03）

[2] 龚向前．食品安全国际标准的法律地位及我国的应对．暨南学报（哲学社会科学版），2012（05）

[3] 李莹．中国食品安全及其监管制度研究．吉林大学，2014（6）

[4] 邓青，易红．中国食品安全监管问题刍议．企业经济，2012（1）

[5] 魏益民，赵多勇，郭波莉，魏帅．联邦德国食品安全控制战略和管理原则．中国食物与营养，2011（04）

第四篇

可持续的资源开发利用

壳牌（中国）有限公司

联合利华

麦格希财讯集团

中国天然气供应安全①

壳牌（中国）有限公司

天然气供应安全框架

随着天然气需求和天然气进口量不断增加，中国天然气可靠供应成为愈加重要的话题。如图 1 所示，在 2007 至 2012 年间，天然气需求翻了一番；2012 年，天然气占一次能源供应总量的比例达到 4.2%，而 2000 年这一比例仅为 2%。如图 2 所示，天然气供应越来越多地依赖进口，自 2007 年以来进口天然气比重稳步上升——从 2007 年的 5.6% 上升至 2012 年的 27%。鉴于如此迅速的增长，中国需要一个框架来明确其天然气供应安全的优势和劣势，以及确保未来能源安全的政策。

国际能源署（IEA）将能源安全定义为“以负担得起的价格获得持续能源供应”。尽管存在大量细微变化，总体来说学术界和能源决策层认可这一定义。此外，就各国可以采取哪些行动确保能源安全来说，更是呈现出百家争鸣的局面。这些观点综合起来就构成了能源安全框架：确保能源安全需要从来源、基础设施和体制三个方面着手。

这一框架的重点在于供应链，而来源和基础设施则与供应链的物理

① 本文作者：威廉·金（William King）、摩利卡·艾斯沃瑞纳（Mallika Ishwaran），审核：海博、王威。

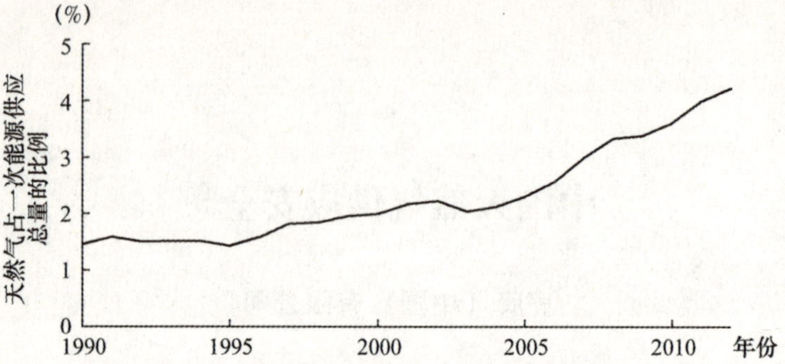

图 1　近年来天然气占中国能源供应的比重迅速上升

资料来源：Vivid Economics，基于 IEA 数据。

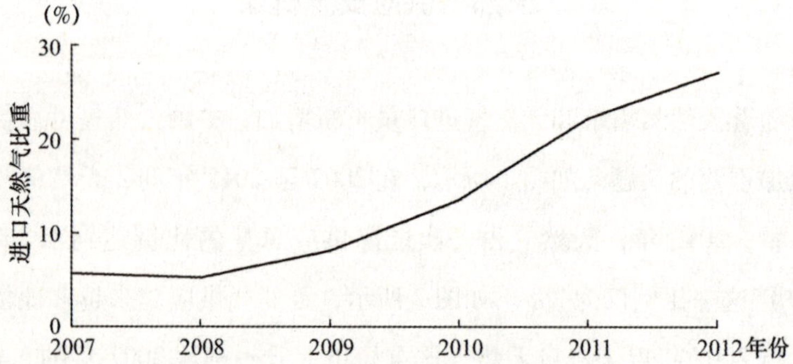

图 2　中国天然气供应越来越多地依赖进口

资料来源：Vivid Economics，基于 IEA 数据。

层面相关。具体来说，来源供应天然气，而基础设施则确保所供应天然气快速交付至客户手中。体制组织和刺激供应链开发来源和建设基础设施。尽管本文的重点在于供应链，但是需求侧措施，比如能源效率，也是能源安全的重要部分，并且不应该被忽视。下面将详细讨论天然气来源、基础设施和体制。

（1）就来源而言，可以通过多元化和替代性方案确保能源安全

多元化可以通过囊括若干国内天然气生产和进口来源和路线，以及降低每一来源的供应比重来实现。替代性方案是指能够提供相同能源服务的替代性能源来源，例如，在天然气发电中断的情况下采用燃煤发

电。多元化或替代来源意味着如果发生能源供应中断，可以找到替代方案，从而提高能源安全保障能力。

（2）基础设施涉及体系中实物资产的数量和质量，包括储气设施、管道和 LNG 接收站

一个国家不仅必须在某些基础设施不可用时具备维持服务的足够能力，而且国内必须具备充足的技能维持基础设施的质量，以最大程度减少故障，并能够在故障发生后提供快速维修服务。

（3）体制关系到供应链的市场和政治组织和激励机制

市场体制关系到市场结构和规模、价格形成机制以及所有权结构和企业与储量控制。广义上讲，市场可以协调：一种情形为集中市场调控作用，其中政府对价格和企业拥有重大控制权，如中国当前市场体制；另一种情形为加大市场自由化力度，其中私营企业在调控框架下相互竞争，如美国和英国的市场体制。

相对于不具备国内天然气生产能力的国家而言，具备国内天然气生产能力的国家可以采用不同的市场体制。具备国内天然气生产能力的国家从自由化市场中受益，这是因为竞争压力刺激扩大供应，从而提高能源安全保障能力。不具备国内天然气生产能力的国家必须进口天然气，因此推行集中协调型市场体制和支持大型企业与出口国开展业务来提高能源安全保障能力。这可以从欧洲市场得到验证：拥有大量天然气储量的英国和荷兰已经放开天然气市场，而依赖进口的国家，如法国和德国，则出于天然气可靠供应考虑拒绝了欧盟关于天然气市场自由化的倡议。此外，国内天然气产量高并采用自由化市场体制的美国，与不具备国内天然气生产能力并采取集中协调型市场体制的日本和韩国也是这一模式的典型范例。

无论是具备还是不具备国内生产能力的国家，政治体制决定着如何协调国内管理和国际合作。国内管理是指能够沿价值链开展合作并维持

良好的产业关系。国际合作是指参与全球能源管理和与出口国的政治纽带，包括非能源问题。

确保能源安全需要从来源、基础设施和体制三方面着手，本文利用这一能源安全框架为中国天然气可靠供应提供相关见解，并将中国的天然气可靠供应情况与全球趋势进行对比。

中国及国际天然气供应安全

自中国在2007年成为天然气净进口国之后，进口来源迅速实现多元化。图3比较了中国、欧盟、日本和韩国多年来天然气进口多元化指数。数值越低表明能源安全性越高。在2007年，中国天然气进口来源并未实现多元化，而唯一的进口来源为土库曼斯坦，这导致了2007年的赫芬达尔指数为1。然而，由于LNG贸易不断增加，中国的天然气进口来源迅速多元化，从而降低了赫芬达尔指数。现今，中国的天然气进口多元化程度与欧盟不相上下，而在2010年甚至可以与全球最多元化的天然气进口国日本和韩国相提并论。

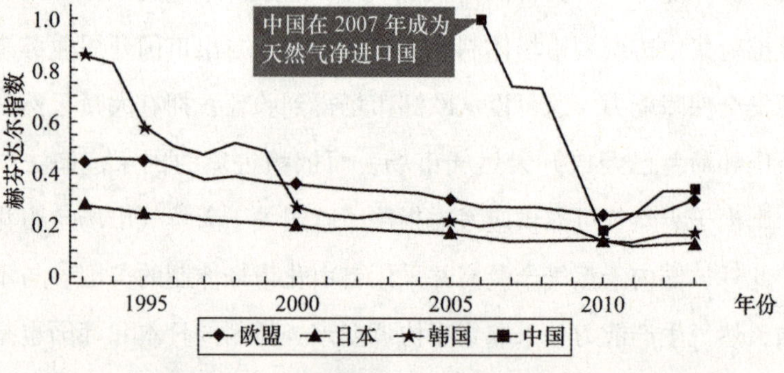

图3　中国通过LNG贸易迅速实现天然气进口来源多元化

资料来源：Vivid Economics，基于IEA数据。

相比天然气占能源构成比重更大和对天然气进口依赖程度更高的国

家，中国的天然气进口多元化程度更高。就进口量而言，中国、欧盟、日本、韩国和土耳其是世界五大天然气进口国。较低的赫芬达尔指数表明这些国家均已实现进口多元化。然而，如图4所示，相比其他四国，中国天然气在能源构成中的比重以及对进口天然气的依赖程度更低。诚然，任何国家在进口多元化的安全性、天然气进口依赖程度和天然气依赖程度方面均无法媲美中国。然而，重大天然气供应安全问题在其他国家鲜有出现，这意味着中国可以增加天然气在能源构成中的比重以及进口天然气比重，而这不会威胁能源安全。另外，主要的天然气生产国，比如美国，天然气在其能源构成中比重较高，而其有限的天然气进口往往无法实现多元化，这导致其赫芬达尔指数较高。很多苏联（FSU）以及中东和北非国家，像乌克兰和约旦，往往从生产天然气的少数邻国进口大量天然气，这降低了其天然气供应安全性，从而导致赫芬达尔指数较高。

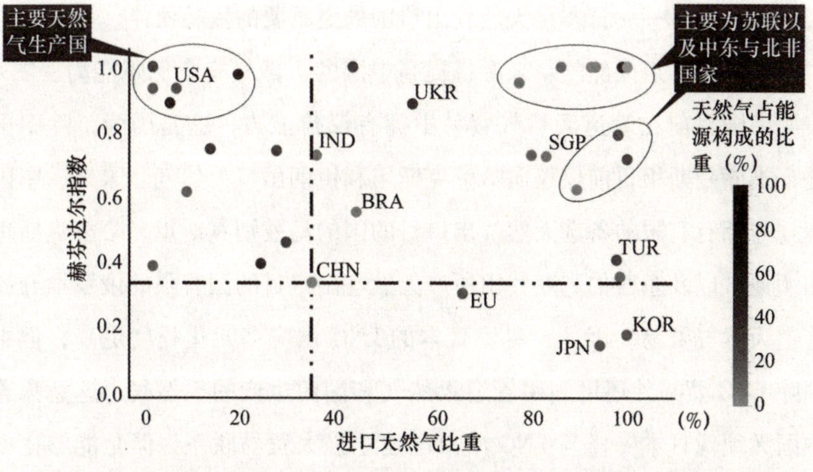

图4 相比天然气占能源构成比重更大和对天然气进口依赖程度更高的国家，中国的天然气进口多元化程度更高

资料来源：Vivid Economics，基于IEA和IEA数据；天然气占能源构成比重为2011年数据，其他为2013年的数据。

LNG贸易的发展使天然气供应在中国乃至全球实现多元化。从2003年到2013年，全球LNG贸易量几乎翻了一番，同时将众多新出口国与新进口国联系起来。如图5所示，图的中心为日本、内圆为日本LNG来源，而外圆为日本进口来源供给的其他出口目的国，该图为三方之间的LNG贸易网络。箭头表示净LNG贸易的方向，而彩色箭头表示天然气出口国对日本作为其LNG出口目的国的依赖程度。红色箭头表明对LNG出口至日本依赖程度高，而红色表明对LNG出口至日本依赖程度低。2003年，相对较少国家向日本出口LNG，而且日本为其相对较少客户中的一员。2013年，日本通过增加其LNG进口国数量实现了天然气进口多元化；而这些出口国也拥有比2003年更多的其他客户。很多出口国仍依赖日本购买其绝大部分LNG。

图6显示了中国2013年天然气贸易网络，除LNG贸易外，还有连通土库曼斯坦（TKM）的天然气管道。相对于其他国家而言，中国通过LNG贸易实现了天然气进口来源多元化。然而，与日本2013年相比仍然差别明显——日本是天然气出口国的更重要的贸易伙伴。

未来，管道天然气新来源将提高中国的天然气安全保障能力。图6表明中国目前在管道天然气贸易中拥有议价能力，这是因为，除中国外，土库曼斯坦目前仅仅向哈萨克斯坦和伊朗出口天然气。未来，中国计划与拥有有限的备选天然气出口目的国的乌兹别克斯坦、哈萨克斯坦和缅甸，以及东西伯利亚气田所产天然气出口目的国有限的俄罗斯开展管道天然气贸易。因此，尽管日本的LNG供应多元化程度更高，但中国除LNG贸易外还可利用管道天然气和国内生产的天然气，这意味着中国无须像日本一样与LNG出口国建立强大贸易联系，但是能够比如通过天然气枢纽站使出口国相互竞争。

国内天然气生产能够显著增强中国的天然气供应安全。国内天然气生产为进口提供了可靠替代方案，也因此提高了议价能力。中国拥有一些世界级大储量非常规天然气资源，因此国内天然气生产潜力巨大。然而，中国目前天然气生产水平相对较低，而且国内天然气生产能够在多

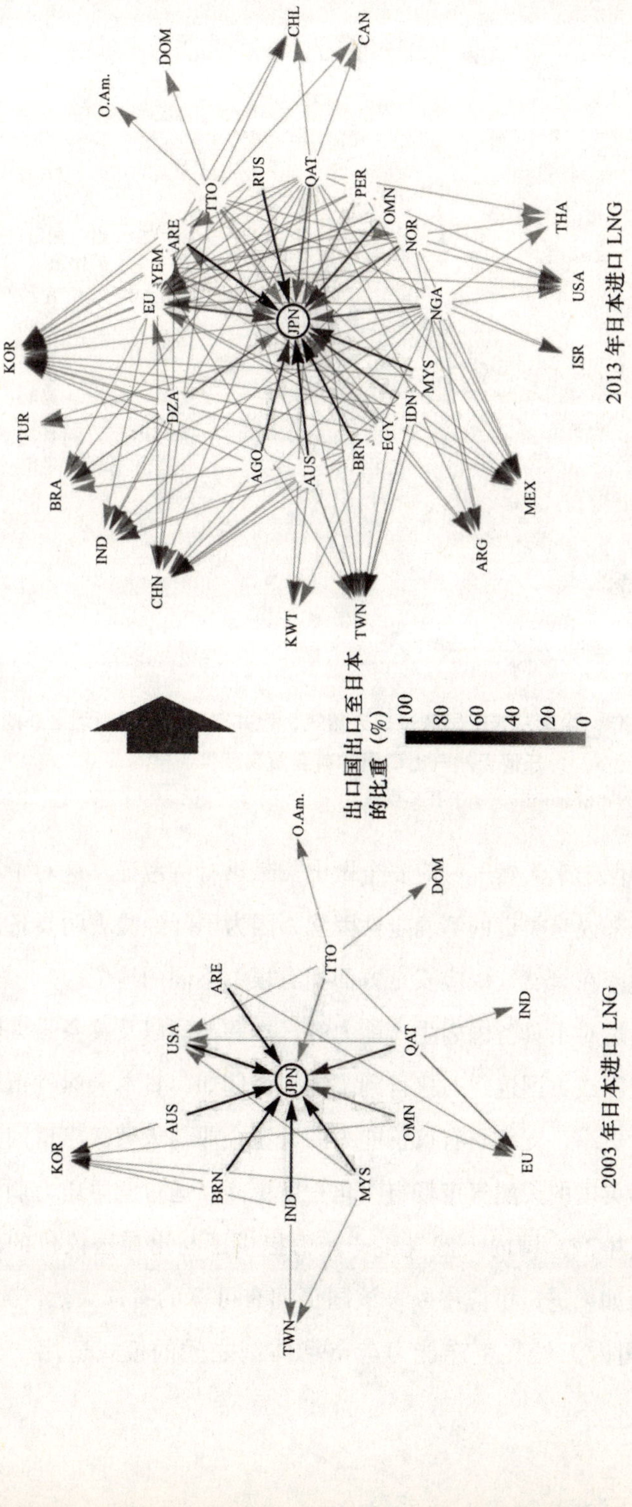

图 5　日本在 2003 至 2013 年间实现了 LNG 供应来源多元化

资料来源：Vivid Economics，基于 IEA 数据。

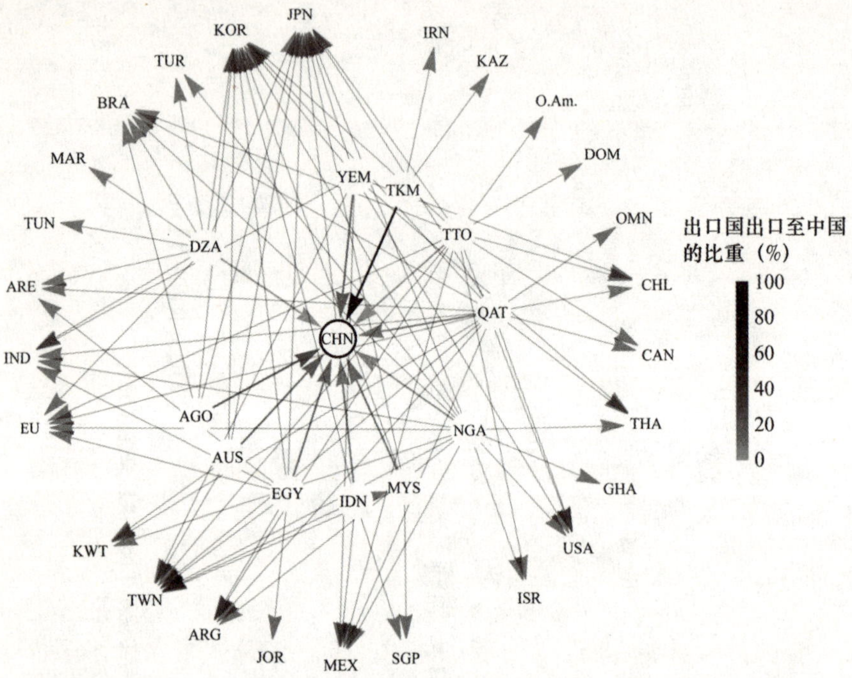

图 6　2013 年，中国从若干国家进口天然气，但并非除土库曼斯坦之外的任何天然气出口国的首要贸易伙伴

资料来源：Vivid Economics，基于 IEA 数据。

大程度上对确保未来天然气供应安全做出贡献仍有待考证。这对中国天然气供应安全来说是关键的不确定性因素，因为国际经验表明具备国内生产能力的国家在天然气供应安全方面拥有根本不同的地位。

这一点通过对不具备国内生产能力的日本和德国以及具备强大国内生产能力的美国或英国进行对比得到了证明。例如，日本天然气市场的集中协调程度更高，支持具有议价能力的大型企业与天然气出口国开展业务；美国和英国的天然气市场自由化程度更高，通过竞争压力刺激扩大国内天然气生产。国内天然气生产能力提供了与出口国议价的新筹码，这是因为如果进口供应中断，该国仍拥有可靠的备选天然气来源。图 8 说明了国内天然气生产能力与市场体制之间的模式适用于众多国家。

目前，中国的天然气市场属于协调型。然而，中国的国内天然气生产潜力巨大。国际经验表明，更高的市场自由化程度能够刺激扩大国内天然气生产，从而提高天然气供应安全保障能力，而不仅仅是补偿降低市场协调程度带来的议价能力下降。因此，提高国内天然气生产能力是出于能源安全考虑，而当前市场体制自由化可能是刺激国内天然气生产的一条途径。

中国还拥有丰富的天然气替代能源，这可增强天然气来源的安全性。天然气用于发电和供暖，这一能源服务可以由煤炭和可再生能源提供，而中国的煤炭和可再生能源资源十分丰富。天然气还用于交通运输，而在这一应用中，成品油可以作为替代燃料。在天然气供应中断情况下，燃料转换可以减轻供应中断造成的最坏影响。然而，使用其他燃料需要不同的技术，而这就造成并非所有消费者都能享有比如供暖这些服务。再者，诸如煤炭和石油这些替代燃料会招致更高的环境和气候成本。出于这两点原因，通过国内天然气生产和进口多元化实现天然气来源安全可能更为可取。

中国是世界第六大 LNG 进口国，而且西气东输工程确保中国具备强大的管道天然气进口能力。这些基础设施资产自 2005 年以来不断发展。中国还在不断推进基础设施建设，并计划在未来加大基础设施建设力度。根据目前的计划，与 2012 年相比，到 2020 年中国管道进口能力将增加高达 1150 亿立方米且 LNG 进口能力增加 400 亿立方米。据估计，这将足以满足预计的天然气进口需求。

在储气方面，中国的储气能力与其他主要天然气消费国不分伯仲。例如，如图 7 所示，加上 2014 年投运的储气设施，中国目前相对于用气量而言的储气能力与日本持平。到 2020 年，计划储气能力将有助于相对于用气量而言的储气能力提高到欧洲当前水平，即使是在天然气需求预计增长的情况下，而欧洲的储气能力为全球最高。

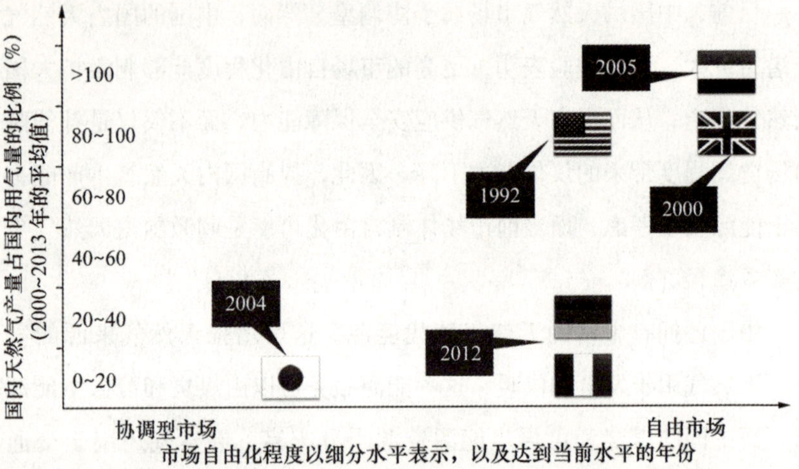

图 7　具备更高国内生产能力的国家往往天然气市场自由化更早更全面

资料来源：Vivid Economics。

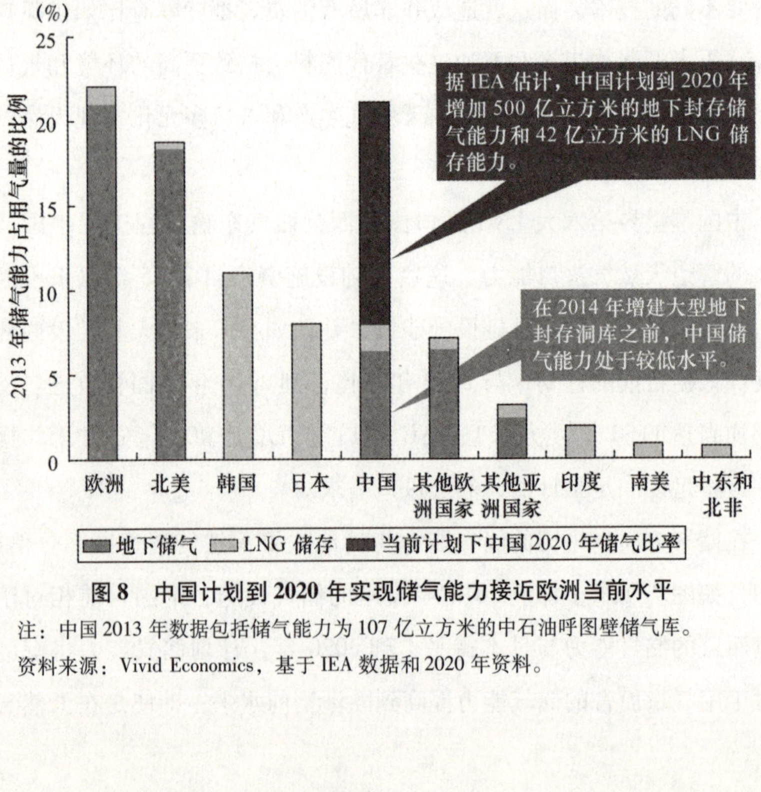

图 8　中国计划到 2020 年实现储气能力接近欧洲当前水平

注：中国 2013 年数据包括储气能力为 107 亿立方米的中石油呼图壁储气库。

资料来源：Vivid Economics，基于 IEA 数据和 2020 年资料。

国际经验表明，储气能力不足、维护欠佳和事故后维修延误，是造成天然气供应中断的主要原因。然而，很多国家通常会忽略这些问题，认为这些是操作层面而非政策层面问题。随着中国加大天然气行业发展力度，十分重要的一点是继续加大推进基础设施建设以及支持落实足够可靠基础设施所需的技能和激励机制投资。

结束语、建议和政策方向

随着中国天然气占能源构成比重上升，中国对进口天然气依赖程度将会增加。因此，保障天然气供应安全成为决策者最关心的问题之一。本报告提出并运用了能源安全框架，即确保能源安全需要从来源、基础设施和体制三方面着手，以为中国天然气供应安全提供见解，并将中国的天然气供应安全性与全球趋势进行对比。

1. 三条结论

以下为得出的三条主要结论。

一是现状。近年来，中国天然气供应安全能力显著提高。目前，通过相对于对比国更高的进口多元化水平，中国天然气供应渠道十分安全。进口多元化的实现得益于 LNG 贸易，但新管道天然气进口在不久的将来也将为保障天然气可靠供应贡献力量。另外，如果发生天然气供应中断事故，中国拥有大量替代燃料资源可供使用。基础设施建设步伐加快，目前中国计划达到媲美其他主要天然气消费国水平，特别是在储气能力方面。

二是未来。中国即使在需求不断增加的情况下依然能够维持天然气可靠供应。目前，中国进口多元化水平安全，进口依赖程度和天然气依赖程度较低。重大天然气供应安全问题在天然气供应安全薄弱的其他国家鲜有出现，而中国显然比很多这些国家的天然气供应安全程度更高。因此，中国在未来可以增加天然气占能源构成的比重和对进口天然气的依赖程度，而这不会威胁能源安全。

三是生产。国内生产潜力是保障中国天然气供应安全的关键不确定性因素。如果国内天然气生产能力充足，这将大幅提高中国的天然气供应安全性。国际经验表明，市场自由化程度越高，越能帮助刺激国内天然气生产。因此，放开中国天然气市场是天然气供应安全框架的关键因素，尽管这仍需要继续加大基础设施投资来确保实现计划天然气产量并进行维持。

2. 建议及政策方向

根据这些结论，本文提出以下建议和政策方向。

一是中国应该对扩大天然气占能源构成比重以及进口天然气比重抱有信心。与其他国家相比，中国已经拥有多元化供应来源和充足的基础设施，而且对天然气占能源构成比重以及进口天然气的依赖程度较低。

二是应该出于能源安全考虑鼓励提高国内天然气产量。国内天然气生产提供了可靠的天然气进口替代方案，并能够改变中国的天然气供应安全现状，即从与日本相似的天然气供应安全水平提高到接近美国或英国的水平。

三是发展市场体制，特别是市场自由化，可能有助于国内天然气生产并提高能源安全能力。这应该不仅仅只是补偿降低当前市场体系协调程度造成的议价能力下降。

四是中国天然气基础设施开局良好，而且应该继续支持基础设施投资。国际经验表明，储气能力不足、维护欠佳和事故后维修延误，是造成天然气供应中断的主要原因，但是这些原因往往被忽略，这是因为它们被视为操作层面而非政策层面的问题。

推进全价值链水效管理①

联合利华

随着人口的增长、经济迅速发展和城镇化进程加快，中国水资源状况进一步恶化，不仅表现为水资源空间分布不均、使用率低下、需求迅速增长的结构性短缺；同时存在着城镇化和工业化过程的水环境污染，以及长期水资源不合理的开发利用导致的水生态受损，这三重水问题相互影响和叠加。《水污染防治行动计划》（即“水十条”）即将公布出台，将推动节水和工业水处理快速发展。

近年来，尽管工业节水工作不断进步，水的资源重复利用、非常规水资源利用等技术水平不断提高，但中国工业用水节水总体上面临以下问题。

一是用水量大。中国工业取水量占总取水量的1/4左右，其中高用水行业取水量占工业总取水量的60%左右。从工业生产工艺流程上来讲，我国与外国相同的产业比较，工业节水水平普遍较低，水的利用效率水平也较低。

二是工业用水效率总体水平较低。2009年中国万元工业增加值用

---

① 本课题为中国发展研究基金会发起、联合利华公司支持的“全价值链水效管理研究”课题的报告初稿。课题在案例调研过程中得到了联合利华公司的大力支持。中国城市科学研究会水科技研究中心主任李胜海教授为课题研究团队负责人和本报告作者。

水量为116立方米，远高于发达国家平均水平；工业废水排放量占全国总量40%以上，仍有8%左右的废水未达标排放，既影响重复利用水平，也一定程度污染环境。

三是工业布局不合理，结构性矛盾突出。

四是有关工业节水的政策法规有待于完善和落实。绝大多数企业没有建立节约用水的管理制度，工业用水定额不完善，用水计量不健全，不少企业供水管道和用水设备的“跑冒滴漏”现象严重。

五是地表水和地下水消费价格偏低。

六是水循环利用普及面不广，循环水使用量大的企业偏少。中国工业废水重复利用率不足65%，远低于国家平均85%水平。

中国全价值链水效管理的基本理论

1. 全价值链水效管理的含义

目前的学术研究中“全价值链水效”这个概念还未有公认的定义。价值链的概念最先是1985年由迈克尔·波特在《竞争优势》一书中提出。波特认为：“每一个企业都是在设计、生产、销售、运输和辅助其产品的过程中进行种种活动的集合体。所有这些活动可以用一个价值链来表明。”① 水效是指一定数量的水投入带来的有用产出。从自然状态的水，到人工的供水，再到水的使用、消耗和排放，以及因为水的投入所形成的产出（产品和服务），形成了一个由多环节构成的过程②。

全价值链水效管理含义是将全价值链的理念用在水效管理中，通过分析、协调和提升企业内部、内部与外部之间的整个价值链上各个环节

① 迈克尔·波特，《竞争优势》，华夏出版社2012年版。

② 中国发展研究基金会，《中国城市水效管理》，中国发展出版社2014年版。

表 1　企业全价值链水效管理分布图

价值活动		全价值链企业水效管理分布图				
		原材料	生产作业	外部输出	市场营销	服务
基本活动		原材料运输 进货检查	•工艺用水 •间接冷却水 •锅炉用水 •生活用水 {产品用水、直接冷却用水、洗涤用水、其他用水} ← 污水处理回用、雨水控制利用	污水外排； 订单处理； 装运	节水倡导 广告促销	用户使用节水 服务信誉
辅助活动	企业基础职能管理	节水管理部门	水平衡测试 水资源管理	环保责任 销售计划	销售业绩管理 财务	售后服务 法律责任
	人力资源管理	技术人员培训	节水管理人员主 技术人员培训	污水处理厂、 再生水厂管理 人员招聘与培训	销售人员培训	售后服务培训
	技术研发	产品配方研发	工艺设计 冲洗部件升级 检测程序	在线监控； 信息系统开发	市场调研 销售支持	服务手册和程序
	采购	原材料选择	中水、自来水费用； 节水及中水设施、计量 设备购置	计算机服务 运输服务	物资供应	备用产品

基本活动与辅助活动中水效，来实现整个企业的最佳的节水效果，取水、用水、排水的成本的持续降低，从而增强整个企业的水效管理，实现长远发展的战略目标。价值链具有一系列的环节，单纯的优化价值链的单个环节不见得能够使得用水效率达到最优化。因此，应从系统的角度出发，从项目策划到最后的服务整个环节与水相关的轨迹都需要管理。以工业企业的全过程环节构建价值链水效管理，即从原材料选择、工艺优化、设备配置、产品使用等诸多环节的节水及对不同使用环节对水质的要求，来优化我们用水的方式及选择最佳新的控制工具。

2. 全价值链水效管理的模式

企业水效管理中价值活动由是水效的各种互相分离活动的组成。要想全面分析价值链的每个环节的水效，识别水效管理相关的价值活动是首要任务。企业整个价值活动中各个环节水效管理系统分布见图 1 所示，基本活动包括原材料、生产作业、外部输出、市场营销和服务；辅助活动包括企业基础职能管理、人力资源管理、技术研发和采购。水效管理的价值活动根据不同行业企业进行对应调整和协调。

（1）水效管理基本活动

涉及任何产业内基本活动有五种基本类型，每一种类型又可依据产业特点和企业战略划分为若干个独特的活动，每个活动中涉及水直接或间接相关的活动都应进行水效管理。

①原材料。很多企业生产所需的原材料中水占很大比例，因此，应从原材料的角度就开始考虑水资源的优化利用。

②生产作业。生产作业的用水阶段是企业用水的主要环节，也是水效管理的重点环节。一些产品的生产需要水与其他物质进行化学反应或物理上的结合，都会直接消耗一定量的水，同时也有一定的水分蒸发和排放。首先是这些用水环节的节水措施非常关键，其次是生产过程中排水的污废水可以经过处理后回用，并且将场地内的雨水径流滞蓄、收集

从而减少绿化用水及冲厕洗车、冲洗道路等使用新水量。

③外部输出。在产出阶段，即可以用一定水的投入所产出的产品、服务的数量来衡量。是值得注意的是，污水外排也是企业外部输出的重要环节，污水达标排放是许可企业生产的前提。

④市场营销。与提供一种买方购买产品的方式和引导他们进行购买有关的各种活动。在此环节就可以进行节水倡导，呼吁消费者选择节水产品。

⑤服务。与提供服务以增加或保持产品价值有关的各种活动，如产品进入消费者的手中如何节水。

（2）水效管理辅助活动

辅助活动是指在产业内竞争所涉及的各种辅助价值活动，可以分为四种基本类型。

①企业基础职能管理。由大量活动组成，包括总体管理、计划、财务、法律、政府事务和质量管理，它通过整个价值链起辅助作用而不是单个活动。其中，设立节水管理部门进行水资源管理、采取水平衡测试、售后服务等都是非常关键的企业职能管理措施。

②人力资源管理。全价值链水效管理要求企业的决策者、管理者及全体员工认真履行自己的节水职责，决定员工们的用水、管水技能和节水积极性，不仅对单个基本的辅助活动起到辅助作用，而且支撑着整个价值链，保证企业长远发展。

③技术开发。技术提升对节水起到非常关键的作用。技术开发也有许多种形式，从基础研究和产业涉及到媒介研究、工艺装备的设计和服务程序中都可以找到提升水效的措施。通过技术研发，采取节水工艺是更高层次节水、节能、提高产品质量等源头节水技术，通过改变生产原料、工艺和设备或用水方式，实现少用水或不用水。

④采购。水是企业的必需品，购买自来水还是再生水以及节水设

备，对企业来说也是只能算很小一部分成本，但它对企业的全面成本和经营差异化常有很大的影响。改进后的水相关采购对于投入的成本和质量产生强烈的影响，而且也会影响到其他与接收和使用这些水效管理投入有关的活动的成本和质量，并与供应商相互作用。

3. 全价值链水效管理的意义

全价值链水效管理是一个水效价值创造的动态过程，反应的是企业各个部门、环节之间以水为纽带的相互不同又互相联系的关系。全价值链水效管理的终极目标就是一定数量的水投入带来的有用产出最大化，换句话说也就是一定量的产出所投入的水最小化。由全价值链水效管理是企业长程发展的一条生命线，涉及到企业发展的方向、轨迹和目标。

水效管理体现在价值链的各个环节中，实现的过程是不断循环的过程，对于参与价值链的企业具有重要意义，因为企业长远价值的最大化实现比起短期价值的实现更加重要。企业通过各个环节节点之间的企业深入合作、利益整合能够使自身迅速成为行业先锋。反过来说，一些企业存在浪费水、污染水、偷排水等行为是不长远的，企业不能为获得局部的利益而损害整体环境和公众利益，为了短期的利益将会损害企业长期利益，终究会付出巨大的代价，甚至将被社会大潮而淘汰。

企业价值链水效的管理不仅涉及自身价值链，还会对整个行业的价值链上的水效产生影响。从国家或行业战略发展的角度上看，可以考虑利用上下游价值链进一步降低水耗或调整企业在行业价值链中的位置及范围，以至于主导整个产业链的环保竞争优势和长远发展命运。

企业全价值链的水效管理最佳实践

为了对全价值链水效管理的实践进行阐述，本研究以世界领先的食品、家庭护理和个人护理用品提供商之一联合利华为案例，进行了现场调研。

1. 联合利华基本环节水效管理

首先，从原材料分析，生产所需的原材料中水占很大比例，而且原材料种植用水也是价值链上的间接用水。因此，应从原材料的角度就考虑水效管理。联合利华致力于实施“可持续农业计划”，联合利华与中粮屯河可持续农业合作项目是减少原材料农业用水的案例。在病虫害防治、土壤改良、节水灌溉等，这些措施提高单位水投入的农产品原料产出方面做了非常大的努力。番茄种植节水滴灌面积快速增加，由2006年仅有5万亩，到2011年达32万亩，占总面积的50%。亩用水量由600立方米/亩降至400立方米/亩，每亩节约用水30%。

生产作业环节，合肥工厂主要采取了节约清洗水的“猪头系统”、原位清洗CIP优化、切换清洗矩阵、真空泵用水回收、中水回用以及生活用水节水等措施。其中，较为特殊的措施是使用管道产品回收系统，即在管路上安装“推头”，在生产转换时先用“推头”将管路的料体推出并收集。这一装置被员工形象地称为“猪头”系统。经计算，全年减少清洗的用水量为4387.2吨，另一方面节约料101.76吨。

污水外排也是企业外部输出的重要环节，污水达标排放是许可企业生产的前提，联合利华重点采取了污水处理站扩建工程。从2007年10月开始，分别进行了三期扩建：一期工程处理量150吨/天，二期工程400吨/天，三期工程1300吨/天，并进行尾水深度处理回用。在源头控制、中程处理的同时，合肥工厂已经建立了较为完善的中水回用系统，以“零排放”为目标。将中水用于冲厕、绿化、清洗以及污水站配药使用，随着各种回用项目的投产，大大地节约了自来水的使用，例如2011年2~3月的中水项目投产后，合肥工厂的吨产品自来水的使用量下降近10%，在获得环境效益的同时，还取得了显著的经济效益。

市场营销环节可以进行节水倡导。联合利华金纺浓缩新精华衣物护理剂鼓励消费者使用一半剂量的同时获得更好的漂洗效果。金纺新精华产品惠及1500万中国消费者，如消费者在每次漂洗时都使用推荐的产品剂量，每年减少用水量将达到1400万吨。联合利华正在努力构建可持续商业模式从而更有针对性的展开营销及倡导节约用水。

2. 联合利华辅助环节水效管理

在水效管理的辅助活动中，联合利华也非常重视企业基础职能管理。企业在建立了由联合利华中国领导团队成员与客户、供应商、非政府组织、学者代表组成的可持续发展战略委员会，设定可持续发展战略方向，并适时地引入新政策、新方法与新动向，共同完善行动计划。还成立了跨部门的可持续发展工作团队，根据目标及时地向委员会汇报工作进度，向业务团队提供指导性意见，实现可持续发展计划在全公司范围内的全面贯彻。

此外，生产车间已经部分安装了MM&T系统，可以及时监控用水消耗，设定耗水目标后，如有异常能自动报警，提醒进行调查；未安装该系统的区域，每日进行人工水耗数据收集以及分析，设定每日的消耗目标，超过目标的区域负责人需要提交调查分析报告。

联合利华采用层层培训，强化员工可持续发展意识，每年累积公司总部集中培训1500余人次，分公司培训2000余人次，对种植户培训则达2万~3万余人次。

联合利华通过技术研发，采取节水工艺，以及洗发水、洗衣粉、洗衣液、肥皂等洗护用品在配方设计研发时中考虑产品节水，以及用户使用时的低泡减少漂洗用水。通过金纺和奥妙的产品创新，减少消费者使用过程中的用水量。

3. 经验及存在问题

从联合利华的案例中可以看出，若企业能利用好环境的需求提高水效，则能变成本为机遇，在环保的同时增加收益和社会效益，创造自己独特的价值与竞争力。

但是，联合利华也受到节水设施投入和污水处理成本高的困扰，这与中国发展现状有关如节水成本高、水价不合理等因素，也是导致了这个问题成为很多企业推卸环境责任的原因。事实上，企业在考虑节水效益时单纯考虑经济效益，而更多的忽略了社会效益和环境效益，这就需要政府从政策上引导和支持，刺激经济杠杆作用，以及环保部门加大监管力度，改变“违法成本低，守法成本高”的局面，从而提高企业保护和节约水资源的认识，主动采取节水措施。

总结与建议

中国全面开展节水工作已有近 30 年的历史，节约用水工作的力度不断加大，为了加强水资源和用水节水管理，国家制定了一系列相关法规，而且正在不断完善。中国各部委发布了一系列水资源管理和节约用水的相关文件，明确提出了有利于节水工作和节水产业发展的制度和政策，加强了节约用水的法制管理。除了法律规定，相继制定了全国节约用水规划和工业、城市节约用水规划等。建立节水型用水标准体系，加大了制定有关节水的国家标准的工作力度，制定的标准包括用水节水基础标准、节水考核标准、节水设施与产品标准、节水技术规范等。

《全价值链水效管理课题研究》从用水全过程探讨了节水环节和用水方式，从工艺技术优化到技术装备强化、从产业布局到政策标准健全保障、从企业价值观到社会责任等全方位推进水资源管理效益最大化。厉行节约用水，坚持可持续地发展观，树立全价值链的水效管理理念。

旨在解决工业企业生产过程中的瓶颈问题，排除水资源管理中的障碍，工业企业在提高整个价值增值链的生态效益方面有着关键性的作用。科研机构和用户的国际合作伙伴一起参与化工企业降低水资源消耗、污水管理以及节能管理应用技术的开发。集成式的应用技术、方法的研发和分类。

采取法律、经济、技术和工程等切实可行的综合措施，全面推进节水工作。节水工作要实现“三个结合”，即工程措施与非工程措施相结合，先进技术与常规技术相结合，强制节水与效益引导相结合。

通过对中国水资源现状、工业企业用水问题的分析和调研、梳理目前法规、政策及标准，提出以下建议。

①法规政策和标准的匹配、完善是当务之急。把部门、行业的行标和政策上升国家标准和政策；加快建立和完善节约用水的法律法规体系，编制工业产业区域用水、节水专项规划，强化政府对规划工作的指导。

②为落实现有标准的执行，应加大监督、管控力度。对工业企业进行严厉的用水考核和奖惩。

③理顺水资源管理体制，强化执法。实现区域水资源统一管理，加强对水资源的行政调配力度；建立和完善以取水许可制度和水资源有偿使用制度为核心的，包括水资源论证、三同时、四到位、节水产品认证等在内的水资源和节水管理体系，建立节水激励机制和监督机制。

④制定工业取水定额标准，对取水实行总量控制和定额管理相结合的基本管理制度。

⑤按照水资源的承载能力，调整经济结构，优化水资源配置，发展节水型工业、节水型产业。

⑥突出重点，增加投入，加强科技研发和示范工程建设、工业节水技术改造和城市供水管网改造，积极推进海水、中水、矿井水等非传统水资源的利用，建立节水投资保障机制和节水激励政策。

⑦依靠科技进步，按照《中国节水技术政策大纲》，增加节水技术研发的投入，推广使用先进的节水工艺、节水技术、节水产品和节水器

具，提高生产用水和生活用水效率。

⑧理顺水价体系，充分发挥价格杠杆在促进节水中的作用，适时、适度、适地调整水价和水资源费，实行超计划取水和超定额取水累进加价制度。

⑨建立科学的用水统计指标体系和节水评价指标体系，评价考核供用水单位节水实施情况，加强对高用行业、重点用水大户的监督检查。

⑩积极开展全价值链的水效宣传教育，树立生产原材料的用水的前端控制、生产过程的工艺优化、用水检测和后端水耗的严格考核、用户对产品使用的水耗反馈，保障全价值链水效落实。给企业带来效益、为国家节省了水资源、给社会持续发展奠定了基础条件。

油价波动：中国机遇

麦格希财讯集团

波动性回归全球石油市场

2008 年全球金融危机过后，石油市场进入了一段相对稳定的时期，但现在波动又再次回归。自去年年中以来，原油价格已经暴跌近 50%，生产者和消费者均面对着未知格局，因此市场找到新的“均衡价格”的道路将会漫长而艰难。

市场还在寻找合适的价格水平以实现供需之间的平衡：一方面美国页岩气革命带来的前所未有的供应猛增，另一方面新兴经济体致力摆脱对大规模财政刺激的依赖、形成需求增长的“新常态”。随着产油国组织欧佩克决定放弃传统角色，不再通过调整目标产量来平衡全球供应和需求，这个任务已经落在了市场力量的身上——至少目前如此。

无论油价稳定在什么水平或者需要多长时间来达到平衡，这种稳定状态也可能转瞬即逝——新一波供应增加、需求激增，或者世界任何地方出现新的颠覆科技都可能打破稳定。因此，无论石油的销售国还是进口国，各个国家必须努力提高化石燃料生产、消费和监管的水平。

油价暴跌给我们带来许多启示，包括对未来几年全球供需平衡的影响。生产者、消费者和政府都清楚地意识到，因为低油价所带来的从净出口国向净进口国发生财富转移的重要意义，尤其是对能源消费稳步增长的进口依赖型新兴经济体而言意义更大。中国作为世界第二大石油消费国，在追求环境友好型的可持续发展同时也进一步融入全球市场，从而提升能源安全。本文着重探讨油价暴跌背后的原因，以及给中国带来的机遇。

2014 年：供应压倒需求的一年

从 2011 到 2014 年这接近三年半的时间里，以基准布伦特原油为代表的油价一直保持在每桶 100 ~ 120 美元的稳定区间。在 2014 年 6 月 19 日达到 115 美元高位后，油价连续七个月下滑，于今年 1 月中跌至 46 美元的低位。虽然布伦特在 2 月份反弹并稳定在每桶 60 美元左右，但与八个月前相比仍然下跌了 48%。

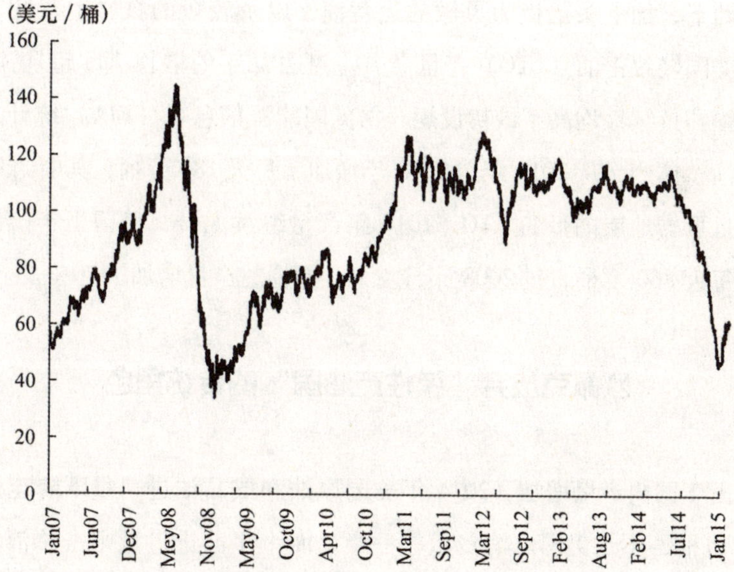

图 1　普氏即期布伦特：2007 年 1 月 ~ 2015 年 3 月

资料来源：普氏能源资讯。

价格从 1 月份低位反弹，主要是因为市场预期美国未来几个月产量增速将放缓，期货市场大举补空仓所致。美国陆上石油钻探的钻机数量持续下降，至2月底钻机数量已较2014年10月高位回落了34%，而市场主要是对该数据做出的反应。

钻机数量减少让市场日益关注美国致密油生产商减产的可能，这些致密油生产商一直从美国国内页岩气田开采轻质低硫原油，而油价走低严重影响其生产回报因为很大一部分美国致密油的生产成本较高，但由于美国市场供应充裕，以及美国执行几十年的出口限制，这些原油的售价还要低于同等品质的国际原油。

页岩革命的基础是水平钻探和水力压裂技术，通过从页岩地层开采碳氢化合物，颠覆了近年来的全球石油行业，但美国石油生产的惊人发展也恰逢全球基准油价每桶过百的时期。新的水力压裂开采技术最早在2005年左右用于开采页岩气，几年后又被用于生产石油。在有利的油价推动下，加上头脑极为灵敏的运营商，以及较短的页岩生产开发周期，美国轻致密油（LTO）产量急升。过去几年的增长速度超越预期，其增幅和持续性均高于最初设想。据美国能源信息署（EIA）统计，美国原油整体产量从2011年至2013年增加了每天180万桶，其中约96%为采自页岩地层的低硫LTO。2014年产量继续上升，美国当年产量为平均每天860万桶，较2008年日均500万桶的产量增加了70%。

欧佩克放弃“弹性产油国”的传统角色

由于国内产量增加，2014年美国原油和成品油进口量下降至每天1900万桶，不足美国总消费量的一半，而十年前进口量则占总消费量的63%。去年，越来越多的国际市场的海运原油被美国的国产原油所替代，特别是产自西非的轻质低硫原油。与此同时，欧佩克继续保持每天逾3000万桶的产量目标，而欧元区经济不振，欧洲需求持续低迷。

以美国致密油和加拿大油砂为主的北美石油是近年来石油产量猛增的主要来源，而其他地区也出现供应增加的情况。去年伊拉克是仅次于美国的第二大全球石油供应增长来源。尽管来自伊拉克和黎凡特伊斯兰国（ISIL）的安全威胁升级，北部产量也受到干扰，但 2014 年伊拉克平均日产原油 330 万桶，占欧佩克新增产量的 40%。EIA 数据显示，去年另一欧佩克成员国伊朗的产量也同比增长 5%。

在这种背景下，分析师呼吁欧佩克至少每天减产 150 万桶来缓解过量供应，但欧佩克在去年 11 月 27 日维也纳会议上决定维持产量目标不变，使脆弱的市场情绪进一步受到打击。欧佩克最大产油国沙特决定放弃弹性产油国的角色，由“市场力量”来平衡供需，让石油行业进入了新范式。

衍生工具可能导致波动加剧

波动性回归再次引发对石油市场衍生工具作用的关注。过去十年，石油期货作为金融工具的使用得到了极大的发展，单单是场内交易的布伦特期货合约成交量在 2014 年底为止的十年间就增长了六倍以上。如今世界上每天石油衍生工具的成交量远远超过了实体市场规模，而对现货与衍生工具市场之间复杂的相互作用至今仍然存在争议。

国际清算银行在 2015 年 2 月发布的全球流动性报告中称，近期油价下跌速度之快、每日价格波动之巨，让人不禁联想到“金融资产”。报告还指出导致油价加速下跌的一个新的重要元素：石油公司巨额举债，而近年来投资者也乐于根据石油储备和收入提供借贷。杠杆率增加意味着公司必须不断生产换取现金来满足偿债要求，而产油商原本应该发挥的供应端响应作用就被推迟了。新兴经济体的公司受到这种影响还要更大，因为它们往往以美元借贷，而美元在 2014 下半年持续对多种货币升值。

国际清算银行还指出，产油商以前一直通过掉期交易商使用称为“掉期”的金融工具对石油生产进行套期保值，但由于价格的高波动性和石油生产商资产负债表的高杠杆率，这些机构现在不太愿意承担风险来为产油商安排掉期，担心这些公司的资产负债表可能蒙受不可预见的压力。由于缺乏中间机构来帮助他们对冲风险，为了对其天然的多头头寸进行套期保值，产油商可能被迫卖空场内交易的期货和期权，而这些空头头寸则对价格施加更大的下行压力。

美国轻致密油正在重塑世界石油市场

衍生工具市场最终会依据实货供需平衡来调整未来价格预期。随着欧佩克放弃弹性产油国的角色，调整价格平衡的品种便不再是世界生产成本最低的沙特原油，而是高成本的美国致密油以及加拿大油砂产出的重质石油等边际品种。

如果价格保持在当前水平或者甚至更低，对于美国致密油生产商还能维持增产多长时间、甚至是否能够维持当前产量仍然存在争议。不仅美国钻机数量同比下降近1/3，而且似乎有些打好的钻井也并没有投入生产，运营商可能在坐等价格回升。与此同时，EIA在2月10日发布的短期展望报告中，维持美国石油产量预测不变，预计今年平均产量将达到930万桶，同比增长8%。

这场生存之战并非发生在美国与欧佩克之间，实际上是全球高成本与低成本生产国之间的较量。高成本且依赖于石油收入的欧佩克成员国，在当前价格下难以平衡预算，不断呼吁欧佩克减产但未能奏效。俄罗斯、墨西哥和挪威等非欧佩克产油大国，也拒绝在任何自愿减产提议上与欧佩克合作。这似乎促使沙特的立场日益坚定，不肯牺牲市场份额

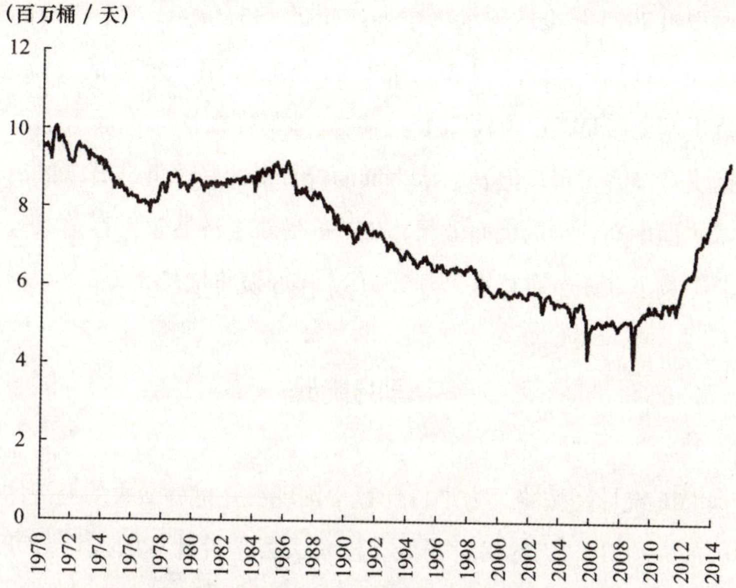

图 2　美国原油产量（1970 年 1 月～2014 年 12 月）

资料来源：美国 EIA。

而做出更多牺牲。这番博弈到底谁先出手，高成本原油将何时从市场上消失，率先是在美国还是其他地区均有待观察。美国生产设备和服务成本大幅降低使产油商受惠，在低价格环境中或许仍然能够维持利润，而它们继续生产就意味着市场短期内也许无法达到可持续的均衡点。

需求增长预测上调

欧佩克对 2015 年全球石油需求预测乐观，而 EIA 则指出中国以及北美经合组织国家的需求上升，均为上个月的价格上涨提供了助力。在市场快速变化的时代，预测越来越困难。美国致密油供应会否减速，世界最大经济体的需求会否强劲增长？现在要做出判断均为时过早。但如果从历史经验来看，当前的预测还是很可能随着时间推移而被大幅度调整。

去年 7 月，原油价格崩盘之前，国际能源署、EIA 和欧佩克的需求预测均指出2015年全球需求将增加约每天135万桶。三个机构的最新预测已经下调到平均每天100万桶，符合全球GDP增速的下调预期。国际货币基金（IMF）预计2015年供应过剩将维持油价低水平，而这将有助支持经济发展。但是它认为低油价带来的好处仍不足以抵消全球经济基本面中期预测的负面效果。IMF的最新经济展望已将全球经济增长预测下调了0.3个百分点，预计2015年经济将增长3.5%。

中国的挑战

据IMF统计，按购买力平价计算中国现已是世界最大的经济体。但是中国的人均GDP仍然相对较低。按购买力平价计算的人均GDP，中国在2014年排名第85位，落后于阿尔及利亚、泰国和哥伦比亚等国。尽管中国石油消费量已居世界第二，但人均消费量仍然只有瑞典或德国等高能源效率国家的1/4。与此同时中国还严重依赖进口，进口量逐年上升，现已占原油消费量逾六成。中国石油进口依存度的增加常常被认为是中国经济的持续负面风险。在2012年，中国能源缺口略高于名义GDP的2%。如果2015年原油价格如EIA预测一样平均低于每桶60美元，中国能源缺口预计将下降至名义GDP的1%左右。

在当前石油市场动荡的局面下，中国面临着两大挑战：一是如何最优化利用这段低油价时期来长期造福中国经济与人民；二是在政府干预和全面放开之间取得适度平衡，以提升长期能源安全，同时推进能源效率、节能减排和替代化石燃料等工作。

利用低油价

许多新兴经济体政府对放开燃油价格相当敏感，特别是柴油和液化气这类大众消费产品，因为他们希望在平衡通胀压力的同时，维持经济发展动力。因此近年来许多政府通过国家预算承担了高昂的燃油补贴。而现在从马来西亚到摩洛哥等多个发展中国家政府，都纷纷利用最近低油价的环境，在其国内市场实施价格改革。包括削减或完全取消燃油补贴以及提高化石燃料税收，通过实施这些改革，把释放出来的资金投入到卫生、教育和基建发展等领域。

中国已经采取措施改善财政框架并提高直接税的比例。此外，政府利用当前环境提高成品油消费税的做法也值得称赞。此举将有助鼓励提高能源使用效率，而这正是2006年以来五年计划的关键目标。

与此同时，中国也不断补充战略和商业石油储备。作为仅次于美国的世界第二大石油消费国和最大的石油净进口国，中国的任何重大能源政策的变化都对全球市场产生重大影响。持有战略储备不仅能够确保在供应危机或价格暴涨时的国家能源安全，而且也能降低全球石油价格的波动性。

如果中国希望仿效国际能源署对其成员的协定，就应该在商业和战略储备中持有相当于最少90天净进口量的石油，按目前的净进口量计算为5.5亿桶左右。但是中国目前战略石油储备（SPR）的实际储量仍引发外界猜疑，新储油设施的建造和注油时间表也不清楚。这种不确定性和猜测可能在市场上引发投机并扩大价格波动性。

随着中国逐步融入全球市场，与世界建立起更广泛的双向信息交流是十分关键的。在这个方面，中国政府已经做出令人振奋的表态，习近平主席去年11月在澳大利亚布里斯班的G20峰会上承诺将提供石油库存的定期通报，从而增进透明度。及时而准确地提供未来计划和油库储量的官方信息，这将减少全球石油市场的不确定性。

在政府干预和完全放开之间取得平衡

世界能源生产商、贸易商和终端用户最关心的是当天的油价，而政府则往往具有更长远的目光，致力于审慎的长期政策规划。也许今天的世界不缺石油，但同时各种公司也在推迟或取消生产项目，无论是国家石油公司、国际大油公司还是小型勘探开采公司，数以十亿美元计的新油气勘探开发投资也随之搁置。在投资减少的情况下，当全球石油需求复苏发展并超过新增供应时，油价很可能再次迅速上扬。在任何供应紧张或需求疲软的极端时期过后，市场最终会重新取得平衡，但这需要时间。而各国政府有责任保护其经济和消费者，通过自身努力和国际合作，使其尽量免受极端的外部价格冲击。批准和组织战略储备是有关规划的重要组成部分，也是政府最适合扮演的角色。但在能源市场方面，政府可能更应该专注于治理和设定政策，使高效的市场得以发展，促进国营和民营企业竞争，而不是尝试主动干预和挑选赢家。

随着市场演变，国家也需要在开放民营企业，以及加强对石油等关键资源的政府监管之间取得适度平衡。中国已经清楚表明，虽然民营企业将在支持发展、创新、就业和税收贡献方面扮演重要角色，但更加高效的国有企业仍将是中国经济的主要组成部分，为中国人民的福利做出更多公共财政的贡献。同时政府也表示希望建立开放、竞争的市场体系，让市场决定价格，但在自然垄断的行业，政府干预也许更加合适。

所谓适度平衡也许就是一方面让国有企业提高竞争力、更高效地配置资本来造福中国人民，而另一方面通过自由、公平而高效的市场来消除价格扭曲和支持可持续发展。中国已经实施改革推进天然气的市场化定价机制。此举有助鼓励发展国内储备，同时保障管道气和 LNG 进口。同时还将支持扩大清洁燃料在中国能源结构中的比例，帮助中国推进更加环境友好的增长模式。

接下来，完全取消汽柴油等成品油的政府限价将帮助中国发现自己的价格，真正反映本国自身的燃料供需平衡，而不是根据国际贸易的原油价格来影响政府指导价。然而，这需要通过结构性改革才能实现，包括放宽对民营企业进出口原油和成品油的限制。一个公平的竞争环境可以让石油行业的小公司与国内三大油企平等竞争。这些举措配合更广泛的国有企业改革，将有望提高国家的财政回报，以便投入社会项目以及未来投资。

中国已经采取重要措施发展价格发现机制

中国一直在发展自己的价格发现体系，并计划推出原油期货合约，以及在上海建立现货石油天然气交易中心。上海自贸区的发展以及人民币日益发挥国际贸易结算货币的作用都是助力因素。为了让市场高效交易并对价格发现过程保持信心，使用任何期货合约或交易平台的公司都需要能够获得完整、及时和可靠的数据，了解中国原油和成品油供需平衡、库存以及贸易流。

作为麦格希财讯集团旗下的普氏能源资讯，根据我们数十年来为全球能源市场提供价格基准的经验，透明度是一个稳健而可靠的价格发现体系的核心。形成价格基准的其他要素还包括市场各方的广泛参与，以及对价格发现过程的信心。市场不仅要公平运作，也需要让参与者感知到市场的公平、开放和透明。

如果中国建立起自己的可靠的价格发现机制，并提高石油行业的透明度和效率，中国将可从一个被动的价格接受者演变为亚洲石油定价权的区域领导者，而这将进一步支持中国融入国际能源市场。

第五篇

减排新篇章

伦敦经济与政治科学学院

格兰瑟姆气候变化与环境研究所

西门子股份公司

中国的“新常态”：更好的增长、更好的气候

费格斯·格林 尼古拉斯·斯特恩

（伦敦经济与政治科学学院气候变化经济学与政策中心，

格兰瑟姆气候变化与环境研究所）

引 言

本文旨在讨论中国新的经济发展模式（即中国的“新常态”）能否引领经济朝着高收入、低污染、能源安全、低碳的方向发展。第 1 部分将阐明将在未来二十年完成的一系列结构转型的全球背景。第 2 部分将解释中国新的发展模式以及中国关于气候变化问题的最新政策和声明，同时分析其对中国温室气体（GHG）排放量的潜在影响。第 3 部分旨在总结我们对中国温室气体排放量峰值提前到来的前景分析。第 4 部分将就中国关注的战略重点和政策改革的领域给出建议，这些领域能够使

费格斯·格林，伦敦经济与政治科学学院气候变化经济学与政策中心、格兰瑟姆气候变化与环境研究所政策分析师与研究顾问；尼古拉斯·斯特恩，英国国家学术院主席、经济学与政府 I. G. Patel 教授、伦敦经济与政治科学学院格兰瑟姆气候变化与环境研究所主席、气候变化经济学与政策中心主席。

一份包含该论文三个在线附件的文件可在 http：//www. lse. ac. uk/GranthamInstitute/上获取。这三个附件分别包含有关下列问题的更多详细信息：一是本文第 2 部分所述“中国与新气候经济研究”；二是本文第 3 部分所述我们对中国会提前达到相对较低的排放量峰值的前景分析；三是本文第 4 部分所述建议相关方面予以关注和改革的领域。

中国的排放量在达到峰值后加速减少。第5部分旨在总结并简要分析本次分析对于中国的“新常态”在国际上的重要影响。

正如我们即将展示的那样，在中国新的发展模式下，提前达到相对低的排放峰值并在达到峰值后加速减排，是非常难能可贵的成绩，需要长期重点关注紧凑型城市规划、关注中国能源系统革命以及人们对清洁创新的共同关注，这些努力都将在更广泛的宏观经济变更、财政和政府治理改革的背景下完成。也就是说，这必然要求中国的“新常态”是一个动态结构转型的过程，在此过程中，结构转变促使经济可持续性增长、能源安全、环境变得更加干净、排放量急剧下降等互为补充。同时也要求中国的“新常态”是一个真正的“新气候经济”，并且会带给中国人民一个极具吸引力的未来。

全球背景：多重转型

我们正处在这个时代一个非常重要的时刻——全球经济将在未来20年实现大规模结构转型。我们已经看到经济活动的天平向新兴市场和发展中国家倾斜的根本性变化。这种转变仍将继续高速进行。全球人口预计会在2050年达到95亿，而且城市地区居住的人口数量很有可能在现在37亿左右的基础上再增加30亿。我们正处在信息和通信技术的革命潮流之中，其会颠覆旧行为方式以及社会互动模式。此外，除这一技术革命外，我们还在经历材料和生物技术等其他方面的变革。

同时，未来20年，世界仍将面临一系列重大挑战。最近几十年的增长带来了许多利益，但这一过程始终跌宕起伏。几十亿人仍然没有摆脱贫困，一些国家的不平等现象泛滥，而且未来世界宏观经济仍将面临一段非常困难的时期：发达国家经济增速放缓、金融挑战仍在继续、适应技术和经济变革的结构调整势在必行。另外，过去几十年的增长给自然资源和环境造成了巨大压力，这其中包括我们呼吸的空气、我们饮用的水以及我们使用的土地等。我们已经开始发现全世界逐渐意识到，有必要减少城市和自然环境中的污染、堵塞现象以及垃圾的产生。这种认识必然会在未来几年或几十年中变得更加深刻。

此外，过去以碳氢化合物为燃料的增长已经开始破坏世界文明赖以发展的气候条件。未来 20 年，我们做出的决定——尤其是关于能源系统、城市以及土地使用方面的决定——会在很大程度上决定我们是否有一个适当机会避免“危险”气候变化的发生（其通常被定义为将地球表面温度上升值控制在高出 19 世纪水平 2℃的范围内）。

要实现将全球温度上升值控制在上述 2℃ 范围的可能性（大于 66%），全球温室气体排放量必须从现在的每年 500 亿吨 CO_2e 削减至 2030 年的大约 35GT，到 2050 年再降至 200 亿以下的水平，即 2010 到 2050 年之间（IPCC 2014）的递减系数为 2. 5①。这就意味着，假定全球人口从现在的大约 70 亿增加至 2030 年的 80 亿，到 2050 年增加至 95 亿，全球人均碳排放量应当从现在的每年约 7 吨 CO_2e 减少至 2030 年的 4 吨左右，并且在 2050 年降至 2 吨左右。

这是未来 20 年内制定政策的全球战略背景。如果能大幅减少垃圾的产生、缓解交通堵塞、减少污染、减少对土地和森林的毁坏和破坏，同时促进发展和减少贫困，那么，为让温度上升值控制在 2℃以内所要实现的大部分温室气体减排目标都能很好地实现。要进一步减少一些难

---

① 粗略估算的 $20GTCO_2e$ 是 2005 年利用“可能的”（>66%）机会将全球温度平均上升值保持在 2℃以内的 IPCC 情景中间值（IPCC 2014，图 SPM. 4）。35GT 是该情景下 IPCC 第 10 个百分位值与 2030 年中间值之间的中点。其为最终相关累计排放量，因此，不论采取哪些年度排放流量暂定基准值，我们都能在目前和更远的将来始终将减排量降至相关技术、经济、社会等限制范围内，反之亦然。

以避免的气体排放，需要更雄心勃勃的政策和巨额投资，但是，如果处理得当，这些措施也会带来很多极具吸引力的经济效益、社会效益和环境效益（GCEC，2014a）。如果我们不能采取上述行动，气候变化的风险将会不断加剧。

随着许多重要的多边进程达到高潮，包括新的可持续发展目标的设定与融资以及巴黎新的国际气候协议谈判，2015 年将成为就其中诸多问题做出全球性决策的关键一年。如果这些进程取得成功，决策者们必须理解减少贫苦、更好的增长、减缓气候变化和适应气候变化之间的关系，同时，必须充分利用这个千载难逢的机会共同实现上述目标。

中国背景："新常态"及其对中国温室气体排放的影响

1. 中国的"新常态"

中国比大多数国家更快认识到了这一战略背景的意义。在上文确定的许多全球趋势中，中国始终处于最前沿——全球经济活动重心转移、经济高速增长、城市化以及人口结构的变化，这些已使数亿人脱离贫困。但是，这种增长也使得不平等现象日益加剧、中国人口赖以生存的环境和自然资源也因此遭受重创。

对社会和环境的影响在 2000 到 2011 年间最为严重，在此期间，中国两位数的 GDP 增速是通过以对重工业投资为基础的发展战略获得的，其特点是支出中投资所占的份额非常大、收入中利润所占的份额比较高，严重依赖对国外市场的出口，而且只有非常小的一部分支出来自国内消费品和服务业（Garnaut 等人，2014 年）。

过去几年，中国的发展模式开始改变——并且正在不断加速变革。

从2012年开始，中国的经济增速已减缓至年均7%的“新常态”[①]。经济增速放缓的部分原因在于中国经济结构的不断变化，包括资本和固定产投资收益降低、产能严重过剩（尤其是在重工业部门）、高额工资支出、劳动力的不断变化以及自然资源的约束等（中国环境与发展国际合作委员会，2014年）。此外，增速放缓的其他原因还在于中国正在实施一系列旨在消除中国重工业发展阶段对经济、社会和环境造成的不利影响的政策。

中国的中央政府已经意识到，在这些结构性压力下，想要保持强劲增长率——例如在2020年之前保持大约7%的年增长率，从2020年到2030年保持4%～6%的年增长率——需要协调推进结构改革。中央政府已经在强调的改革包括：增加资金、自然资源和能源的生产率；成为一个更具创新力的生产商并进入全球价值链高端；将经济增长的天平向国内消费倾斜（尤其是私营或公共部门服务业）；增强市场在价格制定、资源配置中的作用；减少收入和财富分配方面的不平等（人与人之间、城乡之间以及东西部之间的不平等）（中共中央，2013、2014）。中央政府已经明确表示，中国的“新常态”必然包含向更优质经济增长的结构转型，其中涉及更多的减少污染、缓解交通堵塞、减少垃圾的产生以及对环境的破坏（中共中央，2013；国务院，2013）。

2. 对中国温室气体排放的影响

显然，在中国新的发展模式下，大多数结构转型涉及一系列同样会大幅减少中国温室气体排放的变革；与全面采用这种新模式相关的累积减排潜力可能非常巨大（Garnaut，2014年；Green与Stern，2014）。此

① 世界银行（2014年）的统计数字表明，中国的GDP增速（以2010年美元市场价格计算）已从2011年的9.3%降至2012年的7.7%、2013年的7.7%和2014年的7.4%（世界银行估算）。

外，中国已就温室气体排放做出了许多具体承诺，其中包括在2020年以前，将经济增长产生的温室气体排放强度减少到2005年水平的55%~60%以下。此外，2014年11月，在与美国就全球气候变化问题发表的一份联合公报中，中国承诺二氧化碳排放量将在2030年前后达到峰值，但中国会努力使该峰值提前到来（新华社，2014b；白宫，2014）。中国还承诺在2030年以前，使非化石燃料在一次能源中所占的比例提高到20%左右（新华社，2014b），2020年之前，提高到15%左右（国务院，2014）。而2013年，这一比例已达到10%左右。

这些是对全球都非常重要的发展成果。中国新的发展模式以及中国对气候变化做出的具体承诺至少意味着，到2030年中国不会出现其重工业发展阶段令人害怕的大量温室气体排放的恐怖的情景①。然而，中国温室气体的排放量、排放量达到峰值的年份以及达到峰值后中国的减排之路（达到稳定状态或加速减排）依然是未知数。迄今为止，从中国新的发展模式参数和气候承诺来看，未来的前景可谓喜忧参半。

全球气候与经济委员会下设新气候经济项目在中国对上述问题出现的可能性以及相关政策以及规划方案进行调查分析②。该委员会全新研究的重要成果《中国与新气候经济》（GCEC，2014b）（《中国新气候经济学研究》）已在列表1中汇总，并在附录1中做了详细说明③。

---

① 见Shealy与Dorian（2010）。早在2013年，许多学者和专业机构一直预测中国煤炭消耗量将长期居高不下（到2030年>6GT每年）（例如，可参见EIA 2013，参考案例）。

② Stern是该委员会的联合主席，同时兼任该委员会下设经济学咨询专家组的主席。

③ 相关附件可在http：//www. lse. ac. uk/GranthamInstitute/获取。

表 1　《中国新气候经济学研究》能源建模中"连续"减排情景与"加速"减排情景下得到的主要结果的比较

变量	2010 年（实际值）	"连续"减排情景		"加速"减排情景	
		2020	2030	2020	2030
能源消耗总量（10 亿 TCE）	3. 25	4. 92	6. 25	4. 75	5. 9
GDP 能源强度（2010 = 100）	100	73. 4	54. 6	70. 6	51. 6
能源二氧化碳排放量（GT）	7. 25	10. 4	12. 7	9. 68	10. 6
GDP 二氧化碳强度（能源）（2010 = 100）	100	69. 6	51. 1	64. 8	41. 5
非化石能源所占的比（%）	8. 6	14. 5	20	15	23
温室气体排放总量（GT CO_2e）*	9. 4	13. 5	16. 5	12. 6	13. 8

注：* 基于《中国新气候经济研究》的"中速"经济增长情景，所有结果都假定 2010 年到 2020 年的平均经济增速为 7. 31%、2020 年到 2030 年的平均增速为 4. 77%。

基于"WRI"（2014 年）提供的 2010 年的数据，笔者假定能源中的二氧化碳排放量与温室气体总排放量（其中包含土地使用的变化与森林）的恒定比例为1∶1. 3而计算得出的温室气体总排放量结果值。"WRI"数据显示，中国 2010 年温室气体排放量低于 IEA（2015）的数据。

资料来源：GCEC（2014b、p82、表 4. 4；不含温室气体总排放量结果值）。

该研究的"加速"情景主要隐含意义在于中国的温室气体排放量可能在 2030 年达到峰值，并低于 14GTCO_2e，同时人均排放量少于 10 吨①，与此同时，中国也一直保持强劲的经济增长（2010 至 2030 年②的年均增长率约为 6%），并以确保能源更安全、大幅减少空气污染的形

① 假定中国人口到 2030 年达到 14. 7 亿，与该研究的 GDP 中速增长情景（p52，表 3. 5）使用的人口预测值一致，中国的排放量将达到人均 9. 5tCO_2e 的水平。

② 基于该研究的"中速"经济增长情景。

式带来巨大效益。这种情景与该研究提出的“持续努力”情景相比毫不逊色，在此情景下，预计到2030年仅中国的二氧化碳排放量就将达到12.7GT的水平，也就是说，温室气体总排放量约为16.5GT，人均11吨[①]。

尽管如此，即使中国的排放量在2030年达到峰值，且峰值低于14GTCO_2e，也很难将全球温室气体的排放量控制在合理水平，使世界走上一条能够将全球变暖限制在上文所述2℃（“可能”的机会）以内的发展轨道上。由于为该轨道设定的2030年的理想基准值为35GTCO_2e，如果中国的温室气体排放量在2030年达到14GT，那么，预计中国当时的人口将占世界总人口的20%，以排放物的年流动量计算，中国将占用大约40%的碳空间（如果中国的排放量为16.5GT，与“持续努力”的设想情景一致，中国将会占用几乎一半的可用碳空间）[②]。

当然，上述比较并没有考虑历史排放的责任，以及不同国家之间不同的发展水平和不同的技术能力，因此，必须考虑中国相对于其他国家的地位。目前，不包括中国、美国和欧盟（三大排放源）的排放量，如果所有其他国家都能依照IEA的“450情景”[③]加大投入力度，2030

① 假定中国人口到2030年达到14.7亿，与该研究的GDP中速增长情景（p52表3.5）使用的人口预测值一致。

② 如果我们采用较高的2030年全球基准值（2℃的“可能”机会）：42GTCO_2e（IPCC中间值），中国2030年14GT的排放量相当于可用碳空间的三分之一（如果中国2030年的排放量为16.5GT，则相当于可用碳空间的39%）。如果我们采用较低的2030年全球基准值：28GTCO_2e（IPCC第10个百分位值），中国2030年14GT的排放量相当于可用碳空间的50%（如果中国2030年的排放量为16.5GT，则相当于可用碳空间的59%）。

③ 关于将大气中的温室气体浓度控制在百万分之450的水平所需的减排量，与控制在2℃以内的50－50机会大体一致。注意：该情景下IEA采用的2030年总排放量数值为~38GT（可与我们的35GT相比）；因此，如果IEA采用35GT的基准值，则可假定所有其他国家（非美国、欧盟、中国）的合计值接近21GT（假定35/38的比例调整）。

年的总排放量将为 ~23GTCO_2e[①]。

在35GT的基准范围内，留给中国、美国和欧盟的合计数量为12GT（Boyd，2015）[②]。因此，即使美国和欧盟在2030年将排放量减至零（这显然不可能）[③]，留给中国的最大值将为12GT[④]。看起来，似乎全世界的排放量大体高于在2030年达到"2℃目标"所需的水平。

由于2030年的世界排放量水平可能高于"2℃目标"的要求，因此，要达到这一目标，我们还有很多工作要做。挑战在于限制要求的赶超量，并确保我们自身能够在2030年以后加速减排。在此背景下，上述分析的合理意义在于：如果世界进入2℃的通道，12GTCO_2e的数值应当被视为中国2030年排放量的上限值，而且从全球气候的视角看，设定一个低于10GTCO_2e（人均低于7吨）的目标可能更合理。即使实现后一目标也将意味着有必要在此后加大减排力度，需要认真规划。

中国领导人认为，"累计排放造成了这种不可原谅的后果"[⑤]，然而，从对排放的历史责任的角度来看，似乎不平等。这也是自"中国新气候经济学研究"工作开始以来，中国在最近12个月大幅加速一系列旨在限制排放和更普遍地采用中国新的发展模式的政策和投资实施进度的部分原因。的确，这就是中国变革的步伐，正如下文所述，不论是在政策制定还是在统计趋势方面，中国目前都已超越"中国新气候经济学

---

① 连同国际船用燃料油的排放量。

② 如果到2030年我们使用42GT的基准值，留给中、美、欧的基准值为19GT。如果使用28GT的基准值，留给中、美、欧的只有5GT。

③ 在目前的轨道上，依照最近公布的政策（欧盟40%的减排目标是到2030年降至1990年的水平以下；美国26%～28%的减排目标是到2025年降至2005年的水平），欧洲到2030年的排放量预计为3.2GT，美国预计为3.9GT（Boyd，2015）。为便于比较，IEA在其"450情景"中将2030年的13.1GT在美国、欧盟、中国之间做了如下分配：欧盟2.6GT、美国3.3GT、中国7.2GT。

④ 在5GT～19GT范围内，与2030年28～42GT排放量基准值范围对应。

⑤ Todd Stern引自美国国务院（2009年）。

研究”项目构建的“加速努力”的情景模型。

在此背景下，必须首先考虑中国近期的发展是否意味着排放量峰值可能会提前在2030年之前实现，而且排放量远低于一年前预测的水平，其中包含“中国新气候经济学研究”建模中预测的水平。其次要考虑，中国可采取的结构和技术能否在达到峰值后实现温室气体排放量加速减少的目标。

中国提前达到较低的温室气体排放量峰值的前景[①]

预测中国排放量峰值的手段之一是考虑化石燃料消耗的变化趋势。煤炭占中国一次能源消费量的2/3[②]，是中国温室气体排放的最大来源。

2014年，煤炭总产量和净出口量双双下降，但与2013年相比，煤炭库存量增长较快（新华社，2015a；新华社，2015b；CPNN，2015；NBS，2015）。鉴于影响发电行业与工业领域煤炭消耗量的政策趋势与结构趋势（GARNAUT，2014），我们认为，中国经济各部门的煤炭总使用量极有可能在2013年达到了最高峰值，并且已经开始结构性下降[③]。

过去十年，中国煤炭消耗的峰值估计已提前到来了。可是在12个月前，我们还认为中国煤炭消耗的峰值可能在2020年到来，当然，当

---

① 本节更长版本包含更详细的分析信息，可参见随附在线文件的附件二，该文件可从http：//www. lse. ac. uk/GranthamInstitute/获取。

② 据中国官方统计（NBS，2015），2014年能源消费量中煤炭所占的份额为66%。

③ 如果降雨量季节性波动导致水力发电量低于平均水平，那么必须增加燃煤电厂的发电量才能满足需求，2015年到2016年煤炭使用量可能会缓慢增长。然而，我们认为，由于这种周期性变动的存在，煤炭的使用量会达到峰值，因此，可以说这是达到“结构上”的峰值。参见MYLLYVIRTA（2015a；2015b）。此外，正如我们在后文中讨论的那样，一些与煤炭相关的潜在开发可能会在可预见的未来导致煤炭消费量增加，其中包含煤转气行业可能出现大规模扩张，因此，我们关于煤炭使用量峰值的结论是在这种新的开发不会大规模出现的假设基础之上得出的。

时这被认为是少数人的观点（Green 与 Stern，2014）。煤炭可能已经达到峰值是对中国经济模式以超常速度转变的判断结果，而且它充分体现了：①能源技术在不断进步、成本在迅速下降；②中国人逐渐认识到空气污染对健康的深远影响；③中国领导人致力于实施一系列旨在消除污染和应对气候变化的政策。

此外，煤炭消耗量峰值被视为一个衡量排放量峰值（至少是二氧化碳的排放量）的主要指标，可问题在于：能够领先多长时间？这不是一个可以精确预测的问题，需要我们做些假设。"中国新气候经济学研究"假定煤炭消耗量峰值与二氧化碳排放量峰值出现的时间相差十年。如果该假设成立，中国温室气体排放量的峰值预计会出现在 2023 年（假定我们对煤炭消耗量峰值出现在 2013 年的结论是正确的）。

然而，我们有理由认为，二氧化碳排放量峰值会更快到来。由于天然气在能源构成中所占的份额在不断增加（以及总能源消费量的继续增加），我们或许可以预期，来自天然气的二氧化碳排放量在未来十年还将继续上升。然而，来自煤炭的排放量大致是天然气的两倍，而且许多因素都有可能在 5～10 年（中期）内限制中国天然气继续扩张，也就是说，天然气的扩张不可能实质上延迟中国二氧化碳排放量峰值的出现时间。同样地，石油消费量的增长也不会。政府设定石油消费量的官方目标，而且石油消费量增长放缓的速度不太明显。Garnaut（2014，13～14）认为，中国运输行业的发展趋势以及与新的发展模式相关的中国经济结构大范围转型将对排放量峰值出现时间的合理预期锁定在 2020 年以前。

因此，我们认为，从总体上看，对煤炭峰值与二氧化碳峰值出现时间之间的滞后期长达十年的预期太高；中国二氧化碳排放量峰值出现的时间更有可能在煤炭消耗量峰值出现后的第五年，也就是说，如果我们关于煤炭消耗量峰值的假设成立，二氧化碳排放量峰值可能会在 2020

年（而非 2025 年）出现。目前看来，二氧化碳排放量峰值出现在 2030 年似乎不大可能。事实上，至少有一位分析师，基于本文截稿之前发布的中国 2014 年的数据与全球碳项目的历史数据的比较表示，来自化石燃料和水泥的二氧化碳排放量在 2014 年有所回落（Peters，2015 年在埃文斯的讨论）。

虽然有关温室气体排放的所有源和汇的深入分析工作需要我们增强对上述结论的信心[①]，我们同意 Garnaut（2014）的意见，该深入分析的工作可证实中国温室气体排放量峰值在 2020 年出现的可能性。新的发展模式下，中国的政策走向和趋势都表明该峰值将成为官方政策所要实现的一个重要目标，这一点确定无疑。

如果中国的排放量峰值在 2020 年左右出现，假定 2014 年的排放量约为 12 ~ 13GT 而且排放量增长迅速放缓，预计排放量的峰值水平在 12. 5 ~ 14GT 左右是合理的[②]。

峰值出现后加速减排[③]

中国排放量峰值出现后实现加速减排是完成全球减排任务的关键，也是实现中国长远发展利益的关键。实现空气质量、水资源安全和能源安全状况全面改善，通过提高生产率、清洁创新以及主导全球清洁货物和服务市场获得经济收益，都需要我们在未来几年加倍努力，确保排放量在峰值出现后大幅减少，这也是实现中国中期经济利益的关键（CCI-

---

① 中国的土地部门对非二氧化碳排放量变化趋势不太明确，而且出于本目的，我们未对这些趋势和排放量进行分析。

② 无法精确计算中国的排放量。主要数据库［包括 WRI（2014）和 IEA 的排放量数据库（IEA 2015）］对 2010 年排放量的估算值各不相同，相差大约 1GT，前者较低、后者较高。

③ 本节更长版本包含更详细的分析信息，可参见随附在线文件附件二，该文件可从 http：//www. lse. ac. uk/GranthamInstitute/获取。

CED，2014；GCEC，2014b；Green 与 Stern，2014；Teng 与 Jotzo，2014）。

然而，想要排放量在峰值出现后实现大幅下降对中国无疑是一项非常严峻的挑战，因为中国经济将继续增长，而且城市化也在继续。在城市、能源系统、创新方面需要我们齐心协力，也需要广泛的财政改革的支持。

1. 城市

城市形态以及城市交通基础设施是使用寿命超长的资产，这些资产将产生与土地的使用、交通运输、资源利用以及温室气体排放相关的长期“路径相关性”（Rode 与 Floater，2013；MGI，2009）。考虑到中国将在未来 10 ~ 15 年出现超常规的城市化现象[①]，中国今天乃至未来十年做出的城市规划决策、相关政策与投资选择都会产生有续的影响，并决定中国城市是否宜居宜业、是否具有吸引力和竞争力以及能源效率[②]。因此，中国的城市规划必须基于空间紧凑、中高密度城市形态、通过大运量公交系统实现紧密联系的模式，这一点至关重要（Rode 与 Floater，2013；GCEC，2014）[③]。亚特兰大和巴塞罗那两座人口与经济规模大体相同的城市之间的比较足以证明这一模式的强大力量：亚特兰大私家车

---

① 中国的城市人口预计将从 2013 年的 7 亿增加到 2020 年的 8.5 亿，到 21 世纪 20 年代晚期将达到 10 亿。世界银行（2015a；2015b）数据表明，2013 年，中国的城市人口占 13.6 亿的全国总人口的 53%。中国的城市化目标计划是在 2020 年城市人口占全国总人口的 60%（新华社，2014a），这就意味着，假定到 2020 年中国的总人口约为 14 亿，共有大约 8.5 亿城市居民。麦肯锡全球研究所（2009）预计中国城市人口将在 2025 年达到 9.26 亿。

② 随着气候变化影响的加剧、已经非常稀缺的资源（比如淡水）压力与日俱增、粮食生产受到影响、海平面上升、自然灾害形势日趋严峻，中国的城市建设对这些影响也会有足够的弹性。

③ 中国城市“以人为中心”的理念实现需要更深层次的规划元素（陈等人，2008；UCI2013 年）。对中国而言，这个词语的言外之意在于强调基本公共服务的供给，尤其是教育和医疗以及户口登记制度改革（新华社，2014a；CCCPC，2013）。

和公共交通工具的二氧化碳排放量为人均7.5吨；而巴塞罗那只有0.7吨（GCEC，2014）。

采用这种方式的城市化使得人们有必要改革城市层面的财政和政府治理体制改革，以便建立适当的激励与收入结构，促进这种城市开发模式及其配套的社会服务（Ahmad 与 Wang，2013；世界银行/DRC，2014；Green 与 Stern，2014）。

2. 能源体系转型

中国是否能够在排放量峰值出现后实现加速减排的另一个关键决定性因素是中国能源体系的能源效率和能源构成。交通运输、工业生产、建筑和电器相关的能源效率是中国转型过程中非常重要的组成部分，这一点将在附件三中进一步讨论①。下面我们主要关注中国的能源构成。

（1）非煤能源大幅增加

贯穿中国非煤能源大幅增加工作的一个关键主题是多样化。获得多样化非煤能源非常重要，这是因为：人们能够发现新能源的技术潜力和经济潜力；促进能源安全；体现不同能源和技术在综合能源体系内发挥的不同作用。因此，能源多样化对中国而言非常有价值，新能源不仅可以替代煤炭在发电量增量中的作用，而且还可取代目前使用的煤炭。因此，能源多痒化是一个旨在改善公共卫生、加速中国温室气体减排的重要政策目标。

在目前的非煤能源组合中，有些能源（比如天然气与水电）可能会在中期起到非常大的作用，但长期来看，其作用非常有限②。因此，如果煤炭被逐渐淘汰，必须加速发展其他可再生能源与核能。

① 相关附件可从 http：//www. lse. ac. uk/GranthamInstitute/获取。

② 从中期来看，水力发电的产能会因大坝选址不适当而受到限制。天然气也会因能源安全以及减少温室气体排放需求等受到限制。

近年来，中国的太阳能和风能以惊人的速度发展[①]，这是技术进步与成本降低成果，其中很重要一部分原因在于中国的生产和装机规模非常大（Stern，2015）。这些可再生能源以及其他可再生能源的技术发展速度非常快，如果政策环境有利（其中包含强烈需求方面的政策，比如上网电价补贴政策），可再生能源足以在未来几十年取代目前中国能源构成中数量日益增长的煤炭。

中国2030年核电产能的最新预测值在114GW～175GW之间[②]。要达到这些预测值，中国需要在2030年之前的15年内完成大约100GW～150GW的装机容量[③]。法国在1980～1987年的7年时间内完成了42GW的装机容量，美国也分两期（每期3～4年时间）完成了（30GW+）的装机容量（Yip，2014）[④]。中国正在大幅增加其核电产能，因为其经济体量与工业基础比20世纪80年代的美国和法国更大，而有长达20年的核电厂建设经验（Yip，2014）。因此，中国的远大目标似乎非常容易实现。

中国在这些新能源连续快速发展的进程中所面临的最大挑战在于，日益复杂的能源体系的管理（IEA，2014b）。尤其是，比例日增的间歇式风能和太阳能以及非可变的核电对电能的传输与存储以及电网稳定的严峻挑战。因此，这是中国乃至全世界必须高度关注的重点问题。

---

① 仅2013年中国太阳能光伏装机容量就已达到13GW，2014年又增加了10.6GW，2015年的目标是再增加15GW，超过现有产能的一半（Stanway，2015）。

② 该范围包含的中国2030年核电产能预测分别是：IEA（2014a、新的政策情景）——114GW；WNA（2015）——150GW；Wood Mckenzie（2014）——175GW。

③ 中国目前的核电产能为19GW，目标是到2020年增加到58GW的产能，届时，中国将再建设一座30GW的核电站（国务院，2014）。中国目前共有23座核反应堆在运行，26座在建，更多也将开始建设（WNA，2015）。

④ 美国1957～1996年间共完成112GW的核电装机容量，然而，这一总量值大部分来自一波又一波的密集部署：1972年到1976年的装机量达38GW；1984年到1987年的装机量达33GW；1972年到1987年的总装机量为93GW（Yip，2014）。

（2）限制新煤的使用、淘汰现有不合格的煤炭资源

考虑到煤炭对中国“新气候经济”各个方面构成的严峻威胁，中国完全有理由限制基于煤炭的新增能源和产业发展，尽快淘汰现有煤炭资源。

然而，对新增燃煤发电产能的投资长期迅猛增长，而现有燃煤电厂的发电量又在急剧下降。这些投资无疑正在产生巨大的过剩产能，这是因为，考虑到中国新发展模式下的政策走向和结构转型，其中大部分投资未投入使用①，而且在未来也不会被使用②。因此，除非有必要用这些新增产能来取代效率低下的原有产能③，否则，严格限制新建燃煤电厂的审批与建设是一项非常重要的经济目标，而不仅仅是一项至关重要的社会与环境目标。

此外，在中国欠发达地区，避免新增煤炭投资的假定同样是明智而可取的（投资应当用于当地电力的使用或用于通过特高压输电线路将电力输送到东部城市④）。考虑到从东部地区的发展中汲取的深刻教训，如果中国决定沿用旧的重工业模式发展这些地区，将是一件非常令人遗憾的事情。

中国正在考虑的第二种新的煤炭发展形式是在中西部产煤区建设大型煤转气设施，并向西部城市输出产生的合成天然气（SNG），用于燃气发电、供暖或工业生产（Slater，2014）。低污染的天然气发电厂将取

① 自2011年以来，燃煤发电产能的增长已超过燃煤发电量的增长；并且从此以后，燃煤发电产能的利用率一直在下降，2014年达到54%的超低点（Myllyvirta，2015b）。

② 国有企业对重工业投资的倒错激励以及从旧的增长模式中延续下来的相关投资做法是对煤炭行业持续投资的重要原因（Myllyvirta，2015b）。

③ 由于政府目前正在努力关闭效率低下的废旧产能，因此，GARNAUT（2014，9）假定每兆瓦时燃煤发电量消耗的煤量将继续以年均1%的速度下降。Mai与Feng（2013）认为，年均降幅为1.5%；中国“十二五”规划显示的年均降幅为0.6%。

④ 这是《中国空气污染防治行动计划》（国务院，2013）列出的三种减少东部地区空气污染的方案之一。相关分析见Slater（2014）。

代高污染的燃煤电厂，但会大幅增加合成天然气发电厂工业煤的消耗量和用水量，也会大幅增加最终消耗的能源和生命周期温室气体排放量，这是因为煤炭转化为天然气的过程是一个能量、水和温室气体高度密集排放的过程（Yang 与 Jackson，2013 年）①。2014 年 12 月，中国的新闻媒体报道，中国政府正在考虑在其“十三五”规划中通过一项旨在对新建煤转气设施不予核准的政策，从而在十年期结束时将以煤为基础的合成天然气产能限制在 150 亿立方米以内（刘，2014 年）。每年二氧化碳的排放量将限制在 67.5 公吨（刘，2014 年）。我们认为，这次紧急叫停与此处作为气候变化全球应对行动必要组成部分预期的煤炭与排放量先达到峰值、然后急剧下降的情景更加一致。

逐步淘汰煤炭势在必行，对中国而言，管理现有数量庞大的燃煤发电厂挑战巨大。中期在一定程度上可采取的方案是利用碳俘获与存储技术（CCS）减少燃煤电厂二氧化碳的排放量。碳俘获与存储技术在中国的试验与运用将在很大程度上决定这项技术大规模应用的潜能及其降低相关成本的潜能。但是，只有事实证明试验成功，煤炭才能保住（至少以缓解气候形势恶化为由②）。

即使重磅推出碳俘获与存储技术，中国也会面临与燃煤电厂相关的

---

① 来自杜克大学研究人员的最新研究以及《自然》公布的研究结果表明，发电使用的合成天然气的生命周期温室气体排放量比粉煤燃烧发电的排放量高出约 36% ~82%（Yang 与 Jackson，2013）。此外，研究还表明，与页岩气生产相比，合成天然气生产的生命周期温室气体排放量（即不包含下游的使用）要高出七倍，而合成天然气生产使用的水量高出 50 到 100 倍（Yang 与 Jackson，2013）。也可参见丁等人（2013）。

② CCS 涉及 10% ~25% 的“能量处罚”（取决于所运用的俘获技术）的事实（EEA，2011 年）意味着采用 CCS 的燃煤电厂与传统燃煤电厂相比，需要更多的燃煤、用水量，从而实现气候、能源安全与水安全目标之间的平衡（Green 与 Stern）。

“资产搁浅”[①] 的严峻挑战[②]。因此，中国所有利益相关方都必须认真做好相关分析和规划工作，实行适当的政策和做法，实现逐步有序淘汰，从而降低金融风险和社会影响，这些将非常重要（Caldecott 与 Robins，2014 年）。妥善管理转型是影响中国能否在达到峰值后加速减排的一项非常重要的政治与经济因素，需要尽早给予高度关注。

3. 清洁创新

中国排放量达到峰值后想实现加速减排需要在低碳、零碳、负碳能源创新方面付出巨大努力。这需要中国政府对其全创新链给予全方位的政策扶持与财政资助（Green 与 Stern，2014）。中国将在创新链中游起到非常重要的作用——因为中国具有减少排放量和降低成本的巨大潜能的技术示范与早期运用。中国国内市场的规模非常大，因此，在促进这些技术逐渐成熟方面，中国具有特殊的规模优势。此外，由于中国一直渴望成为零碳能源研发的领导者[③]，因此，中国需要创造这种创新所需的战略条件、制度环境、金融条件、管理条件和文化氛围（ZHI 等人，2013；曹等人，2013）。同时，不应该忽视规模更小的清洁创新方法，尤其是考虑到这些创新形式具有在其他发展中国家进行规模应用的潜能，比如电动自行车和太阳能热水器的迅猛发展就是一个具有启发意义的实证（TYFIELD 等人，2015）。

4. 碳征税

扩大资源税（尤其是对煤炭征税）会直接和间接促进中国各个方

① “搁浅资产”可被定义为“意外减值、过早减值、贬值或变为负债的资产”（Caldecott，2015 年）。

② 其在一定程度上会改变燃煤电厂热发电组件的用途，用于聚光太阳能热电厂，这将缓解资产搁浅的程度。

③ 中国公开声称的战略理想是通过“主要技术突破”与“产业升级”工程设计成为核技术生产与出口的“世界领导者”，这说明，中国对更先进的能源创新的欲望日益增长。

面的结构转型税收目的[①]。除的正常征税原因（比如增值税、企业税等）外，这也是清理整顿对煤炭资源违规征收费用以及加强对煤炭资源税集中管理的一项合理税收政策，至少在体现在以下几个方面：①对资源租金适当征税；②煤炭开采、运输和燃烧对当地环境和居民健康的影响；③全球气候影响（Ahmad 与 Wang，2013；CCICED，2014；Green 与 Stern，2014）。以这种方式对煤炭资源征税有许多极具吸引力的功能，比如降低复杂程度和管理成本（与对每一个部分分别征税以及排放量交易方案相比），这是因为，与企业层面获得的特定气体排放数据相比，政府更容易获取对煤炭征税所需的信息（Ahmad 与 Wang，2013）。就碳征税本身而言，实施和管理起来更迅速、更方便，从而减少“政府失灵”的可能性[②]。此外，更好地利用相关信息以及上游征税使得逃税变得更加困难（CCICED，2014 年）。

仅对煤中的碳含量征收的税款，即每吨二氧化碳 25 美元，正好低于50 美元，该税款将加到每公吨煤价中[③]。我们事先已举例说明该税项可能产生的潜在激励效应以及该税项可能增加的收入[④]。中国目前较低的煤炭价格以及减少煤炭使用的决定意味着，现在是实施碳征税措施的最佳时机。为了以一种公平有序的方式实现这一结构调整目标，改进其部分分配效果，开始的税率可能相对较低，然而逐年增加，其中有些收入可能用于帮助那些受到不利影响的群体（Green 与 Stern，2014 年）。

---

① 中国目前的煤炭税负非常轻（对煤炭征收的单位税率设定为每吨焦煤 8 ~ 20 元人民币），其他煤种的单位税率只有 0.3 ~ 5 元人民币（因此，未能在合理程度上对煤炭资源进行征税，更不用说用征税反映煤对人类健康、当地环境和气候的影响（CCICED，2014）。

② 这并不是否认引入该税种存在重大政治挑战。

③ 目前美国官方计算结果显示，碳价为每吨二氧化碳 37 美元（Greenstone 等人，2013）。但是，如 Stern（2013）所示，该计算值可能向下偏倚。

④ 见 Green 与 Stern（2014，第 4 部分）。IMF 后来也做了自己的分析，分析结论认为，每千兆焦耳 15 美元的煤炭税可使相关污染死亡人数减少 2/3，并可大幅减少二氧化碳排放量，同时增加的收入相当于中国 2010 年 GDP 的 7%（Parry 等人，2014，第 6 ~ 7 页）。

此外，与地方政府分税对于获得当地信息、确保地方政策法合规的很大作用，而且首先是促进改革①。此外，通过对煤炭资源征税（以及其他环境课税）增加的税收部分用于资助清洁创新的有效政策组合不仅可减少排放量，而且会促进经济增长（Aghion 等人，2014）②。

上述改革是更广泛的财政改革和价格改革的主要组成部分，其中可能包含交通拥堵费、物业税以及逐步取消能源价格管制——这将加速中国向新气候经济的转型（Ahmad 等人，2013；Ahmad 与 Wang，2013；CCICED，2014；Green 与 Stern，2014）。

结论：中国“新常态”的全球影响

本文所述中国“新常态”发展模式旨在创造一个特殊的机遇，在确保中国强劲、持续增长的同时，实现低碳环保、能源安全、污染减少的目标。

近年来通过制定政策日益强势引领的中国经济增长的趋势、结构与能源效率变化趋势以及中国能源供给构成的变化趋势已经使得中国在温室气体排放方面实现了彻底转变。因此，现在我们可以肯定地说，发电产生的煤炭使用量（一般而言）和二氧化碳排放量在中国已达到峰值（至少只要未来几年中国不再追求西部地区燃煤发电的大规模扩张和煤改气行业的大规模发展）。虽然我们对天然气消费量的变化趋势以及交通运输、工业、农业和其他渠道的排放量的变化趋势信心不足，但我们的分析结果仍然显示，中国的总排放量峰值更有可能出现在 2020 年，而非 2030 年。这表明中国在“2030 年左右”达到温室气体排放量峰值

① 感谢 Ehtisham Ahmad 帮助讨论此项改革的政治经济与行政管理方面的问题。

② 也可参见 Green 与 Stern［2014，第 3 部分（d）与第 4 部分］及其引用的参考文件。

的承诺应当被其他国家视为一个倾向于“少承诺、多践诺”的政府给出的相对比较保守的上限值。必须牢记，中国的许诺包含在2030年之前尽最大努力达到排放量峰值的含义，并且我们开始看到中国的最大努力取得了丰硕成果。

此外，本文还认为，不断进行的结构转型（尤其是城市和能源系统转型以及通过资源税改革和促进创新的扶持政策的转型）对于中国在达到峰值后实现空气污染和温室气体排放加速减少而言至关重要。

虽然本文重点关注中国“新气候经济”的国内转型，但该转型将在全世界范围内产生重大影响①，原因如下。

第一，中国地域辽阔、人口众多、经济规模庞大、能源使用和温室气体排放量都非常巨大，这就意味着中国将始终成为全球应对气候变化行动的关键参与者。

第二，中国被视为经济发展的榜样，因此，中国必然会影响许多发展中国家的经济增长模式。如果中国更早意识到煤炭和无效率规划的城市带来的阻碍，其发展无疑会大不一样。目前，中国有机会向其他国家展示其在如何促进“新气候经济”方面汲取的经验教训。

第三，中国影响富裕国家的政治策略。富裕国家对中国在减排方面已经采取的措施及其未来规划缺乏了解。富裕国家的评论家和官员过分强调中国的排放量，并将其作为这些国家行动迟缓的理由。中国向其他国家明确传达的不间断减排行动的有效案例可使这些声音安静下来，降低富裕国家为采取更强有力的气候应对行动的政治壁垒。

第四，中国在减少排放量、监管与直接节能措施合并、支持低碳能源（包含有助于降低可再生能源项目融资的资本成本的国家开发银行的

① 笔者将在2015年中国发展论坛的随附论文中讨论中国转型的国际影响（Boyd等人，2015）。

大规模投资）以及日益形成的碳定价等各个方面的做法堪称世界各国的楷模。此外，中国在低碳技术（其中包含太阳能光伏与风能相关技术）全球供应链方面起关键作用。中国低碳技术创新的规模与能力使其日益成为全球“新气候经济”的领导者。中国目前可能正在引领清洁创新之路。

通过这些不同影响渠道的作用，中国在应对气候变化方面的行动与任何其他国家相比，更能引导全球预期、市场和政策走向低碳经济。所以，中国的行动可能会与气候缓解和低碳技术开发方面日益宏伟的努力实现自我强化，促使其他国家采取更多行动并追加投资，反过来，也会降低清洁技术的成本、扩大清洁技术的市场，从而增加收益、降低中国实现转型的成本（Green 与 Stern，2014）。最终，这种增长的势头可能会激发清洁能源投资、创新与增长的大浪潮——新能源工业革命（Stern，2015）。

这是驱动中长期可持续的中国国内增长和全球增长的唯一发动机，钥匙就掌握在中国手中。

参考文献

[1] Aghion, P., C. Hepburn, A. Teytelboym and D. Zenghelis. 2014. “Path – Dependency, Innovation and the Economics of Climate Change”. Policy Paper. Centre for Climate Change Economics and Policy, Grantham Research Institute on Climate Change & the Environment, and New Climate Economy. http://static.newclimateeconomy.report/wp – content/uploads/2014/11/Path – dependence – and – econ – of – change.pdf

[2] Ahmad, Ehtisham and Wang Zhikai, 2013. “PR China: Fiscal Reforms for Sustainable Structural Change” (unpublished monograph)

[3] Ahmad, Ehtisham, James Rydge and Nicholas Stern, 2013. “Structural Change Drives Tax Reform Drives Structural Change”. Paper for the China Development Forum. March 2013

[4] Boyd, Rodney. 2015. “Emissions scenarios to 2030”. Policy Paper. Centre for Climate Change Economics and Policy and Grantham Research Institute on Climate Change and the Environment

[5] Boyd, Rodney, Fergus Green and Nicholas Stern. 2015. "The Road to Paris and Beyond: International Climate Cooperation and the Role of China". Policy Paper. Centre for Climate Change Economics and Policy and Grantham Research Institute on Climate Change and the Environment

[6] Caldecott, Ben. "Stranded Assets Programme: Introduction". Smith School of Enterprise and the Environment, University of Oxford. http://www.smithschool.ox.ac.uk/research-programmes/stranded-assets/

[7] Caldecott, Ben and Nick Robins. 2015. "China's Financial Markets: The Risks and Opportunities of Stranded Assets". Briefing Paper. Smith School of Enterprise and the Environment, University of Oxford

[8] Cao, Cong, Ning Li, Xia Li and Li Liu. 2013. "Reforming China's S&T System". Science 341 (6145): 460-462

[9] Central Committee of the Communist Party of China [CCCPC]. 2013. "Decision on Major Issues Concerning Comprehensively Deepening Reforms". 15 November 2013. http://news.xinhuanet.com/politics/2013-11/15/c_118164235.htm. English Version available at: http://english.people.com.cn/90785/8525422.html

[10] Chen, Haiyan, Beisi Jia and S. S. Y. Lau. 2008. "Sustainable urban form for Chinese compact cities: Challenges of a rapid urbanized economy". Habitat International 32: 28-40

[11] Chen, Stephen. 2014. "China plans to be world leader in nuclear power by 2020". South China Morning Post. 14 September 2014. http://www.scmp.com/news/china/article/1591984/china-plans-be-world-leader-nuclear-power-2020? page=all

[12] China Council for International Cooperation on Environment and Development [CCICED]. 2015. "Evaluation and Prospects for a Green Transition Process in China". CCICED Task Force Report. http://www.cciced.net/encciced/event/AGM_1/AGM2014/download/201411/P020141117556813567008.pdf

[13] CPNN. 2015. "In 2014 China's Total Energy Consumption Grew by only 2.2%; Energy Intensity Fell 4.8%". CPNN [China Electric Power News Network]. 21 January 2015. http://www.cpnn.com.cn/zdzgtt/201501/t20150121_778878.html [in Chinese]

[14] Ding Yanjun, Han Weijian, Chai Qinhu, Yang Shuhong, and Shen Wei. 2013. "Coal-based synthetic natural gas (SNG): A solution to China's energy security and CO_2 reduction?" Energy Policy 55: 445~453

[15] Energy Information Administration (US) [EIA]. 2013. International Energy Outlook 2013

[16] European Environment Agency [EEA]. 2011. "Air pollution impacts from carbon capture and storage (CCS)". EEA Technical report No 14/2011. Copenhagen: EEA. http://

www. eea. europa. eu/publications/carbon – capture – and – storage

[17] Evans, Simon. 2015. "Official data confirms Chinese coal use fell in 2014". Carbon Brief. 25 February 2015. http://www. carbonbrief. org/blog/2015/02/official – data – confirms – chinese – coal – use – fell – in – 2014/

[18] Garnaut, Ross. 2014. "China's Role in Global Climate Change Mitigation". China and World Economy 22 (5): 2 ~ 18

[19] Garnaut, R., L. Song and F. Cai. 2014. "Reform and China's Long – Term Growth and Development". In L. Song, R. Garnaut and F. Cai (Eds.) Deepening Reform for China's Long – Term Growth and Development. Canberra: Australian National University E – Press. 3 ~ 26

[20] Global Commission on the Economy and Climate [GCEC]. 2015. New Climate Economy Technical Note: Emission Reduction Potential

[21] Global Commission on the Economy and Climate [GCEC]. 2014a. Better Growth Better Climate: The New Climate Economy Report. Washington, D. C.: World Resources Institute

[22] Global Commission on the Economy and Climate [GCEC]. 2014b. China and the New Climate Economy. Beijing: Tsinghua University

[23] Green, Fergus and Nicholas Stern. "An Innovative and Sustainable Growth Path for China: A Critical Decade". Policy Paper. Centre for Climate Change Economics and Policy and Grantham Research Institute on Climate Change and the Environment. May 2014. http://www. lse. ac. uk/GranthamInstitute/publication/an – innovative – and – sustainable – growth – path – for – china – a – critical – decade/

[24] Greenstone, Michael, Elizabeth Kopitsy and Ann Wolverton. 2013. "Developing a Social Cost of Carbon for US Regulatory Analysis: A Methodology and Interpretation". Review of Environmental Economics and Policy 7 (1): 23 ~ 46

[25] Intergovernmental Panel on Climate Change [IPCC]. 2014. "Summary for Policymakers" in Climate Change 2014: Mitigation of Climate Change. Contribution of Working Group Ⅲ to the Fifth Assessment Report of the Intergovernmental Panel on Climate Change. O. Edenhofer, R. Pichs – Madruga, Y. Sokona, E. Farahani, S. Kadner, et al. (eds.). Cambridge: Cambridge University Press

[26] International Energy Agency [IEA]. 2015. Emissions database. Available at: http://data. iea. org/

[27] International Energy Agency [IEA]. 2014a. World Energy Outlook 2014. Paris: OECD

[28] International Energy Agency [IEA]. 2014b. Renewable Energy Market Analysis and Forecasts to 2020: Medium – Term Market Report 2014. Paris: OECD

[29] Liu, Coco. 2014. "China plans major slowdown of new coal – to – gas projects in bid to cut emissions". ClimateWire. 17 December 2014 http://www.eenews.net/climatewire/stories/1060010694

[30] Mai, Yinhua and Shanghao, Feng. 2013. "Increasing China's Coal – fired Power Generation efficiency: The Impact on Carbon Intensity and the Broader Chinese Economy to 2020". Paper to State Information Centre and National Development and Reform Commission Workshop, Beijing

[31] McKinsey Global Institute [MGI]. 2009. "Preparing for China's Urban Billion". McKinsey & Company

[32] Myllyvirta, Lauri. 2015a. "China's coal consumption fell in 2014". Energy Desk. 26 January 2015. http://energydesk.greenpeace.org/2015/01/26/official – chinas – coal – consumption – fell – 2014/

[33] Myllyvirta, Lauri. 2015b. "Comment: New coal power plants in China — a (carbon) bubble waiting to burst". Energy Desk. 23 February 2015. http://energydesk.greenpeace.org/2015/02/23/comment – new – coal – power – plants – china – carbon – bubble – waiting – burst/

[34] National Bureau of Statistics (China). 2015. Statistical Communiqué of the People's Republic of China on the 2014 National Economic and Social Development National Bureau of Statistics of China. http://www.stats.gov.cn/english/PressRelease/201502/t20150228_687439.html

[35] Parry, I., D. Heine, E. Lis and S. Li. 2014. Getting Energy Prices Right: From Principle to Practice. Washington, D.C.: IMF. Summary for Policymakers available at http://www.imf.org/external/np/fad/environ/pdf/c1.pdf

[36] Rode, Philipp and Graham Floater, 2013. Going Green: How cities are leading the next economy. London: LSE Library Services, London School of Economics and Political Science

[37] Shealy, Malcolm and James P. Dorian. 2010. "Growing Chinese coal use: Dramatic resource and environmental implications". Energy Policy 38: 2116 ~ 2122

[38] Slater, Huw. 2014. "Insights: China's 'War on Pollution' and its impact on climate change mitigation". China Carbon Forum. http://www.chinacarbon.info/wp – content/uploads/2014/11/CCF – Insights_ September – 2014.pdf

[39] Stanway, David. "China's solar power capacity rises 60 pct to 28 GW in 2014". Reuters. 16 February 2015. http://af.reuters.com/article/commoditiesNews/idAFL4N0VQ1XS20150216

[40] State Council of the People's Republic of China. 2014. "Energy Development Strategic Action Plan (2014 – 2020)". http://www.gov.cn/zhengce/content/2014 – 11/19/content_9222.htm [in mandarin]

[41] State Council of the People's Republic of China. 2013. "Air Pollution Prevention and Control

Plan"

[42] Stern, Nicholas. 2015 (forthcoming). Why are We Waiting? The Logic, Urgency, and Promise of Tackling Climate Change. London: MIT Press

[43] Stern, Nicholas. 2014. "Growth, Climate and Collaboration: Towards Agreement in Paris 2015". Lecture at Sciences Po, Paris, 6 November 2014

[44] Stern, Nicholas. 2013. "The Structure of Economic Modeling of the Potential Impacts of Climate Change: Grafting Gross Underestimation of Risk onto Already Narrow Science Models". Journal of Economic Literature 51 (3): 838 - 859

[45] Teng Fei and Frank Jotzo. 2014. "Reaping the Economic Benefits of Decarbonization for China". China and the World Economy 22 (5): 37 ~ 54

[46] Tyfield, David, Adrian Ely and Sam Geall. 2015 (forthcoming). "Low Carbon Innovation in China: From overlooked opportunities and Challenges to transitions in power relations and practices". Sustainable Development

[47] Urban China Initiative (UCI), 2013. "China Needs More People - Centered Compact Cities". http://www.urbanchinainitiative.org/china - needs - more - people - centered - compact - cities/

[48] US Department of State. 2009. "Dialogue on U. S. - China Partnership on Clean Energy". Remarks by Hillary Rodham Clinton, Secretary of State, with Special Envoy for Climate Change Todd Stern and President of GE Energy China Jack Wen. Taiyang Gong Power Plant, Beijing, China. 21 February 2009. http://www.state.gov/secretary/20092013clinton/rm/2009a/02/119433.htm

[49] Whitehouse, The (US). 2014. "Fact Sheet: U. S. - China Joint Announcement on Climate Change and Clean Energy Cooperation". Office the Press Secretary. http://www.whitehouse.gov/the - press - office/2014/11/11/fact - sheet - us - china - joint - announcement - climate - change - and - clean - energy - c

[50] Wood MacKenzie. 2014. "China to Fall Short of 2030 Nuclear Power Targets". News Release. 27 April 2014. http://www.woodmac.com/public/media - centre/12058383

[51] World Bank. 2015a. World Development Indicators (Urban population (% of total). http://data.worldbank.org/indicator/SP.URB.TOTL.IN.ZS

[52] World Bank. 2015b. World Development Indicators (China). http://data.worldbank.org/country/china

[53] World Bank. 2014. Global Economic Prospects: Regional Outlooks — East Asia and Pacific (Country Forecasts: China). http://www.worldbank.org/en/publication/global - economic - prospects/regional - outlooks/eap#5

[54] World Bank and Development Research Centre of the State Council, People's Republic of China [DRC]. 2013. China 2030: Building a Modern, Harmonious, and Creative Society. Washington, D. C.: World Bank

[55] World Nuclear Association [WNA]. 2015. "Nuclear Power in China". http://www.world-nuclear.org/info/Country-Profiles/Countries-A-F/China--Nuclear-Power/

[56] World Resources Institute [WRI]. 2014. Climate Analysis Indicators Tool (CAIT) 2.0. http://cait2.wri.org/

[57] Xinhua. 2015a. "News Analysis: China's coal industry freezes over". Xinhua English News. 25 January 2015. http://news.xinhuanet.com/english/indepth/2015-01/25/c_133945656.htm

[58] Xinhua 2015b. "China's coal production appears to have fallen for the first time since 2000". Xinhua. 23 January 2015. http://news.xinhuanet.com/fortune/2015-01/23/c_1114112421.htm [in mandarin]

[59] Xinhua 2014a. "China unveils landmark urbanization plan". Xinhua English News. 16 March 2014. http://news.xinhuanet.com/english/china/2014-03/16/c_133190495.htm

[60] Xinhua 2014b. "China, U. S. announce ambitious climate change goals". 12 November 2014. http://news.xinhuanet.com/english/china/2014-11/12/c_133785099.htm

[61] Yang, Chi-Jen and Robert B. Jackson. 2013. "China's synthetic natural gas revolution". Nature Climate Change 3: 852~854

[62] Yip, Arthur. 2014. "US-China Climate Deal Underscores Need for Substantial Energy Innovation". The Breakthrough Institute. 9 December 2014. http://thebreakthrough.org/index.php/issues/decarbonization/us-china-climate-deal-underscores-need-for-substantial-energy-innovation

[63] Zhang Gaoli. 2014. "Comprehensively deepen reforms to promote sustainable and healthy development of the economy and society". Speech at the 15th China Development Forum. 23 March 2014. http://cpc.people.com.cn/n/2014/0324/c64094-24714056.html [in mandarin]

[64] Zhi, Qiang, Jun Su, Peng Ru, and Laura Diaz Anadon. 2013. "The Evolution of China's National Energy RD&D Programs: The Role of Scientists in Science and Technology Decision Making". Energy Policy 61: 1568~1585

防治大气污染，减少 CO_2 排放

——探寻一切可能的优化电力供给结构

西门子股份公司

中国能源消费现状

能源是每个社会发展的根本前提之一。对于一个社会而言，能源系统——特别是电力——的可靠性直接决定着经济的发展，进而造成了国家与国家之间、地区与地区之间经济水平的显著差异。从中长期来看，电力需求在工业化国家预计将保持不变，而在多个新兴国家则会出现急速飙升。而要获得经济又环保的电力，还有许多问题亟待解决。

中国的人口超过 13 亿，是全球人口最多的国家之一。

众多的人口和大规模的经济发展让中国成为了一个耗能大户[①]。从绝对数来看，中国是目前最大的能源消费国，且对能源的需求将会随着经济的增长而不断飙升。为迎接这一挑战，中国需要获得经济实惠、数量庞大的能源供给。同时，为确保能源安全，中国必须在不增加能源进口依赖性的前提下满足这一需求。

据《中国矿产资源报告》（2014）统计，2013 年中国的能源自给程度高达 90.7%，主要依靠的是庞大的煤炭储量（见图 1）。中国主要依

① 世界银行（2013b）。

赖煤发电造成了二氧化碳排放量居高不下，因此也成为世界上最大的二氧化碳排放国。中国政府已经意识到这一问题，并正在采取各种措施进行减排。从中国的排放量数据来看，近一半都源自电力行业。鉴于这种情况，中国可采取以下措施减少二氧化碳排放量：对日益老化、效率低下的发电厂进行现代化改建，加快高效燃气电厂的建设，以及进一步发展可再生能源等非化石能源。

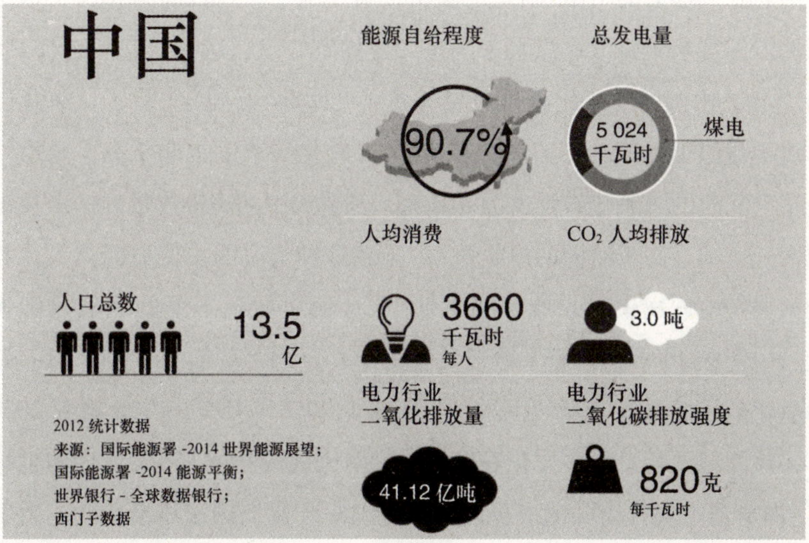

图 1

据国际能源署发布的 2014 年能源信息显示，在电力方面，从装机容量来看，到 2012 年中国总的装机容量为 1200GW。从发电量来看，2012 年总发电量为 5024TWh。

从输配电来看，输配损耗为 6.62%，电网长度为 10.5 万公里，电网密度为 1.1 公里/平方公里。从消费来看，最终消费电量为 4985 太瓦时，强度为 960 千瓦时/1000 美元 GDP，人均消费 3660 千瓦时/人。从可持续消费来看，二氧化碳排放量为 822900 万吨，电力行业所占份额为 411200 万吨，电力行业的二氧化碳排放强度为 820 克/千瓦时。

新的展望和挑战

1. 展望

(1) 经济和可持续性展望

就 GDP 而言，中国是世界第二大经济体[①]。从 1979 年到 2014 年，中国通胀调整后的 GDP 年均增长率接近 10%[②]。到目前为止，中国增长的能源需求主要依靠煤炭来满足，这导致二氧化碳排放量不断升高。2012 年，中国的二氧化碳排放量超过了 822000 万吨[③]。除了二氧化碳排放绝对值很高外，中国的单位 GDP 二氧化碳浓度也非常高。电力行业每千瓦时的二氧化碳强度为 820 克，是造成中国高排放量的一个关键因素，这明显高于欧洲的单位值[④]。导致这种情况的主要原因是大多数的火力发电厂规模小、效率相对低下[⑤]。面对居高不下的二氧化碳强度，中国在 2009 年“哥本哈根气候变化大会”上宣布将把单位 GDP 的二氧化碳排放量在 2005 年的水平上减少 40% ~45%，并计划到 2020 年，将能源消耗总量中非化石燃料的使用比例提升至 15%[⑥]。中国也是“亚洲清洁空气行动”的成员国，该组织呼吁亚洲国家积极行动，力争 2016 年达到世界卫生组织设定的“国家环境空气质量标准”中期目标[⑦]。为完成这一远大目标，中国在目前的“十二五”规划中提出到 2015 年，要将单位 GDP 的二氧化碳排放量减少 17%，将非化石燃料的占比从 8.4% 增至 11.4%[⑧]。按照这些计划，电力行业最近十年的投资

---

① 世界银行（2013b）。

② 莫里森（2013），第 1 页。

③④ 国际能源署（2014b）。

⑤ 西门子（2008）。

⑥ 达努奇（2010），第 1 页。

⑦ 亚洲清洁空气中心（2013），第 3 页。

⑧ 毕马威（2011），第 1 页；登特（2012），第 8 页。

额大约将会达到1.8万亿美元，其中包括2011年至2015年的大约为8500亿美元[①]。然而，鉴于中国日益增长的能源需求，这些目标可能不足以满足“哥本哈根气候变化大会”和“亚洲清洁空气行动”设定的长期目标。

（2）一次能源展望

中国采取的行动对于世界尤为重要，因为其能源需求在2012年已占到全球总量的22%（2909百万吨油当量），是全球最大的能源消费国。其中，煤炭在中国一次能源结构中所占份额最大，为68%，石油为16%，但天然气只有4%[②]。天然气在能源结构中的比重十分有限，与中国拥有世界上最大的技术上可采页岩气的储量形成了鲜明对比。据目前的研究估计，中国的页岩气总储量已超过30万亿立方米[③]。在中国的能源结构中，尽管天然气可能成为一种越来越重要的替代煤炭的能源，但煤炭预计仍是占主导的一次能源。

（3）电力展望

在中国，煤炭也是发电的主要原料。2012年，中国燃煤电厂占到了总装机容量的66%左右，生产了约76%的电力[④]。为减少对煤炭的依赖，降低电力行业的二氧化碳强度，中国计划到2030年将煤炭的发电量降至56%左右。与此同时，天然气和可再生能源等其他发电能源的所占比例也会相应增加。

2012年，天然气仅占中国发电量的2%。到2030年，天然气有望占到总发电量的7%[⑤]。此外，其他国家的页岩气储量勘探在最近取得了较大进展，这也能促进中国增加燃气发电的份额。

除了天然气，中国资源潜力丰厚，因此也能依靠其他能源来实现电

① 毕马威（2011）（注：转换率为1人民币=0.16美元）。

②④⑤ 国际能源署（2014b）。

③ 美国能源信息署（2013e），第22页。

力结构的多元化。中国已投入巨资建设水电站，目前正在挖掘的水电潜能占到此类能源资源的40%[①]。由于水电资源距离主要消费中心较远，开发这一主要资源的前提是架设高压直流输电线路。

在中国，风能和太阳能对发电总量的贡献份额仍然非常小。然而在过去几年，可再生能源的利用已有了飞速的发展。风电机组和太阳能电池板的制造已成为中国经济的重要行业，除满足国内需求外还出口至国外。电网基础设施薄弱曾经限制了风力发电的发展，因此可再生能源在未来的发展要与电网基础设施的扩展同步进行。如今中国建立这样的基础设施能将损耗控制在7%以下，可与欧洲相媲美[②]。这意味着中国将能够很好地解决基础设施所带来的挑战。

2. 挑战

持续、快速增长的中国经济对电力行业提出了重大挑战，中国需要提供足够的电力来满足主要消费中心的需求。据专家估计，到2030年，中国的总发电装机容量将超过2500吉瓦，接近2014年电站装机容量（约1360吉瓦）的两倍[③]。这些增长既不能提高进口的依赖性，又要满足公布的二氧化碳强度目标，因此中国需要更加有效地利用现有资源，增加其他常规及非常规资源的发电比重。

（1）页岩气资源发展

根据中国天然气发展的宏伟目标，到2015年，其天然气的利用量要在2011年的水平上大幅提高，保守估计也超过每年2000亿立方米，相当于全球天然气需求预期增长的近30%。这样来说，中国将能消化中亚全部液化天然气供应增长量，以及全球增长量的30%左右[④]。在中

① 国际能源署（2012b）；迈森，霍金斯，第4页。

② 国际能源署（2012e），第11页、第101页。

③ 中国电力企业联合会（2014）。

④ 国际能源署（2013b）。

国，国内的常规天然气生产虽然取得了可喜的进步，但对发电总量的增长贡献甚微。

通过开采中国丰富的页岩气资源，将能取得更显著的能源转变。这需要进一步的研究将国际先进的钻井技术用于中国的地质条件。通过与荷兰皇家壳牌和雪佛龙等国际天然气生产商合作，中国石油天然气集团公司在勘探国内页岩气储量方面取得了快速进展。不过，中国还需五到十年的时间才能实现页岩气的商业化开采。因此为提升可持续性，发电厂的“以气代煤”在短期内还需要靠火电厂发电效率的提升来支撑①。

（2）效率提升的巨大潜能

2013年全国600兆瓦及以上火电厂供电标准煤耗为321克标准煤，效率接近38%，已基本达到欧洲平均水平②。然而与此同时，我国仍有超过50%的燃煤电厂低于600兆瓦，采用的还是发电效率较低的亚临界技术，而超临界的大型电厂效率可达45%③。为提高发电领域的平均效率，中国需要关停规模小、效率低的发电厂，并加大对高效技术的投资。即使这样，中国仍可能无法实现二氧化碳强度降低的目标。因此，为进一步降低排放、实现多元化的发电结构，中国还需要提高可再生能源、天然气及核能发电厂的占比。

（3）资源富足地区和需求中心之间的供需不匹配

为发挥可再生能源的潜力，中国还需加大对输电基础设施的投入。连接资源富足地区和主要需求中心的基础设施较为薄弱。中国的主要电力消费中心坐落在东部，而大部分的潜在的风能是在北方。

虽然“十二五”规划已制定了宏大的可再生能源发展目标，但仍

① 美国能源信息署（201e）；国际能源署（2013b）；世界观察研究所（2011）。

② 国家能源局（2014）。

③ 弗里德利等（2012），第60页。

无法满足电力需求的巨大增长。可持续性要想更上一层楼，还需采取更多的措施。电力行业通过以下方案，可实现更大的发展潜力，以下的方案证明了电力行业的巨大潜能。

3. 建议的优化方案

西门子认为，通过以下方案，中国的电力行业既能增强电力可持续性，又能确保电力供应的经济性和可靠性，从而满足能源三角形的各个目标。这些方案介绍了通过实施相关措施可实现的经济和环境效益。第一种方案探讨了提高燃煤电厂的效率，第二种研究了在效率低下的燃煤电厂实行“煤转气”，第三种探讨的是可再生能源的扩张。

（1）将现有的小型燃煤电厂改建为超临界的大型燃煤电厂

由于电力需求将在未来几十年出现大幅增长，燃煤电厂效率的提升将会对能源三角形产生重大而积极的影响。用更高效的超临界大型发电厂替代现有的低效燃煤发电厂，就可实现这一点。对这种方案的估算如下：

①2030 年前，加速高效超临界大型燃煤电厂对低效燃煤电厂（约 30% 的燃煤电厂装机容量）的替代。

2012 年，在燃煤发电总装机容量中，中国的超临界大型发电厂的占比还不到 10%，而低效发电厂（容量低于 600 兆瓦）的份额却超过一半[①]。利用低效率发电厂发电，不仅消耗了过多的能源资源，而且还造成了二氧化碳的过量排放。作为一种基准，本方案假定加快最低效燃煤电厂的关停（将占到燃煤电厂装机容量的 30% 左右），将它们替换为更高效的燃煤电厂。这将有助于提高发电的总体效率、降低电力价格和煤耗，从而减少二氧化碳的排放量。

②二氧化碳排放量将减少 39000 万吨。

---

① 西门子（2014）。

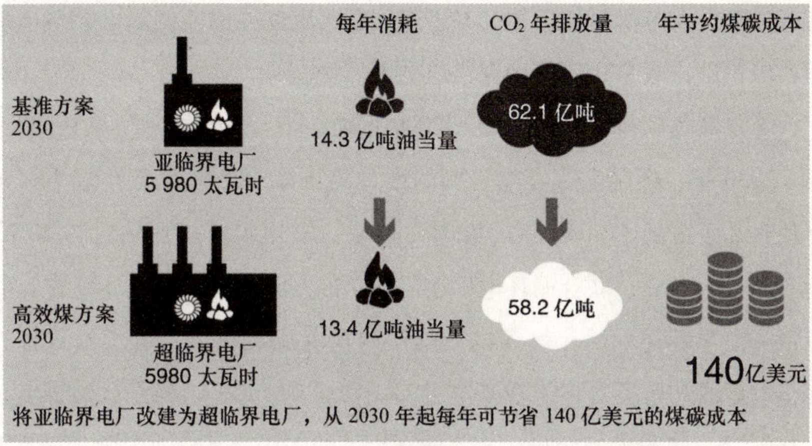

图 2

实施相应措施后，2030 年的二氧化碳排放量将有望减少 39000 万吨左右，从而压低二氧化碳的排放强度。在本方案中，虽然新型燃煤电厂的建设将需要大约 400 亿美元的初始投资，但煤炭消费量每年将会下降约 90 百万吨油当量，每年的燃油成本将由此减少约 140 亿美元。这种方案的投资回收期很快，而且也是电力行业降低二氧化碳强度最简单的方法。但是，它可能不足以实现二氧化碳强度的控制目标。

除了这种方案，还可将效率低下的燃煤电厂改建为更高效的燃气电厂，二氧化碳强度的下降幅度将更加显著。

（2）将现有的燃煤电厂改建为燃气联合循环电厂

此方案假设中国天然气供应的增加将有助于低效燃煤发电厂向燃气联合循环电厂迁移，而后者的发电效率最高可提升 20 个百分点以上。对这种方案的估算如下：

①到 2030 年，将低效燃煤电厂（约 30% 的燃煤电厂装机容量）改建为高效率的燃气联合循环电厂。

将 30% 的低效燃煤电厂改建为燃气发电厂，预计将能减少 1790 太瓦时的煤电。而这些减少的煤电将会由燃气代替。如果页岩气开采技术日趋成熟，发电所需的天然气并不是问题。因此不但能使降低燃气电厂的二氧化碳排放量，还能确保供应的可靠性。

②二氧化碳排放量将减少 132000 万吨。

2030 年，燃气电厂发电份额的增加将可减少二氧化碳排放 132 千万吨，几乎占到了 2030 年国家电力行业二氧化碳排放预估量的 20%。为实现这一目标，联合循环电厂还需在基准方案上增加大约 340 吉瓦的容量。由于燃气电厂比燃煤电厂的初始投资成本更低，若实施这种方案，电厂的初始投资将能在基准方案上降低约 1200 亿美元。如果实行“煤转气”，煤炭的消耗量每年将能减少大约 230 百万吨油当量，这几乎相当于整个韩国的一次能源需求。虽然每年的天然气燃料成本会比预案高出约 260 亿美元，但如果届时每吨二氧化碳排放的价格在 20 美元左右，这种方案在经济上仍然是非常可靠的。

中国要想进一步减少煤炭消耗和二氧化碳排放量，还可通过增加可再生能源发电量的措施来作为前两种方案的补充。

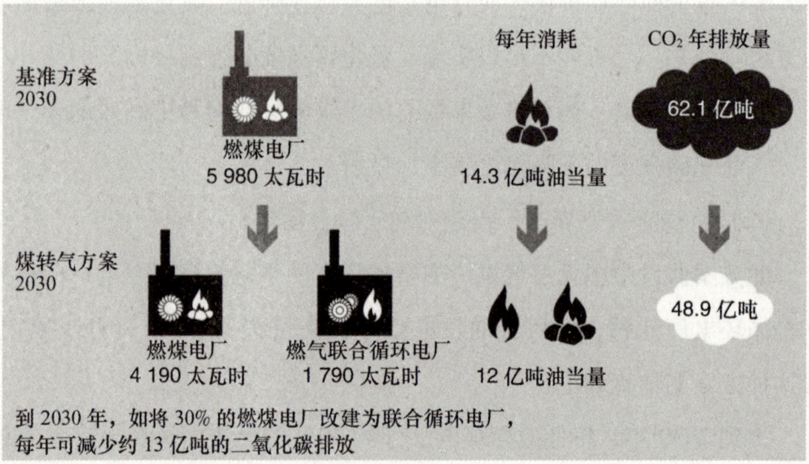

图 3

（3）扩大可再生能源的发电份额

从目前的发展趋势来看，到 2030 年，中国发电结构中的可再生能源（不含水电）预期将占11%[1]。不过，中国可进一步提升其可再生能源的发电占比，特别是风能和太阳能。到2020年，中国陆上风电的价格预计将与煤电持平（不考虑输电成本）[2]。因此，本方案专门针对风能和太阳能的发展展开探讨。不过在混合发电中，其他可再生能源的份额也有望增长。对这种方案的估算如下：

①到2030年，将发电结构中可再生能源的份额增加至30%（不含水电）。

在这种方案下，煤炭发电到2030年预计将大约减少2200太瓦时，其份额在全国发电总量中的占比将降至40%左右。这将需要570吉瓦的风电和大约500吉瓦的太阳能光电作为替代。约1840太瓦时的电力将来自风力发电，其他可再生能源（非水电）将提供1060太瓦时。

②二氧化碳排放量将减少216千万吨。

2030年，随着可再生能源占比的增加，二氧化碳排放量将会减少35%，即216000万吨左右。减少的排放量接近欧洲2012年总发电排放量的近两倍。尽管这种方案将需要大约12.9千亿美元的额外投资，但煤炭消费量的下降每年将可节约成本约800亿美元。此外，按照每吨20美元的二氧化碳排放价格计算，每年还可节省约400亿美元的二氧化碳排放税，从而加快了投资回报。

4. 其他机会成本

除上述优点外，实施这些方案也能在创造更多的就业机会的同时提高GDP。不实施这些方案，则需要承担相应的机会成本。

（1）发电产业减少煤炭的消耗，可减少污染，降低相关成本

在上述三种方案中，二氧化碳排放量和污染程度都将有所减少。空

---

① 西门子数据。

② 国际能源署（2011a），第23页。

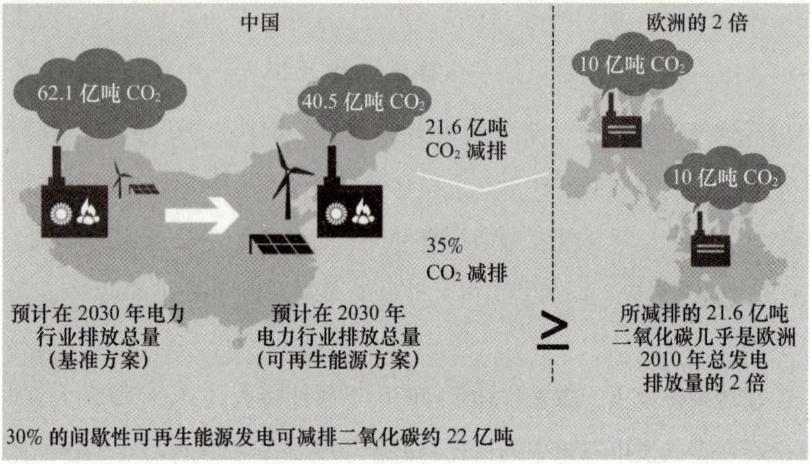

图 4

气和水污染对于医疗保健支出、农业产出和污水处理成本的影响极大。目前，中国的污染成本约为 GDP 的 5.8%。通过实施以上方案可降低此类成本。到 2030 年，中国的 GDP（购买力平价）预计将会达到 30 万亿美元。2030 年的污染成本每降低 1%，GDP 就可增加 180 亿美元。

（2）投资可再生能源可创造更多的就业机会

对可再生能源的投资不仅能够减少污染，而且通过提高制造能力，对 GDP 产生积极影响。这反过来会带动出口增长，提高资本形成并创造就业机会。据估计，风力发电每增加 1 兆瓦，就能创造出 15 个工作岗位，而增加 1 兆瓦的太阳能光电可创造大约 50 个就业机会①。此外，大力发展国内的可再生能源产业，还有利于改善中国的贸易平衡，减少能源进口，从而提升 GDP。根据以上假设的方案，可再生能源每年增长 1% ~2%，全年 GDP 就会增加 0.1 ~0.2 个百分点。

（3）实现可持续增长的同时减少二氧化碳排放强度

考虑到二氧化碳排放、能源安全和 GDP 等诸多受益因素，中国实

① 国际能源署（2011b），第 27 页；伦纳等（2008），第 114 页。

施以上方案不仅能实现目前的二氧化碳强度目标，而且还会得到更多的收获。在第一种方案中，用更高效率的发电厂代替低效电厂，其需要的投资少，而且最容易实现。不过，若实施“煤转气”方案，则能实现更大的减排量。除了这两种方案，还应考虑增加可再生能源的发电份额。这些方案的实施将有助于中国建立更高效、更清洁的发电产业，为经济的不断增长提供支持。

第六篇

健康铸未来

礼来制药

辉瑞有限公司

诺华集团

西门子股份公司

雅培公司

应对非传染性疾病对中国的影响：以医疗创新投入护航人力资本

礼来制药

引　言

包括中国在内的世界各国正面临人口老龄化和非传染性疾病的共同影响对其人力资本带来的严峻挑战。最近亚太经合组织（APEC）工商咨询理事会（ABAC）和生命科学创新论坛（LSIF）的一项研究提供了有关中国和另外五个 APEC 国家的数据，以供各国做出适当的政策应对。

报告证明，应对非传染性疾病发病率上升的关键是人力资本的投资。该报告建议：在中国，支持医疗创新和普及创新疗法的政策是实现医疗卫生保健的改善和经济持续增长的关键要素。

全球趋势

人口老龄化和非传染性疾病（NCDs）对世界各国的经济造成了严重的影响。由于人口老龄化的不可逆性，政策的制定应该集中在 NCDs 上。虽然，NCDs 远非引起死亡的主要原因，但可引起无数适龄工人的死亡或者残疾。人口健康和经济增长之间有着密切的联系，NCDs 减少经济产出可达数万亿美元。中产阶级的增长使问题更加复杂化——他们在提高 NCDs 发病率的同时，也带来了经济增长和改善医疗卫生的需要。

老龄化和非传染性疾病的影响是全球性的。这些可以通过包括中国在内的六个 APEC 国家研究数据加以证明，该研究报告由墨尔本维多利亚大学维多利亚战略经济研究所（VISES）于 2014 年 7 月发表。这份由 ABAC 委托的题为《健康对 APEC 地区工人出勤率和生产率的影响》的研究报告指出，“六个国家的研究均表明存在显著的人口和劳动力老龄化的证据，一直到 2030 年以前都是如此”，并得出如下结论：

> 很多 APEC 国家都面临着来自人口老龄化和非传染性疾病发病率上升的双重严峻挑战……很多发展中国家在最近几十年实现了快速的经济增长，其动力部分来自健康劳动力的强劲增长。但是，健康状况不佳发生率的潜在上升以及劳动力增长减缓的新趋势，使得这一点不再成为依靠。这些趋势对劳动力的供应和生产率具有重要影响，其程度足以挑战很多国家持续增长的基础。

人口老龄化的趋势势不可挡，就应该把应对重点放在非传染性疾病上面。据世界卫生组织报道，以心血管疾病、肿瘤、慢性呼吸系统疾病和糖尿病为首的非传染性疾病是目前全世界人口的主要死因，2012 年造成的死亡人数占全球死亡人数的 68%（在5600万人中占3800万人）。

下面举例说明非传染性疾病发病率上升的情况。据国际糖尿病联盟估计，到 2035 年全世界糖尿病患者人数将增加 2 亿，包括中国在内的西太平洋地区同期糖尿病患者人数将增加 46%。

近期 NCDs 的增长部分来自于人口老龄化是不争的事实——因为随着人们寿命的延长，许多人会罹患 NCDs。但是也应该注意到 NCDs 对于适龄工人也有很大的影响。在 2012 年非传染性疾病导致的3800万例死亡中，过早死亡者（年龄在 70 岁以下）占 40% 以上，达1600万人。

由于这些疾病是慢性的，有很多人带病生活多年，身体往往逐渐衰弱。因此，非传染性疾病已经导致无数适龄工人死亡或者残疾，对世界各国的劳动力有着巨大的影响。

对发展中国家健康和财富之间的联系研究颇多，经济学家 David Bloom 和哈佛大学同事的一项研究估计，一个国家人均寿命每增加一年，人均 GDP 将上升约 4%。反之亦然。Bloom 估计，从现在到 2030 年间，因非传染性疾病蔓延导致的经济损失将超过 30 万亿美元。

在 NCDs 发病率上升和中产阶级兴起两者之间的关系中，我们可以看到健康和财富之间复杂的相互影响。研究预计，从 2012 年到 2030 年，全球将新增中产阶级达 30 亿之众。中产阶级的生活方式是导致糖尿病等非传染性疾病发病率上升的一个因素。与此同时，在达到中产阶级收入水平之后，提高医疗卫生保健标准成为人们的一大心愿。因此，中产阶级的兴起——特别是在中国——对推动改善医疗卫生保健、解决非传染性疾病问题和保持经济增长的需求产生了复杂的影响。

关于中国

中国正面临着老龄化和 NCDs 的双重挑战。中国比研究中的其他国家老龄化速度更快，增强了解决 NCDs 的紧迫性。NCDs 对中国经济有着持续的影响，伴随着 GDP 加倍损失，到 2030 年接近 5000 亿美元，从死亡到生产力降低，总的影响估计每年高达 1.5 万亿美元。同时，中国正在进行医疗卫生体系改革，改善病人对高质量服务的准入，而这些对于中国应对 NCDs 挑战的能力至关重要。

维多利亚战略经济研究所关于中国的数据突出显示了来自人口老龄化和非传染性疾病发病率上升的双重影响。

首先，中国正经历着快速的老龄化。中国 45 岁以上人口所占比例在30年里从1980年的20%增加到2010年的33%，预计到2030年这一比例将上升到45%。事实上，在研究的六个APEC国家（澳大利亚、中国、马来西亚、秘鲁、菲律宾和美国）中，从2010年到2030年45岁以上人口所占比例的变化，中国在国家总人口和劳动力两方面均排在第一位。

除此之外，NCDs对中国有显著的、不断增大的影响。由于比其他国家老龄化速度更快，因此中国更加迫切地需要应对NCDs对劳动力和经济的影响。

维多利亚战略经济研究所的报告表明，长期以来，非传染性疾病一直超过传染性疾病，成为中国人面临最大的死亡威胁。报告估计，从2004年到2012年，中国每100000人口中传染性疾病患者的死亡率远远低于100例，同期非传染性疾病患者的死亡率则高出许多，从2004年到2012年，仅从100000人中的超过600例减少到不到600例。

NCDs对中国经济的增长也是一种威胁。维多利亚战略经济研究所的报告估计NCDs对中国经济的影响——按损失的GDP计算——在2010和2030年期间将加倍。表1对以下年份因非传染性疾病死亡、缺勤和出勤主义（由于疾病而减少的生产力）导致中国GDP的损失进行了估算（以美元为单位，按在GDP中所占比例表示）。

表1　　因非传染性疾病导致中国GDP的损失　　单位：亿美元

年 份	2010	2015	2020	2025	2030
估算损失	2095	2706	3361	4102	4857
占GDP比例	3.5%	3.8%	4.0%	4.2%	4.3%

必须注意的是，尽管存在这里预计的重大影响——2020年以后超过GDP的4%——维多利亚战略经济研究所对非传染性疾病成本的估计对国家的总体影响却打了折扣。如报告所述：

在分析2030年以前对各国造成的成本时，我们仅考虑纳入GDP测算的经济成本，但同时也承认除此之外还有其他现实而重要的社会成本应被测算。即使在经济成本范围内，我们侧重于有偿劳动力中的工作能力削减和工作中的生产率削减情况。但是，非传染性疾病发病率的上升也可能以其他方式影响 GDP。例如，对非传染性疾病患者的治疗和护理成本高昂而且在迅速增加。这些成本中有相当一部分可能通过个人或公共储蓄得到弥补，因而减弱该国为新的投资和增长提供资金的能力。一些估计表明，投资减弱引起的这些动态成本（本文忽略）可能达到与我们实际应对的成本相当的规模。

换句话说，VISES 的报告建议，NCDs 对中国经济的实际影响可能远远高于表中的数字，而且也用研究证明了 2012 - 2030 年期间的这种高成本。

由 David Bloom 等人研究的《中国和印度非传染性疾病对经济的影响：估计、预测和比较》于 2013 年发表。

Bloom 等的研究考虑了宽泛的 NCDs 对中国 GDP 的影响。研究的主要因素包括（正如 VISES 报告中总结的那样）“增加卫生支出，通过提高社会保险保费减少家庭消费、降低企业收入”，以及“由于提前退休对企业施加的成本、寻找替换工人、培训费用和人均寿命下降导致储蓄减少等复杂的互相影响对储蓄与投资物质资本和人力资本激励的影响”。

与 VISES 报告的 7 万亿美元不同，Bloom 等人估计中国 NCDs 的总花费在 2012 ~ 2030 期间大约为 11 万亿美元。当 Bloom 等人把慢性疾病的范围扩大到包括精神健康问题时，“估计 2010 年对中国造成的经济负担为 27.8 万亿美元，论文将其与中国上一年 2.2 万亿美元的卫生支出进行了比较。”

中国非传染性疾病发病率上升情况的最后但至关重要的一点是，中国已经开始医疗卫生保健能力的建设，以应对人力资本和经济增长的挑战。

在今天的中国，不断增加的收入极大地推动了人们对医疗卫生保健的需求，这带来了机遇和挑战。中国开始推行宏伟的医疗卫生体制改革计划，促进患者获取高质量的保健。

自 2009 年开始医疗卫生体制改革以来，面对强大的供资压力，中国已经取得令人瞩目的成就，建立起全世界最大的养老保险体系，首次将基本保险的范围延伸到 8 亿农村居民。

中国的医疗卫生体系改革对于应对 NCDs 的挑战至关重要。本文的最后部分将提出对 NCDs 病人扩大医疗卫生准入的政策建议。

政策建议

中国在改善医疗卫生方面取得了持续进步，有必要为应对 NCDs 采取措施，但这也会使得中国医药卫生体系改革的努力变得更加困难。如果受到资源和经费的限制，创新则成为持续发展的阻碍要素。一个创新的环境需要现代而且透明的法规体系、强有力的知识产权保护、足够的数据保护和税收政策。这个系统能够促进研发和投资，促使新产品快速进入市场，并及时获得合理的价格。

中国提高医疗卫生保健普及率的计划将继续给本国资源和预算带来巨大的压力，持续而强劲的经济增长是实现中国宏伟医疗卫生改革目标的重要保障。

反过来，医疗卫生保健的改善也是保持这一增长的重要原因。如维多利亚战略经济研究所对 ABAC 的报告的结果所示：国民良好的健康状况是经济发展的必要前提，是国家人力资本的必要元素。改善医疗卫生保健是对中国人民、中国经济和中国社会的一项重要投资。

中国在努力改革医疗卫生保健体系的同时，还要高度重视非传染性疾病对人力资本和经济增长带来的影响。根据世界卫生组织《2014 年全球非传染性疾病状态报告》，“必须把完善医疗卫生制度——包括卫生融资、管理、队伍建设、卫生信息、获取基本技术和基本药物以及提供卫生服务——作为预防和控制非传染性疾病的工作重点”。

国民健康和经济增长这一链条的两端有一个共同的关键要素——医疗创新。它不仅能带来不错的工作岗位需求和收入，而且有助于满足中国和全世界人民不断增长的医疗卫生保健需求。

事实上，如果中国利用有限的资源扩展和改善医疗卫生，创新是绝对必要的——尤其是在 NCDs 发病率上升给经济带来巨大挑战的情况下。

在中国保持医疗创新，需要一个包含现代而透明的监管体系、强有力的知识产权保护和全面的数据保护以及能够促进研发与投资的政策环境。ABAC 的报告提示应该把医药创新作为中国应对 NCDs 的必要因素。

首先，必须要对知识产权——任何一个通过思想衍生价值的企业的命脉——有强有力的保护。中国致力于知识产权保护的制度化，在建立与国际体系接轨的专利制度方面已经取得了重大的进展。如果能够继续强化整个知识产权保护环境，将更加有利于刺激中国医疗卫生的创新发展和不断进步。

其次，透明、可预测、与全球框架及时间表协调一致的监管体系是加快新药开发、促进医疗卫生创新政策环境建立的另一个重要因素。

由于监管要求和程序的不同，在境外已批准的药品在中国进行新药审批需要的时间最长可达六年，而要在《国家医保目录》中予以报销则耗时更长。中国的监管实践和时间表与国际合作伙伴保持一致，将更有利于共享研究成果，有助于中国人民获取及时有效的治疗，也能确保中国制造的新药惠及全世界更广阔的市场。

创新环境的最后一个要素是新药及时的市场准入和获得适当价格的能力。就医药产品而言，所谓有回报可能的价格就是允许投资者能够回收研发过程中巨额投资的价格。

性价比高的仿制药在普及中国人民医疗卫生保健方面发挥着重要作用。但是还远远不够。要满足不断变化的医疗卫生保健需求，就要不断开展生物制药创新。新药发明者依赖于能够提供合理回报的支付系统——当然要承认支付者需要继续提供有价值的证据。

对新药供应能力的人为限制存在双重危害，一方面剥夺了患者享受新技术、改善生活、延长寿命的权利，例如对帮助管理糖尿病等慢性病起着关键作用的新疗法的限制，另一方面阻碍了作为经济增长关键要素的发现和发明。

结 论

中国非传染性疾病发病率上升产生的影响表明：健康和财富之间存在着错综复杂的联系。研究估计，未来二十年，非传染性疾病将给中国造成数万亿美元的经济损失。虽然收入增加和中产阶级生活方式的兴起加速了非传染性疾病的蔓延，但同时也带来了需要改善和提高的需求，为促进中国应对非传染性疾病的挑战做好了准备。

同时，非传染性疾病对中国人力资本和经济增长的影响，正在减弱中国对于医疗卫生需求的反应能力。鉴于巨大的经济挑战和资源限制，创新是解决方案中必不可少的一个要素。在中国创造健康和财富增长良性循环的过程中，一个支持医疗创新、为中国人民提供获取创新疗法机会的政策环境是一个非常重要的组成部分。

创新财政和提供方式
构建21世纪的中国医疗卫生体系

辉瑞有限公司

正如十八届三中全会决议所提出的，中国下决心继续推进医疗卫生体系的现代化，这将对国家大有裨益。医疗水平的提高将带来更高标准的生活质量和更长的预期寿命。更好的健康也将为整个经济体系带来更高的生产力，并助力推进政府的社会发展规划。同时，更积极的财政和保险体系将刺激消费者发掘经济机遇。这些益处将令中国转型进入经济发展增速放缓的“新常态”更为顺畅、更具可持续性。

这一现代化进程始自2009年开始的全面深化医疗卫生体制改革。中国目前拥有世界上规模最大的医疗保障体系，覆盖了超过95%的人口。超过8亿的农村人口也首次获得了基本保障。中国政府还致力于推进大病医疗保障（Catastrophic Disease Insurance，CDI）以减轻患者的经济负担。上述进展也反映出中国政府对于改善医疗卫生的认知已经不再仅仅将其视为政府预算中的一项支出，而是对人、对经济，乃至对社会的一项投资。辉瑞完全支持中国在医改方面所付出的努力，同时我们也高度赞赏中国政府在强化医疗卫生体系能力建设方面所做的诸多重要工作。

展望未来，中国能否建立起一个可持续、高质量的医疗卫生体系将有赖于基于全局的、具有远见卓识、着眼持续发展的考量。中国有机会建立起一个真正现代化的医疗卫生体系，同时也有机会了解和借鉴美国、欧洲和其他一些国家在医疗卫生体系设计和改革方面的成功与失败。

中国医疗卫生体系现代化的重要性

中国虽然是一个“新兴”的经济体，但其卫生状况日益与发达的经济体相差无几。例如，2000 年全球 26.4% 的成年人有高血压。这一数字预计到 2025 年[①]将增长到 29.2%。这一增长主要源自发展中国家患高血压的人口。约 2.7 亿中国人[②]（中国成年人口的 26.6%）估计患有血压方面的疾病[③]，与美国 2010 年 25.1% 的成年人高血压比例相近[④]。

现代药物能够在预防、管理和治疗慢性疾病方面发挥重要作用，同时帮助控制医疗卫生支出并提高生产率。恰当地使用药物，不仅能改善健康和生活质量，也是减少医疗卫生体系其他领域支出的有效手段。例如，研究显示提高糖尿病药物治疗的依从性将降低 13% 的后续住院治疗和急诊次数[⑤]。药物使用也被认为带来了其他诸如冠状动脉搭桥手

① Kearney PM，Whelton M，Reynolds K，Muntner P，Whelton PK，He J. Global Burden of Hypertension：Analysis of Worldwide Data. Lancet，2005 Jan 15 ~ 21；365（9455）：217 ~ 23.

② 国家心血管病中心：《中国心血管病报告 2013》。China Cardiovascular Diseases Report 2013 by National Center of Cardiovascular Diseases。

③ Prevalence of Hypertension in China：A Cross – Sectional Study，Yun Gao et al（2013）.

④ Expenditures for Hypertension among Adults Age 18 and Older，2010：Estimates for the U. S. Civilian Noninstitutionalized Population，Karen E Davis，2013.

⑤ Chandra，A.，Gruber，J.，McKnight，R.（2010）. Patient cost sharing and hospitalization offsets in the elderly. American Economic Review，100，1，193 ~ 213.

术、心电图等心脑血管医疗费用支出的27%①。基于药物在控制医疗卫生费用支出方面发挥的重要作用，美国国会预算办公室（U. S. Congressional Budget Office，CBO）近期采取一项新措施，在Medicare（联邦医疗保险——针对老年人和残疾人的联邦政府卫生保障计划）的费用预算中列入处方药使用增长所带来的费用节省抵扣。每1%的药物使用增加，可以带来Medicare总体费用0.2%的下降②。

因预期寿命延长和出生率下降等复合因素造成中国人口平均年龄持续增长，现代药物将能够在其中发挥更重要的作用。人口统计方面的数据变化——为国家带来经济产出的人口比例下降——会对经济产生压力。新的卫生财政和提供方式的改革将可以通过药物的运用，在中国医疗卫生体系演进过程中取得效率的提升和费用的减省，同时保有一个健康和富有生产力的劳动力群体以支持经济的持续增长。

发展新型卫生财政和提供体系

三个差异显著的社会保险体系并存令中国成为一个极为碎片化的市场。发展一个适合中国国情的现代卫生财政和提供体系，同时又能满足公众在医疗卫生方面的需求与期望是非常有挑战的。但是，创建这样一个体系，无论是从广度还是从深度而言，对全面实现政府全民医保覆盖目标又是至关重要的。基于世界各地在发展医疗卫生体系方面的经验教训，以下三个因素被认为是最为重要的：

① Gotto Jr., A. M., Boccuzzi, S. J., Cook, J. R., Alexander, C. M., Roehm, J. B., … Whitney, E. (2000). Effect of lovastatin on cardiovascular resource utilization and costs in the Air Force/Texas Coronary.

② CBO (2012) "Offsetting Effects of Prescription Drug Use on Medicare. s Spending for Medical Services." Available at: http://www.cbo.gov/publication/43741.

①持续增加政府在公共卫生领域的投入；

②实施一个拥有多个支付方，且有私营保险方案作为补充的公共保险；

③引入个人对管理自身健康的责任。

1. 持续增加政府在公共卫生领域的投入

中国转型进入经济增长“新常态”的一个关键环节就是进行改革，以培育更高质量且更有效率的医疗卫生体系。实现这些目标的基础就是增加在医疗卫生方面的社会投入，同时令政府和私人正在进行的投入变得更为有效。

始于 2009 年的中国医改令医疗卫生服务更加可承付，也更加可及，并且缩小了城乡之间在此领域的差距。中国政府宣布致力于实现“健康中国 2020”，计划到 2020 年基本实现医疗卫生服务的全民覆盖。尽管过去数十年中在医疗卫生领域的公共投入持续增长，但是国际对比显示中国在卫生领域的总体投入仍相对偏低。2012 年，中国的卫生支出占国民生产总值（GDP）的 5.4%。而经济合作和发展组织（OECD）的 30 个经济体政府卫生投入的平均水平是 GDP 的 9.3%[①]。

扩展私人保险范围，特别是当消费者有了更多的积蓄，并需要更高质量医护的时候，会进一步增加对卫生的投入。但发展私人领域的医疗卫生筹资需要在商业保险方面的政策和法规支持。这可以在中国最近改革的基础上进行，并吸取其他市场的相关经验。

2. 实施一个有多个支付方，且有私营保险方案作为补充的公共保险

如表 1 所示，世界各地私人保险的形态是非常多样化的[②]。

---

① OECD（2014）“OECD Health Statistics 2014：How does China compare?” Available at：http：//www. oecd. org/els/health – systems/Briefing – Note – CHINA – 2014. pdf.

② OECD（2014）“Health at a Glance：Europe 2014.” Available at：http：//www. oecd. org/health/health – ata – glance – europe – 23056088. htm.

表1 世界各地私人健康保险的类型举例

类 型	国 家	机 制
在公共保险之外的完全私人保险	德 国	健康保险是强制性的。900 万人在公共健康保险（覆盖7000 万人口①）之外购买私人健康保险。在这些购买私人健康保险的人中，200 万是个体经营者，170 万是政府官员（公职人员），150 万为选择购买私人保险的高收入者②
补充的私营保险以覆盖自费支出或大病费用	法 国	96%的人口拥有补充私人健康险以覆盖社会保险体系的费用支出③
补充私营保险覆盖更多的服务	荷 兰	私营保险支付牙科服务以及不被报销的药品
重复保险以提供更好的可及服务	爱尔兰	超过50%的人口拥有此类保险，从而可以从更广泛的服务提供者获得更快捷的服务
私营保险通过雇主提供	美 国	与其他类型的报酬不同，雇主支付医疗保险免税。美国超过半数的人口从其雇主处获得医疗保险。公共保险是为老年人和贫困人口提供的
强制性的 SHI（Social Health Insurance，社会健康保险），可以是公共的，也可以是私营的	智 利	公共保险由一个非营利的机构提供（Fonasa），同时可以向很多盈利或非盈利的私营保险机构（Isapres）购买私人保险

尽管形式多样，在很多国家，私人保险在满足多样化的医疗卫生需求方面发挥了重要作用。

让我们先来看看美国的医疗卫生体系。它主要是由私营领域运作，

① German Federal Statistical Office，specialized publications no. 13 series 1. 1，page 31.

② German Federal Statistical Office，specialized publications no. 13 series 1. 1，page 34.

③ Health at a Glance Report（OECD）. Available at http：//www. oecdilibrary. org. proxy1. athensams. net/social – issues – migration – health/health – at – a – glance – europe_ 23056088.

但政府也在其中发挥了重要作用。

2013 年，在美国 18 ~ 64 岁拥有医疗保险的人群中，约有 1/5 参加了公共保险[①]。而因《合理医疗费用法案》（Affordable Care Act, ACA）[②]，到 2015 年底大约 1000 万 ~ 1500 万个人被政府保险覆盖。美国联邦政府在 2013 年所有卫生支出上占 26% 的份额，预计到 2023 年上述份额将上升到 48%[③]。就处方药而言，大约 1/3 是用于公共保险的[④]。联邦政府为老年人（65 岁以上）和残疾人提供的联邦医疗保险（Medicare）允许患者从包括私立医院在内的任意一个私立或公共卫生服务提供方获得医疗服务，只要此提供方符合该保险在覆盖和参与方面的条款即可[⑤]。

联邦医疗保险（Medicare）中的一部分，又称“Medicare D 部分”，是公共计划如何为老年人和残疾人提供可承付的门诊处方覆盖的很好的例子。通过在财政和提供方面运用私营模式，在私营处方药（保险）方案中形成的积极和公平竞争，带来了在质量和效率两方面的改善，进而保护消费者且令其满意。

智利是另外一个例子。智利的医疗卫生体系依赖于社会健康保险（SHI），包括一个大型的公共保险（国家健康基金，Fonasa）和数个私

---

① Centers for Disease Control and Prevention（2015）“Health Insurance Coverage”. Available at：http：//www. cdc. gov/nchs/fastats/health - insurance. htm.

② Obamacare Facts（July 2014）. Available at http：//obamacarefacts. com/sign - ups/obamacareenrollment - numbers/.

③ Center for Medicare and Medicaid Services（2014）“National Health Expenditure Projections, 2013 ~ 2023”. Available at：http：//www. cms. gov/Research - Statistics - Data - and - Systems/Statistics - Trends - and - Reports/NationalHealthExpendData/Downloads/Proj2013. pdf.

④ Centers for Medicare & Medicaid Services（2012）“National Health Expenditures Data, Table 4.” Available at：www. cms. gov/Research - Statistics - Data - and - Systems/Statistics - Trends - and - Reports/NationalHealthExpendData/downloads/tables. pdf.

⑤ Centers for Medicare and Medicaid Services. Available at：http：//www. cms. gov/Regulations - and - Guidance/Legislation/CFCsAndCoPs/index. html.

人保险（Isapres 等）。

Fonasa 保证了对贫困人口免费的保险覆盖。Fonasa 的其他受益者包括所有拥有正式职业和非正式职业的工作者。他们需缴纳 7% 的收入（最高到月收入封顶线）。所有 Fonasa 的参保者通过公共医疗卫生服务提供者获得医疗服务。而中高收入者参与 Isapres，支付更高的保费，并有更高的起付线，从私营领域获得医疗服务。

2005 年起实施的，又称深度保障的全面可及方案（Acceso Universal con Garantías Explícitas，AUGE）为 SHI 规定了基本服务包，包括对 56 项主要健康问题的保障和治疗方面的细节，而后又扩展到 80 项。AUGE 服务包不仅保障对所有公民不区分其收入等级的治疗，也同时设定了等候时间以及治疗中自费部分的上限。Valdivieso and Montero（2010）进行的一项研究①显示 AUGE 的可及保障总体成功，并成为改善卫生公平性的有力手段。

美国的 Medicare D 部分和智利的 SHI 系统以及 AUGE 的受益设计都使政府医疗卫生计划能够有效运作，同时拓展保险报销范围，提供更高质量的服务与治疗，改善患者选择和承付能力，同时通过费用共担和财务责任推动药物的恰当使用等方面非常好的例子。中国能够在现行社会保险体系的基础上试行不同的模式，通过私营单位，例如私立医院或处方药计划等补充现有的医疗卫生服务提供和财政筹资。从这些试点中获得的最佳经验与教训将能被更广泛地应用，以提升医疗卫生体系的整体服务质量和效率。

3. 引入个人对管理自身健康的责任

健康教育和健康意识是一个有效的医疗卫生体系中的重要环节。当

---

① Valdivieso，V and M. Montero. 2010. “The AUGE Plan：2005 to 2009”. Revista Médica de ChileScielo 138.

每个人都对自身的健康担负起责任，关注健康且积极改变不健康的行为或生活方式（例如，通过戒烟、避免药物依赖、在汽车内佩戴安全带、适度饮用酒精饮料、减少糖和过度的脂肪摄入，以及进行日常锻炼等）的时候，人口的健康程度就会提高。

在中国，很多国有企业和跨国公司已经开始更为关注让其员工对其自身健康更为负责，并采用与发达国家相同的措施，即大型企业会为其员工提供“健康检查”，从而让员工了解其自身的健康风险情况，并鼓励他们及时与医生进行探讨，以应对这些风险因素。在美国，雇主也开始为那些注重“健康生活方式”的员工提供财务方面的激励，比如降低员工的医疗保险保费等。

在世界各地，健康促进与各类卫生政策并行，已成功地减少了心脑血管和烟草相关的疾病发生。特别是像德国、美国、英国、新西兰、爱尔兰、土耳其、秘鲁和日本，实施了在工作场所和其他公共场所禁止吸烟的禁烟公共政策（或无烟法律）。此外，很多企业也通过商业政策鼓励员工更关注健康和关键的健康风险因素。通常高收入国家较低收入国家有更多的企业制定此类政策。拉丁美洲和加勒比地区 2/3 的企业采取了控烟措施；近 2/3 的中东和北非企业采取措施反对酗酒；东亚和太平洋地区则在锻炼、缓解压力和身体健康等相关的项目方面走在了前面①。

在中国采纳和制定类似的卫生政策将使中国人民对其自身的健康担负更大的责任，也必将促进中国医疗卫生体系长期效率的提高。

① The Global Economic Burden of Non - communicable Diseases（Harvard School of Public Health）. Available at。http：//www3. weforum. org/docs/WEF_ Harvard_ HE_ GlobalEconomicBurdenNonCommunicableDiseas es_ 2011. pdf.

展望未来

中国政府在改进卫生体系，包括扩展对数以亿计人口的保险覆盖，并在促进健康产出和提高生活标准等方面取得了引人注目的骄人成就。

今后，应在上述进展的基础上，在国家进入经济发展增速放缓，但更具可持续性的“新常态”情况下，关注于发展一个适合中国国情的卫生财政体系将鼓励本地和外来投资投向医疗卫生和研发。这将会支持中国应对慢性非传染性疾病的增长等新挑战，并为实现下一个稳定与长期经济增长的时代创造条件。

以健康产出为导向的医疗体系、创新和经济增长：推动中国可持续发展的良性循环

诺华集团

引言：实现可持续发展的良性循环

中国正在重新调整增长以实现可持续发展，这个过程体现在三个关键方面。

首先，中国实现了全民覆盖的医疗服务，极大地提高了人民的生活水平和生活质量。在认识到“人民的健康是推动增长的关键因素”之后，政府开始投入大量资源来扩大医疗服务的覆盖范围，并通过持续的改革提升医疗服务的质量和效率①。

其次，创新在推动经济发展方面发挥着日益重要的作用。实现创新驱动的发展模式已经成为中国政府改革的当务之急，它将为高价值行业的繁荣和潜能的释放创造有利的市场环境。

最后，中国的GDP增速放缓，经济进入中高速增长阶段②，开始从投资拉动向更为成熟的消费拉动型经济转型，开始从低成本产品为基础

① 《关于促进健康服务业发展的若干意见》(2013)。

② 2005年到2011年，实际GDP增速平均为10.5%。2014年GDP增速为7.4%，预计2015年至2020年将保持在6.2%左右的水平。资料来源：国家统计局。

的经济体向高价值产品及服务为基础的经济体转型。当发达经济体仍然在努力摆脱全球经济放缓的阴影的同时，中国市场将继续吸引对战略领域的投资。

医疗服务、创新和经济表现这三大因素将构成一个互补的良性循环，共同推动可持续发展。诺华将大力支持以健康产出为导向的医疗服务体制，通过创新为医疗行业和经济增长创造更大价值，通过健康的人口为强大的经济提供保障。诺华也很乐于帮助中国建立健康产出导向的医疗系统，并促进这个良性生态的形成。

健康产出导向的医疗服务

1. 中国的医疗支出快速增长——可持续发展的必经之路

2013 年，中国的医疗支出总额达到人民币 3.2 万亿元[①]，占 GDP 的 5.6%。医疗服务的覆盖范围不断扩大，关键的人口健康产出也得到明显改善——例如，健康期望寿命（HALE）从 2000 年的 64 岁延长到了 2012 年的 68 岁。虽然中国的医疗投入不断增长，也取得了一定的实际效果，但是目前的医疗投入水平仍然落后于其他中高收入国家。从世界范围看，中高收入国家的医疗投入在 GDP 中的平均占比为 6.7%，其中南非和巴西甚至占到了 9% 左右[②]。

在中国现有的医疗投入中，商业保险是有待加强的领域。在今天的中国，商业保险在人均医疗支出中所占的比例仅为 5%，而患者自负的医疗支出则占到了 45% 左右。与发达国家相比，中国的保险市场还将经历较长的发展阶段。目前中国的保险支出在 GDP 中的占比仅为

---

① 《中国统计年鉴 2014》。

② 世界银行数据 2010 ~ 2014 年。

0.15%，而日本的比例是1.61%[①]。中国政府已经陆续出台了一系列政策，鼓励商业保险参与医保，其中针对商业保险的税收优惠政策不仅会推动保险市场的进一步发展，而且能够大大提升医疗资源的可及性。

可以看到，医疗投入的不断增长是持续发展的必经之路。到2020年，中国的医疗支出预计将比2013年翻一番，达到8万亿元，在GDP中的占比将超过7%。与此同时，政府应当考虑的问题是——如何提高单位投入所产生的健康产出。正如李克强总理在近期的一次发言中所强调的，提高医疗服务的质量和效率日益成为政府的一项优先工作。国家卫生计生委近期发布的2015年工作计划[②]也提到了若干工作重点，例如推广分级诊疗从而提高医疗资源使用效率、加强慢性病管理以及加快医疗信息系统建设等。这些政策重点所透露的战略方向，与建立结果导向的医疗体系的目标是一致的。

2. 中国应避免某些发达国家遭遇过的无效医疗支出陷阱

不少发达国家的经验表明，持续增加医疗支出并不一定能够换来更好的结果和更高的价值。图2显示了几个主要国家人均医疗支出和健康产出之间的关系[③]。从中可以看出，当医疗系统的发展到达较高水平之后，继续增加医疗投入只能使健康产出获得有限的增长。截至目前，中国已通过努力使医疗支出保持相对稳健的增长，将全国的健康产出控制在了可接受的水平（尽管存在巨大的地区间差异）。但中国政府依旧面临一个问题：在不断增加医疗投入的过程中，中国要如何实现人口健康产出的持续改善而非局限性发展？

---

① AXCO，全国保险监管机构，EIU。

② 《2015年工作计划》，中华人民共和国国家卫生和计划生育委员会，2015。

③ 以综合指数表示的健康产出，影响因素包括平均寿命、成人死亡率、伤残调整期望寿命和死亡或疾病折损的寿命。来源：EIU。

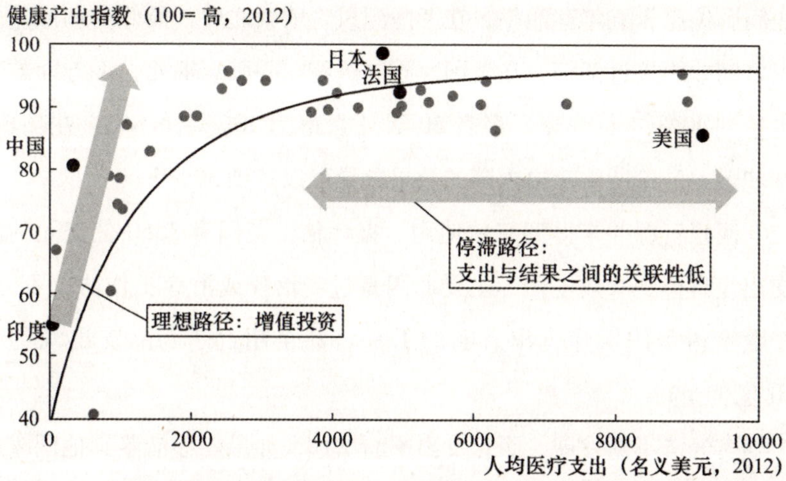

图 1　增加医疗支出并不一定能够带来更好的健康产出

资料来源：EIU、WHO、BCG。

导致发达国家医疗系统停滞不前的常见陷阱有：

①随着支出的增长，不少国家的医疗系统开始对成本和利用率进行微观管理，而忽略了对健康产出的重视。这对所有利益相关方产生了错误的引导作用。例如，为了降低住院患者的人均治疗成本，医院通常倾向于让所有病床都住满患者。医疗机构为了降低成本，可能减少对价格相对较高但通常疗效显著药物或医疗设备的使用，对患者的健康产出也缺乏重视，因为现有的激励机制并没有强调医疗服务的质量。医疗费用的承担者和政策制定者倾向于将药品支出与其他医疗支出进行分离，这些措施在短期内可达到一定的成本控制，但长期看来在提高效率或改善产出方面的效果并未得到证实。因此应该关注可以提高单位投入所产生的健康产出的措施而不是简单地控制药品费用支出①。

②尽管医疗支出不断增长，但是健康产出管理的缺失导致医疗实践的成效存在显著差异，削弱了整体健康产出。例如，经合组织不同成员

① Health Aff，May 2003，Vol. 22，No. 3，pp. 42 ~45.

国之间肺癌患者五年存活率，在考虑到风险因素之后，最好的和最差的数据之间差距接近四倍；在美国，不同医院在心脏衰竭死亡率方面的差异也达到40%（心脏衰竭患者30天死亡率为10%～14%）；在瑞典，最好和最差的诊所治疗白内障的效果差异可以达到30%①。

③医疗资源并未得到有效使用。据评估，美国有3550亿美元的医疗支出没有得到有效使用，主要原因是过度治疗或治疗工作协调不力。这个数字占美国医疗支出总额的13%，甚至超过了药品支出（约为3110亿美元）②。

随着经济不断发展、医疗支出不断增加，如果能够借鉴其他国家的经验和教训，中国就能避开发达国家走过的弯路，采用一种更加高效的医疗发展模式。

3. 健康产出导向的医疗服务提高单位投入所获得的健康产出

以健康产出为导向的医疗系统侧重于以较低或可持续的成本实现患者健康产出的最大化。这样可以提高医疗资金的使用效率，进而提高医疗服务的质量和投资回报率，最终实现医疗行业的可持续发展。

目前多数医疗体系都需要重新设置管理模式，实现从基于交易的管理模式向基于患者健康产出的管理模式的转变。

以多数医院对于慢性阻塞性肺病（一种常见的肺部疾病）的疾病管理为例：

①支付方需要为患者的每一次问诊、每一张处方或每一次住院买单，而这每一次交易都是独立的，同其他患者服务并不关联。

②他们试图限制交易量和每笔交易的价格，以便将支出控制在预算

---

① 《CMS医院比较；瑞典国家白内障登记》，2011；BCG分析。

② Donald M. Berwick 和 Andrew D. Hackbarth，《消除美国医疗行业的浪费》，JAMA 307 第14号（2012年4月11日）：1513－6；《医疗行业的当务之急——降低成本和改进结果：系列研讨会摘要》，医学研究所，2010。

范围内。

③而对于改善慢性阻塞性肺病的治疗结果，大部分医疗系统并没有设置明确的目标，也不清楚其治疗水平好坏、年均治疗投入以及费用和结果之间的联系。

但如果采用以健康产出为导向的医疗管理模式，则大不相同：

①治疗的重点是患者的健康产出，并且有明确的衡量标准和绩效管理。

②在降低患者住院率和死亡率等方面有显著贡献的医疗机构将获得奖励。

③公共支出的使用要以投资回报率为评价标准，从而杜绝浪费，并且按照成本效益对各项支出进行优先排序，其中有助于改进健康产出的创新可以得到相应的奖励。

事实上，国际实践已证实，以健康产出为导向的方法确实能够创造更大的价值。例如，在美国，Kaiser 发起的“协同心脏护理服务计划”，成功地将每名患者每年的治疗成本降低了 22000 美元，同时为患者实现了更好的健康产出，并且降低了入院和再入院患者的人数[①]。在德国，Gesundes Kinzigtal（GK）方案在常见慢性疾病的治疗和预防项目中也采用了以健康为产出导向的方法，成功地将死亡率降低了一半以上，参与 GK 方案的患者人均治疗费用比其他患者降低约 150 欧元。在新加坡，护联中心的设立使得患者在出院后 30 天内再入院的机率降低了 40%，急诊患者人数也减少了 50%[②]。

根据以健康产出为导向的方法，患者能够获得最高质量的医疗服

---

① McClellan 和 Rivlin，“提高健康水平的同时抑制成本增长：有可能吗?”，《布鲁金斯研究所卫生政策问题简介》，2014。

② McClellan 和 Kent，“重视关键成果的责任制”，《负责任的医疗工作小组报告》，2013。

务，医疗支出的承担者和政策制定者能够最大限度地提高财政资金的使用效率，医疗系统也能准确地反映出医疗所创造的价值。随着诺华和业内其他创新型企业不断研发出更多不同的疗法，我们深信，以健康产出为导向的方法将带来双赢的局面：不但社会能够持续获得新产品，创新企业也将因真正改善患者健康成果而获得回报。

创　新

创新一直为中国政府所重视，也是推动未来经济发展的核心驱动力。中国投入大量资金支持医疗创新，特别是在加强科学研究和巩固科研人才库等方面。2013 年政府在这一领域的支出约为人民币 20 亿元[①]。

以健康产出为导向的医疗系统能够刺激市场对创新成果的需求，尤其是对那些能够提高医疗服务质量和效益的产品和服务的需求。有效创新的一个先决条件就是对健康产出的明确定义，这样所有的利益相关者可以在对创造价值的预期和创新的标准方面形成共识。

中国在医疗 IT 领域的创新就是一个很好的例子。一方面，政府对医疗卫生信息化建设所要实现的“有效”结果给出了明确的定义，并以此为标准进行有针对性的奖励。另一方面，医疗 IT 供应商也积极通过创新来达到政府的要求，进而成功地将其产品销售给医疗机构。

市场对创新的需求还为中国企业创造了新的商机，加速了它们的创新发展。例如，中国的制药业过去 5 年的平均增速将近 20%；中国已经超越日本，成为全球第二大医药市场[②]。由于尚未得到满足的医疗需求仍然大量存在，政府对创新的支持以及对创新药物（包括生物制品）

① 《中国高技术产业统计年鉴》，2013 年版。

② 《IMS 市场预测》，2014～2018 年版。

的推广将成为推动中国医药市场增长的强大动力。

在取得卓越的健康产出和降低总体医疗成本方面，制药行业的创新发挥着至关重要的作用。调查显示，2000～2009年间，创新药对发展中国家和高收入国家的人口平均预期寿命增长的贡献率大约是75%①。还有一个疾病治疗的例子能够说明药物创新的价值所在。心脏衰竭是公众日益关注的一种重大疾病，每年全世界用于治疗心力衰竭的费用达到1080亿美元，其中住院费用占到全部直接费用的60%～70%②。诺华公司研制的心力衰竭试验药品LCZ696代表着过去十年内心脏病领域最重要的进步之一，它不但使心血管带来的死亡风险降低了20%，还使住院治疗费用（治疗心衰费用的主要部分）在当前疗法的基础上减少了21%③。

事实上，在打造关注研发和创新精神的行业形象方面，设有中国分支机构的跨国制药公司同样做出了重要贡献。跨国公司给中国市场带来了创新药物和最前沿的研发技术，进一步促进了本土制药行业的创新与质量升级。此外，跨国公司还带来了直接的资本投资，提供了就业机会并贡献了税收。所有这些都有助于经济增长。同时，医疗服务的创新也在经济发展过程中呈现出良好的前景。其中许多创新涉及智能技术运用和工艺革新，有助于实现更好的医护质量和更高的效率。国际上就有很

① Frank R. Lichtenberg，“30个发展中国家和高收入国家药品创新和寿命增加”，2000～2009，医疗政策与技术（Health Policy and Technology），2013。

② Cook C，Cole G，Asaria P等人，“年度全球心脏病经济负担”，《国际心脏病学杂志》，2014；171（3）：368～376. Neumann T，Biermann J，Erbel R等人，心脏病：德国住院最常见原因：医疗与经济视角，《德国国际医学》，2009；106：269～275. Stewart S，Jenkins A，Buchan S等人，英国国家保健服务系统心脏病成本，《欧洲心力衰竭杂志》，2002 Jun；4（3）：36～71。

③ McMurray JJV等人. 心脏病治疗中的血管紧张肽——脑啡肽酶抑制与依那普利，《新英格兰医学杂志》，2014。

多由政府发起的医疗服务方面的创新实践[①]，产生了良好的结果：

①肯尼亚综合移动信息平台。肯尼亚政府通过领先的移动网络运营商 Safaricom，实现在手机上为孕妇提供保健信息（例如营养学建议和出生准备计划）。这一平台成功地提升了女性妊娠期的安全医疗服务。

②爱沙尼亚电子病例系统。爱沙尼亚部署了一个全国性的综合电子病例系统。这为不同治疗途径下进行信息交换、提供诊断决策支持和共享医疗信息带来了极大便利。

③印度跨分级转诊系统。印度建立了分级转诊系统，利用社区的初级医疗机构作为治疗小病的“第一站”，二级/三级专科医疗机构（通常运营成本更高）只处理重大状况的转诊病例，在确保诊疗质量的同时，有效控制了成本。

当前，在中国有很多积极迹象表明很多医疗卫生系统和服务的创新旨在加强医疗所创造的价值。特别是基于互联网/移动端的医疗服务在中国实现了快速发展，涉及健康管理与咨询、远程医疗、在线社区、制药业电子商务等。此类创新正致力于完善服务质量并解决高品质医疗资源分配不均的问题。

经济增长

1. 中国人口结构的变化使得良好的经济表现亟须更好的医疗服务来维持

在过去的 2014 年，中国仍旧保持着强劲的经济增长势头，但由于持续反弹乏力，并未达成 7.5% 的经济增长目标。2014 年私营经济领域投资的放缓拖慢了经济增速，投资在经济增长中的作用正逐渐减弱。而

① 世界经济论坛是，“新兴经济体保健系统跨越发展项目书”，2014。

中国正扮演着新兴全球领袖的角色，需要紧紧把握眼前的战略机遇，思考如何建立创新推动型经济并保持经济的持续稳健发展。

同时人口统计学方面的变化（参见图2）将对持续而强劲的经济表现构成挑战，主要表现在：

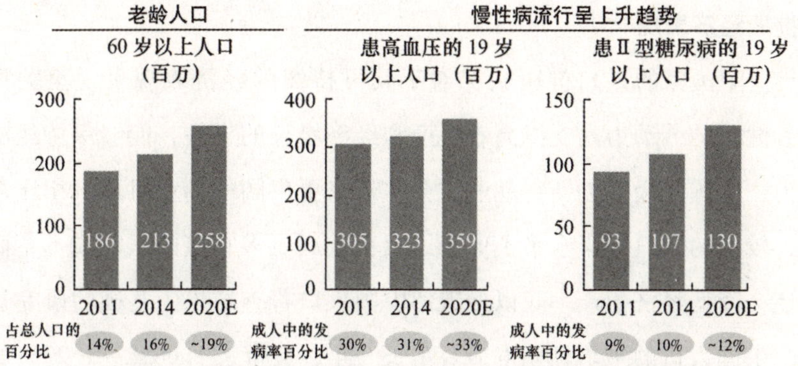

图2　不断变化的人口统计数据给医疗事业带来新的挑战

资料来源：国家统计局、《经济学人》信息部、决策资源公司（DecisionResources）、波士顿咨询集团（BCG）。

（1）中国人口正在快速老龄化，这导致了劳动力的减少

到2020年底，60岁以上的公民数量预计将达到2.58亿人，高达总人口的19%，这一数字到2050年可能会飙升至30%以上[①]。人口老龄化加上较低的退休年龄（男性55岁退休、女性50岁退休），会导致中国劳动力的下降。因此，政府必须采取措施来鼓励健康的生活方式、提升医疗质量，特别是针对老年人的医疗质量。拥有更健康的人口才能上调退休年龄以保证劳动力供给。

（2）慢性病发病率呈上升趋势，有可能加重治疗负担

截至2020年，中国将有3.59亿高血压患者（发病率约33%）和1.3亿Ⅱ型糖尿病患者（发病率约12%）[②]。慢性病发病率的上升将导

① 国家统计局；《经济学人》信息部统计数据。

② 决策资源生物制药公司（Decision Resources Biopharma）统计数据。

致治疗费用大幅增加。在美国，80%的医疗费用与慢性病的治疗和控制有关。因此，应该加大非传染性疾病的防控力度，在控制整体医疗费用的同时确保经济表现不受影响。

2. 优质医疗能够保持人口健康、减少疾病带来的生产力损失，从而提振经济表现

一个国家的人口健康状况对于其可持续的经济表现来说至关重要。健康的劳动力是支撑高效生产和经济增长的支柱，能够保持经济活力，为国家吸引创新、就业机会并带来更广阔的商业机遇。相比之下，较低的人口健康水平不但会给社会造成更多直接的医疗成本，而且还会降低经济生产率。以最近的中国人口普查结果为基础的研究显示，中国人口的平均预期寿命每增长一年，会带来1.06%~1.22%的GDP增长①。

更优质的医疗有助于全方位提振经济表现，两者间的重要联系主要体现在以下方面。

（1）提高生产率

通过提供优质医疗服务来维持人口健康，从而增加每名劳动者的输出，减少患病天数，进而提升经济生产力。更加健康的劳动人口意味着更高的退休年龄（目前中国退休年龄被认为是较低的）。我们发现，在未来十年里，如果每年的退休年龄平均提高半年，中国劳动力下降所带来的经济损失便可得到补偿。美国梅肯研究院（Milken Institute）的研究表明，2023年以前，哪怕最小幅度地降低可规避的风险因素，也会带来每年在劳动力供给与生产率方面1万亿美元以上的增长②。

① Liu，G. B.，《中国医疗服务和技术不足分析》，东北财经大学，2010。

② DeVol，R. 与 Bedroussian，A.，“不健康的美国：慢性疾病的经济负担”，加利福尼亚圣塔莫尼卡：梅肯研究院，2007。

（2）减轻治疗负担

预防特定疾病或提供早期治疗的方案能够有效避免疾病治疗及与后续并发症相关的费用，进而减轻患者家属和政府的医疗负担，使可支配资本能够投入经济生产。例如，美国疾病预防和控制中心发现，在美国，体重、血压、血糖以及胆固醇等健康风险因素每降低1%就将导致每人每年在医疗费用上节省83～103美元。

（3）健康与投资

通常身体更健康的人其个人收入中可用来随意支配的部分占比也更高。节约下来的医疗费用可用来投资或消费（例如零售和教育），从而促进经济增长。同样当劳动力更健康或教育程度更高时，企业也更愿意进行投资。

建议与结论

在改善国家医疗和卫生系统方面，许多发达国家走了一条漫长，昂贵却不可持续的道路。同许多其他国家一样，中国的政府部门和医疗机构等主要利益相关方一般注重医疗服务的覆盖率及其成本，而并未直接关注患者的健康产出。从公立医院的评估标准即可看出，中国更注重公立医疗机构的规模和数量。虽然中国政府越来越强调医疗和卫生服务的质量，但是有关方面对于健康产出的重视还有待进一步提高。

中国不断加大对医疗和卫生领域的投入，这有利于制定更加有效的改革方案。通过引进以健康产出为导向、以价值为基础的医疗体系，中国有可能先于其他国家建立一套可持续的优质医疗卫生服务体系。

为建立一个以健康产出为导向的医疗服务体系，诺华提出以下五大关键要素以及为加快这一进程所需的具体措施，以供参考。

1. 确定有共同需求的患者群体，实施积极有效的干预措施

关键的第一步要了解患者群体，并将其按照风险级别进行分类。建立医疗机构和患者能够进行多方实时数据访问的统一共享信息系统。早期方案还可以包括实施电子病例（EMR）系统管理、建立患者登记制度，从而能够追踪各种医疗情形下的并发症，并确保数据的质量和准确性。

目前，中国已在各大医院建立了电子医疗病历系统，并能够在医院层面实现数据共享。展望未来，中国医院面临的挑战是如何将这一系统向其他的医疗服务提供者延伸，包括医生、基层医疗卫生机构以及跨省医疗机构。

建议：在不久的将来，中国政府可借助大数据进一步推动建立省级和国家级的交互操作 IT 系统。作为“十三五”规划的目标之一，中国国家卫生和计划生育委员会计划开发一套全国性的信息系统，以保障药品的供应和提升医疗服务水平。中国政府还可以与经验丰富的跨国企业合作，借鉴国际领先的经验和技术。例如，浙江省卫生和计划生育委员会已经与诺华公司开展了一项联合研究，以便为该省的省级医院信息系统找到最佳解决方案。

案例研究 1：通过医疗机构网络的临床信息和数据整合，Geisinger 健康系统公司的 ProvenCare 项目为冠状动脉旁路搭桥术（CABG）患者找到了最佳治疗方案[①]

2006 年，美国 Geisinger 健康系统公司推出了 ProvenCare 疾病治疗项目，其中包括冠状动脉旁路搭桥术（CABG）。该项目为 CABG 制定打包价，涵盖了术前评估、住院服务、出院后常规护理、后续护理以及再次住院等服务。

① “ProvenCareSM”：由医院提供的急性偶发心脏病手术护理按效果付费项目，《外科学年鉴》2007；Geisinger Health System，负责任护理成功案例研究，ACO 2010 年 10 月；媒体报道。

ProvenCare 项目的特色在于通过 EMR 系统，各方可以非常便捷的访问患者数据，从而创建了一套从术前筛查中风风险到确保患者一出院就开始每日服用阿司匹林的完整治疗路径。

该项目对降低患者死亡率、监测并发症和控制治疗费用等均产生了积极的影响。数据表明，这一项目使医院该手术的术中和术后死亡数减少至几乎为零。它还将术后 30 天内再住院的人数减少了 45%，同该医院的医疗成本降低了 28% ~36%。

2. 为患者设定标准的、量化的产出指标

当前的“产出”定义过于狭窄，无法反映出对患者的真正价值。通常“产出”这个词会被错误地用来描述过程衡量标准，这些标准会衡量已输入的指标（例如床位占用数量）。为了反映出临床结果或情况，必须根据生理参数、死亡率及疾病终结点等客观指标来制定衡量标准。

以心力衰竭为例。诺华了解到中国目前仅衡量死亡率等基本产出指标，而瑞典（有更成熟的健康产出导向体系）还会衡量再次入院、并发症以及其他与患者长期健康有关的指标。这种方式可以更好地发现患者的需求，并确保患者在合适的时间内得到正确的治疗。

参考措施：设计一套可衡量临床结果与效率的指标，以确保达到预设的质量标准。政府还可以为医务人员提供衡量方法和解读指标的培训。

案例研究 2：在 Geisinger 健康系统公司针对糖尿病管理建立产出与评估衡量标准

Geisinger 健康系统公司为宾夕法尼亚州的25000 多名糖尿病患者提供治疗。2005 年，Geisinger 开始改变对糖尿病的治疗方法，采取的主要措施有：

①从美国多个权威机构如美国糖尿病协会搜集信息，整理与糖尿病相关的最佳治疗指南，重新制定糖尿病治疗方案；

②选定九大指标，其中包括血红蛋白水平、免疫接种以及吸烟状况等，这些指标可以通过 Geisinger 的 EMR 系统进行追踪；

③建立一个“全或无组合”，只有当患者的治疗结果满足所有标准时才算达成的绩效指标。它体现了一个“理想”状态下的医疗解决方案并有助于培养团队协作，因为多人间的互补与合作才能取得成功。

④制定一个监测流程，生成实时数据，用于追踪和比较结果。

事实证明，新方法非常有效。糖尿病“组合”的分数开始大幅提高。分数提高的背后是患者健康状态的大幅改善，其中包括视网膜病、中风以及心肌梗死的风险降低。

3. 衡量健康产出的透明数据，从健康产出的差异中获取信息和经验教训

通过衡量同一批患者群体的结果指标变量，对地区层面、国家层面乃至国际层面医疗机构之间的医疗服务水平的评估成为了可能。而对这些变量背后的原因进行深入分析则可以找到最佳治疗方案。而对这些最佳治疗方案进行广泛的传播又可以改善临床实践结果，减少结果指标的变量。例如，为了减少术后眼内炎（PE）的发病率，瑞典白内障登记管理处一直在监测内囊破裂的指标，这是 PE 发病的主要风险因素。持续的指标监测、培训和临床路径改良三者相结合，最终使 PE 发病率降低了 80%。

中国一直强调要把患者从大型医院分流到社区卫生中心，尤其是针对慢性疾病患者。然而，社区卫生中心的诊疗水平确实有待提高。例如，诺华公司对某一社区 35 ~ 49 岁人群的一项分析报告显示，只有 44% 的高血压患者是在社区卫生中心确诊，39% 的患者是在医院门诊确诊，另外 17% 的患者直到住院才被诊断患有高血压，其结果是治疗费用的增加和病情的延误。监测、分析并解决其背后的深层原因会对推进双向转诊这一重要的医疗改革举措提供有力的支持。

参考措施：政府在倡导医疗机构数据透明化方面扮演着重要的角色，提供这些数据有助于借鉴最佳实践并促进医疗机构之间的交流合作。与经验丰富的跨国公司合作也是利用全球经验与最佳实践的有效方式。例如，诺华公司与广东省卫生和计划生育委员会合作共同为该省 140 名来自县级医院的医生提供了培训。这些医生有机会在广东三甲医院工作一年，期间从同行那里学习到了以结果为导向的方法和最新的医疗技术。

4. 确定治疗路径，合理实施强调疾病预防的协同性医疗

呼吁关注患者个体，提高各级医疗机构间的协同效率，便于患者进行双向转诊。目前，中国政府在定义临床路径方面已取得显著成效。截至 2012 年，政府已为 20 多种疾病制定了 430 余种临床治疗路径，预计 2015 年还要再增加 600 种。这些治疗路径应由大医院主导专科治疗，社区卫生中心负责基础治疗。此外，为推动医疗卫生事业长期健康的发展，政府应落实疾病预防的各项措施，包括宣传健康生活方式、减少吸烟、提高接种率等。

建议：采用宣传推广、培训与教育（其中包括患者/公众教育）以及试点项目等方式，培养公众预防疾病、维护健康的观念。事实上，中国在通过宣传教育对抗传染病传播方面有着非常丰富的经验，这些经验同样可以用于慢性病的防治。

分级诊疗制度在慢性病的协同治疗上可发挥重要作用，中国的医改强调“基层首诊”，而加强对基层医生的专业技能培训、完善医保报销政策等措施可加快政策的落地（例如，提高社区卫生中心门诊报销比例，但目前只有13个省份实施了这一政策）。

与跨国企业合作开展技能培训也是一个有效的措施。例如，在过去两年里，诺华公司就与新疆卫生和计划生育委员会展开合作，为当地乡村医生提供有关高血压控制及低成本技术的现场培训。

5. 鼓励健康产出改善的支付与报销模式

由于医改一直以来强调保障基层医疗服务、降低医疗费用，因此当前的医保报销制度更注重医保报销服务和产品以及医保控费。虽然通过费用总控和招标制度达到控费的例子比比皆是，但通常却忽视了对治疗结果的关注。中国政府已经意识到提高医疗质量的重要性，并逐步开展了按人头付费、按病种付费等试点项目。这些试点模式已经开始把治疗效果列入考虑范围，但尚未得到大规模的推行。

建议：鉴于这些支付和报销模式在其他国家取得的积极成效，诺华建议中国参考其成功的经验，形成一套符合中国国情的支付和报销模式；也可以完善现有机制，纳入基于绩效的激励因素等。例如，随着国家发展与改革委员会逐步放开药品最高零售价格制定，市场机制将发挥主导作用以保障药品的价格维持在合理范围内。另外，政府也要考虑加快药品审评审批速度，保证医生和患者能够更快用到疗效突出且具成本效益的创新药。

政府也可以考虑针对具体的疾病领域开展更多的独立试点项目，从而为设计基于健康产出的支付/报销模式获取更多经验。地方政府可以与企业和医疗机构，特别是经验丰富的外国医疗机构和制药企业开展合作，促进经验技术的分享和交流。

案例研究3：Spanish Alzira模式采用按人头计算的支付模式来取得积极的结果①

位于西班牙巴伦西亚的医院运营商Ribera Salud在全球范围内领先采用了Alzia模式，该运营商负责为已签约地区提供医疗服务。Alzira模式的主要特点有：

①按人头收费。医疗机构按人头收费，区别于服务收费的传统模式；医疗机构保留最高7.5%的利润，其余利润会退还给付款人。

②衡量绩效。临床医生的绩效将记录在该系统与电子病历中，所有临床医生均可在线查看自己的绩效分数以及每周的衡量基准。

③绩效激励机制。企业、团队以及个人奖金全部与绩效挂钩。如果患者选择了别的医疗机构，Ribera Salud需要支付全额费用。绩效不佳将会受到处罚，也会降低续约和延长合约的概率。

Alzira模式在费用、就医以及治疗结果和患者满意度等方面取得了积极成效。患者人均医疗成本比其他地区降低了26%。

中国在改善和发展医疗卫生事业方面取得了长足进步，在发展生物技术、制药和健康服务行业方面成就斐然，令人称道。中国的经济发展足以为医疗服务提供充足而平衡的投入，此举不仅能够保障健康的劳动力，同时也能鼓励更多对创新的投资。基于医疗服务、创新与经济表现三者之间的关系，我们认为，以健康产出为导向的医疗卫生系统最终将有助于加速产业转型、提高生产力水平，并进一步提升中国的国际影响力。诺华公司希望继续支持落实上述建议，在中国社会转型的过程中做出贡献。

---

① McClellan，Kent等人，“负责任护理——注重重要结果”，WISH负责任护理报告，2013；NHS Confederation，寻求低成本整合式医疗，来自巴伦西亚地区的Alzira模型，2011。

可持续的中国医疗创新之路

西门子股份公司

要推动医疗卫生工作重心下移、医疗卫生资源下沉，推动城乡基本公共服务均等化，为群众提供安全有效方便价廉的公共卫生和基本医疗服务，真正解决好基层群众看病难、看病贵问题。各级党委和政府要关心和关爱医务工作者，为他们创造良好工作环境，让广大医务工作者安心、放心、舒心从事救死扶伤的神圣事业。”

——习近平（2014 年 12 月 13 日）

中国新医改取得阶段性成果

2009 年中国政府的《中共中央国务院关于深化医药卫生体制改革的意见》的颁布正式启动新一轮的医改，目标是解决国民看病难、看病贵的问题，使得中国的广大城乡居民最终都能获得高质优价的医疗保健服务。过去几年，中国初步建立了全民基本医疗保障制度，基本覆盖了城镇就业人口、城镇非就业人口、农村人口和城乡贫困人群。截至 2012 年底，中国参加基本医保的人数已经超过 13.4 亿，总人口覆盖率超过 95%，在世界上是绝无仅有的成就。

中国医保体系的建立提升了公众的健康意识，也促进了国民对医疗服务的需求。在中国，全民健康受到越来越多的重视——正如世界卫生组织总干事陈冯富珍女士所言，“全民健康覆盖是公共卫生不得不提的唯一最强有力的概念”，所有人都应该获得他们所需要的卫生服务，且无遭受经济损失或陷入贫困的风险。中国领导人也意识到实现全民健康不单是实现公民更好的健康和福祉，也是提升社会满意度、促进中国持续健康发展的有效途径。

深化新医改的挑战

要解决看病难、看病贵的目标还有很多的挑战。从 2009 年到 2013 年，中国的医疗卫生费用总体支出从 1.75 万亿增至 3.17 万亿元人民币，人均的医疗费用支出增长了约 77%（参见图 1）。增长的主要推动力来自于政府的大规模投入，同期的财政投入的年均增长速度超过 18.5%，在总的卫生费用中财政投入比例从 27% 增长到 30%，对应的个人支出占比则从 37% 降到了 34%。但是，绝对的数量而言，个人支出的医疗费用仍然从 492 元增加到 788 元人民币——看病贵的问题并没有得到根本性的解决。

持续的资金来源和稳定的筹资结构是持续推进医疗改革的根本，然而，近年来中国政府的财政收入增速正在放缓，2014 年的同比增长是 8.8%，对比卫生费用支出增速的差距在扩大。中国政府也注意到单方面依靠财政投入推动的风险，在 2010 年末就出台了《关于进一步鼓励和引导社会资本举办医疗机构的意见》，多方面鼓励民营医院的发展并取得一定的成绩。但是，目前对社会资本办医还缺乏总体的制度保障，医疗质量管理缺乏标准，医生资源还不能自由地流动，民营医院的发展很不均衡，看起来实现“十二五”末（2015 年末）社会资本办医的床位数达到总量 20% 的目标会很困难。

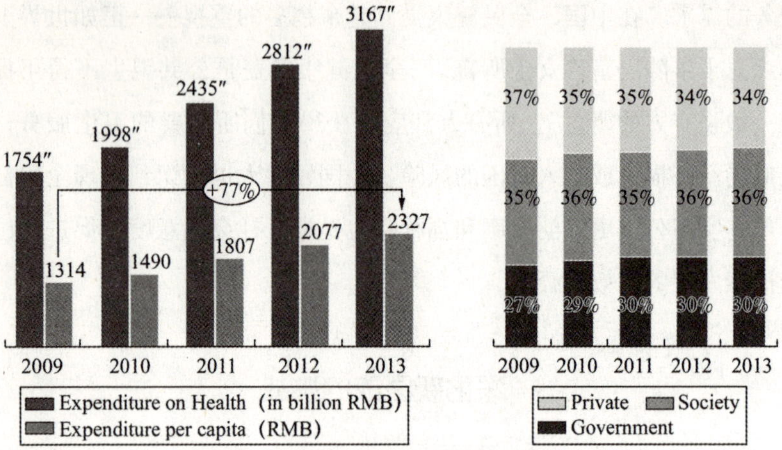

图1　中国的卫生总费用快速增长

Source：China National Health and Family Planning Commission，China Healthcare Statistical Yearbook 2014.

中国的老龄化在加快。国民的人均预期寿命从2000年的71.4岁上升至2012年的76岁，65岁（含）以上人口占比从2009年的8.5%上升至2013年的9.7%（参见图2）。根据联合国发布的《2020年世界人口预测》报告，中国60岁（含）以上人口将继续增加到4.4亿人或将达到总人口的34%。

中国的城镇化进程还在继续，2013年中国的城镇人口已经占总人口的比例53.7%。中国的居民可支配收入也在逐年提高，2013年中国城镇居民人均收入26955元人民币，而农村居民人均收入也达到8896元人民币，持续增长的收入水平和多样化的服务需求也持续推动医疗产业的发展。

目前，非传染性慢性疾病已经成为人类社会的主要杀手，心血管疾病、癌症、慢性呼吸道疾病以及糖尿病成为困扰人类健康的主要慢性病，而如何控制这些疾病已经成为全世界的难题。根据世界卫生组织（WHO）的统计，全球每年63%的死亡是由慢性病造成的，其中40%多的比例属于70岁以前的过早死亡，例如，在中国过早死亡的人数就

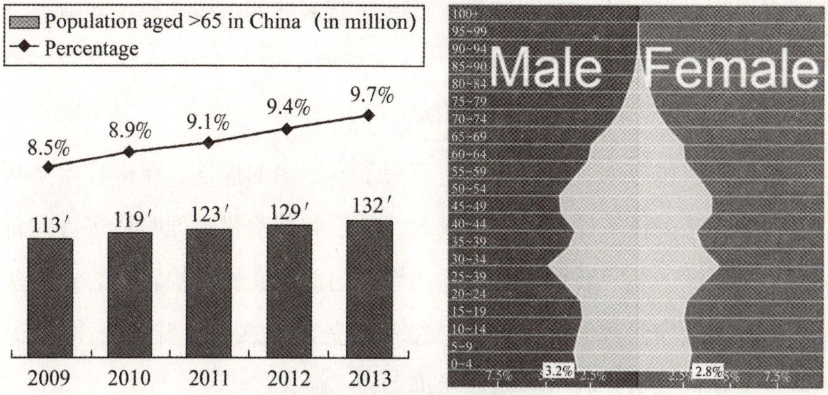

图 2　中国老龄化在加快

资料来源：（左）China National Bureau of Statistics，China Statistical Yearbook，2014。

（右）http：//populationpyramid. net/china/2020/。

超过 300 万人。造成这一趋势的可能原因有很多，包括城市化、生活方式和饮食变化、人口老龄化、烟草使用、空气和水污染等，在这些方面中国面临更加严峻的挑战。

中国社会在深层次的发展转型中，经济步入“新常态”，人口红利逐渐消失，而老龄化、城镇化、居民收入增加和慢性病发病比例上升都会对可靠、可支付、易获取的医疗资源提出更多的要求。人口结构的变化使医疗总费用增加成为必然的趋势，相反，负担不断增加的医疗费用的年轻人的数量却在变少。近期中国政府对退休保障体系、社会养老机制进行了积极的调整，寻找可持续发展的创新之路对中国的医疗产业尤其显得重要。

政策建议

1. 制度创新

国民健康是国家发展的基础，受到世界各国的高度关注，医疗状况良好的国家基本都建立了完善的管理系统。中国的医改涉及医保、医药、医疗等多个环节，其中的很多关键问题不是卫生行政部门能够单独解决的，所以顶层设计作用凸显。中国政府需要在制度创新上有所突破，“依法治医”确保医改的顺利推进。

新医改实施以来，政府各部门开展了多方面的探索，在医疗资源规划，医疗保险的体系建设，医院投入、补偿和规范化管理等诸多方面都积累了重要的经验。我们建议将适用性强的部门文件尽快转化为政府法规条例，在政府法规的层面进行总结和规范，并逐步上升到法律层面，为制定国家的基本医疗卫生法典做准备。

2013 年底，中国政府颁布《关于促进健康服务业发展的若干意见》，阐述了优先发展包括医疗服务、健康管理与促进、健康保险以及相关服务等在内的大健康产业的思路，据预测 2020 年中国的健康产业将达到 8 万亿人民币的规模（参见图 3）。我们建议，各部门尽快细化《意见》总体规划的配套政策，优化医疗资源结构，健全医疗服务体系，并结合正在制定的《全国医疗卫生服务体系规划纲要（2015 ~ 2020 年)》，同步建立相应的保障机制，推动制定区域卫生规划和医疗机构设置规划。

依法施政是本届中国政府反复强调的原则，也是发展医疗产业的指导方针。中国应该参考其他国家的好经验，修订重要的专项性法律法规，推动基本医疗卫生法的立法进程，实现政府依法办医、部门依法管医、医院依法行医、群众依法就医，从根本缓解医患矛盾，促进社会的和谐发展。

2. 流程创新

基层医疗机构的发展和公立医院的改革是中国医改的重点，已经有超过1100家的基层公立医院纳入改革的试点范围，各地在医改进程中也积累了很多经验。但是中国还没有确立能够持续、有效、大范围推行的公立医院改革模式，如何广泛深入地推进医改需要从流程创新上寻找办法。

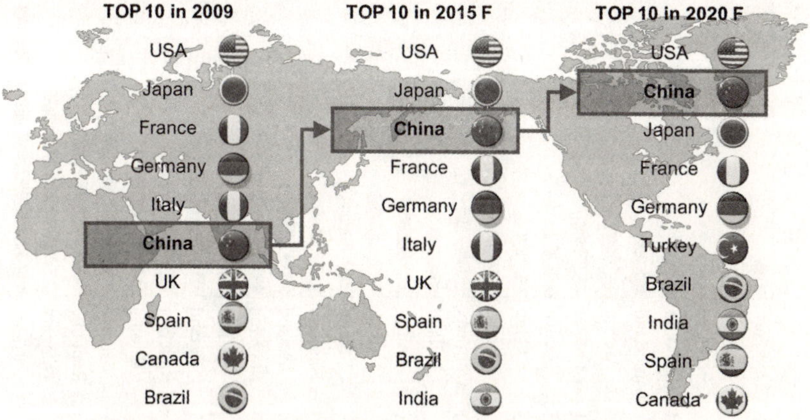

图 3　2020 年中国健康产业市场容量将位居全球第二位

Source：IMF，CLAS.

在中国的公立医院的改革中，“以药养医”受到高度关注。根据统计数据，近年来药品在中国的卫生费用中的占比高达 45% 以上，对比世界上主要国家 15% ~25% 的比例（参见图 4），药品的过度消费是中国的医疗费用偏高的重要原因，造成严重的医疗资源浪费，所以有必要推进药品流通的改革。

药品的统一招标采购是推进药品流通改革，降低药费的重要手段。国际上主要的两种做法，政府或医保机构进行集中采购，或者医院联合进行集中采购，均值得借鉴。我们建议在招标采购过程中要改变目前的公立医院的药品采购办法，完善药品统一招标机制；要关注国家基本药物目录的作用，提高基本药物目录内的药品在日常诊疗中的使用比例；还要理顺药品研发、制造、流通、使用环节中各关联主体的合理利益诉求，建立确保质量和可持续的采购模式，为深化公立医院改革打好基础。

分级诊疗制度的建立和有效运行是解决看病难的重要措施。从患者就诊统计数据可以看出，目前大量的患者看病都是首选大型公立医院，导致了大医院的医生常年超负荷运转，医患关系紧张；也刺激大型公立

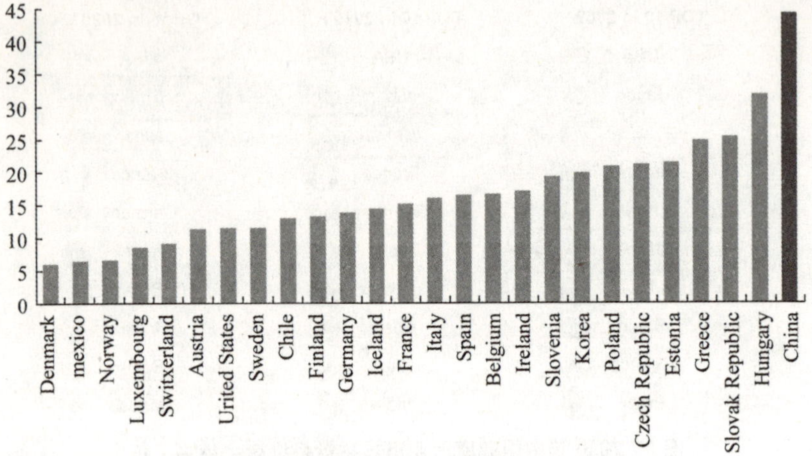

图4　中国药品费用在总体卫生费用中的占比高

Source：http：//data. oecd. org/healthres/pharmaceutical-spending. htm.

医院的加速扩张，加剧了医疗资源分布的不均衡。同时，基层医疗机构虽然花费重金购置了医疗设备，却没有合适的医生，更没有病人光顾，导致设备闲置，资源严重浪费。

推行分级诊疗制度需要优化多层次的制度流程。首先，要确保基层医疗机构有足够数量称职的诊疗医生，尤其是能够为初诊患者提供较全面检查和治疗方案的全科医生。对比世界其他国家，中国目前每千人的医生数量低（参见图 5），尤其是全科医生在总体数量中的比例偏低。所以，加强全科医生的培训，并提高他们的福利待遇，鼓励全科医生深入社区基层，是将大量的初诊病患留在基层的出路。

其次，中国的公立医院垄断了大多数的优秀医生资源。由于准入、评级、编制、科研等多方面的因素，客观上公立医院的医生很难自由流动，造成了医疗资源不平衡分布的局面。我们建议加强跨部门协调，稳妥推进医生的自由执业，多点行医，鼓励优秀医务人员向基层医疗机构，尤其是民营医院的流动，满足人民群众日益增长的多元化的需求。

医疗保险机构直接举办医疗机构是各国普遍做法。医疗保险机构通

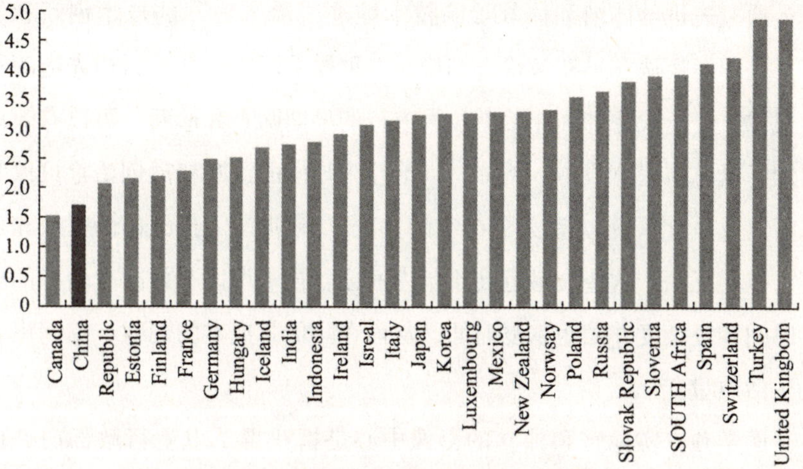

图5　中国每千人拥有的医生数量偏低

Source：OECD，Siemensanalysis.

过直接控制医院，可以形成预防、检测、治疗、康复一体化的医疗服务模式，也能够更好地抑制医疗费用过快增长，此外我们还建议借鉴国际经验，引导商业健康保险机构直接举办非营利性的医疗机构，形成多元主体办医格局。

此外，在医保费用报销制度的实施方面还需要向基层医疗倾斜，在确保分级诊疗的医疗服务质量，保证医生的收入的前提下，引导患者就近就医，根本上解决看病难的问题。

3. 技术创新

众所周知，疾病的早发现，早治疗，有助于提高治愈概率，降低治疗费用，减轻患者和家属的痛苦，降低医疗系统的负担。当今全世界80%的医疗费用被花在治疗癌症、心脏病等慢性病上，其中绝大部分被用于对付晚期的慢性病。中国的情况更为突出，每年的绝大部分医疗费用支出都与慢性病的治疗有关，相比之下却只有1.3%的医疗费用被花在公共卫生和疾病预防事业中。所以重视预防保健并开发预防保健的新技术对促进国民健康非常重要。

通过先进的体内和体外诊断技术推进“治未病”的技术创新和发展，是确保疾病在早期被检查和诊断的重要手段。尤其是运用先进的医学成像、分子成像和临床诊断技术进行的早期筛查和诊断，可以有效地帮助降低总体医疗成本。例如，以治疗为导向的诊断和微创治疗可以为患者以及医疗系统创造实实在在的益处，特别是对于心血管疾病和癌症。事实证明，这些在最近几十年内的创新技术可以有效减少治疗的持续时间和复杂度并缩短恢复时间，从而在降低总成本的同时，提高患者的生活质量。

医学独立实验室和独立的影像中心是指获得了卫生行政部门许可的、具有独立法人资格的、专业从事医学检测的医疗机构。在美国、德国等国家，发展医学独立实验室和独立的影像中心实现资源共享，达到医院、患者、社会等多方面共赢的目标，是节约医疗资源、减少医疗开支的有效技术手段。中国目前已有医学独立实验室和影像中心的成功实践，但是还没有形成完整规范的体系，在检测的质量控制标准、检测结果的互通互认、医保费用的保障结算等方面还需要进一步完善。

医疗健康保险是健康服务业发展的重要保障机制，有成熟多样化的健康保险体系做支撑，中国人对健康的个性化多样化需求才会释放。但是，目前中国的医疗保险内容简单，商业健康保险的占比很低，我们建议对照世界上其他国家健康保险的发展情况，及时加强开发健康商业险的技术手段，完善保险保障体系。

互联网时代，新的技术手段层出不穷，借助移动医疗技术和可穿戴智能设备的推广，人类了解自身健康，预防和战胜疾病的办法也更加丰富。我们相信，只要中国政府坚持创新的思路发展医疗健康产业，保障相关参与者（医疗机构、医务人员、保险公司、患者和全体国民等）的合理利益诉求，中国将能够独辟蹊径，找到更经济、更适用的可持续发展的医疗之路。

结　论

随着2013年《关于促进健康服务业发展的若干意见》的颁布，医疗健康产业的发展步入新的阶段，对中国政府而言，制定出清晰的可持续的医改路线图尤为重要。我们建议兼顾顶层设计和市场化的手段，通过对制度、流程和技术的创新，实现高质优价的全民医疗保健服务的终极目标。

参考文献

[1] 世界卫生组织，《世界卫生统计2014》
[2] 世界卫生组织，《全球慢性非传染性疾病状况2014》
[3] 世界卫生组织，《全民健康覆盖报告2013》
[4] 麦肯锡公司，《中国医疗步入深水区2012》
[5] 中国人力资源及社会保障部，《中国人力资源及社会保障统计报告2013》
[6] 中国国家统计局，《中国统计年鉴2014》
[7] 中国国家卫生和计划生育委员会，《中国卫生统计年鉴2012～2014》

中国的诊断经济学

雅培公司

通过更好的诊断提高医疗保健成果：采取多方共同管理的模式

诊断，作为医疗保健的一个领域，公共政策支持和私人投资可以和谐地共存，并使各方均从中受益。除了社会经济效益之外，投资团体还可以看到，作为一个全球性的商业机遇，诊断领域可以创造出效益。

在解决政府、支付人、患者对更高效低廉的治疗的需求过程中，诊断显得至关重要。政府和其他支付人（例如医疗保险公司）面对着医疗开销迅速增长的前景，我们认为他们会支持增加医疗诊断的费用，并把这作为确保合理分配他们的医疗保健开销预算的一种方式（科纳斯通资本管理公司）①。很明显，有了准确的动机，诊断可以作为可持续投资和改革的一个切入点，并能够提供与成本相关的巨大的经济和社会回报。

体外诊断产品的全球市场销量估计为450亿美元。按照Kalorama Information公司的预测，到2018年有望达到650亿美元。诊断产品，仍然是主要被第一世界国家所使用的工具——根据一家诊断产品集团公司

① Onyuka, M. and Garcia-Tunon, C. “投资可持续性发展趋势：诊断产业在医疗改革中的日益重要性”，科纳斯通资本管理公司2013年版，第1页。

Advameddx. org 的数据，40% 的市场在美国，50% 的市场在 OECD（经济合作与发展组织）国家，只有 10% 在新兴市场[①]。

然而，诊断产品的增长正受到新兴市场的推动，在“金砖四国”的销售量，预计自 2010 年起每年会增长 10 个百分点。正如马克凯瑟尔，一位杰出的医疗健康投资人在《科学家》杂志中所写的那样，了解了这一需求，企业会参与到这些活跃的市场中来并投入精力、人力、智力和财力。

在发展中国家，疾病的治疗与控制面临的最大障碍就是缺乏准确且可负担得起的诊断检测。这样的不足可能导致诊断的延误，进而导致低效且更加昂贵的治疗，同时也会增加疾病传播给他人的风险。更糟的是，缺乏充足的诊断可能导致误诊、不正确的治疗，更有甚者会导致患者死亡。

在发达国家，由于进入有利可图的市场的道路明晰，厂家愿意在诊断产品上做出投入。相反，在发展中国家，实现这种商业化面临着多重障碍，例如烦琐的政府审批，不完善的医疗系统，公共医疗领域长期的资金缺乏等等[②]。

中国，作为世界上最大的经济体之一，是一个独特的发达国家和发展中国家的集合体，它的医疗体制正反映了这一点，诊断改革对于弥补这一差距来说是至关重要的。要想为下一代创造出先进的诊断水平，需要在研发领域进行大量的私人投资。根据欧洲诊断产品制造协会（EDMA）的观点，“体外诊断产业将其收益的 12% ~15% 用于研发的再投资，使其成为研发密集型领域之一，这与欧洲的制药行业如出一辙”[③]。

---

① AdvaMedDx/ DxInsights，“分子诊断学：诊断服务系列的基本”，2013。

② Kessel，M. “观点：需要诊断”，《科学家》杂志，2013 年 1 月版。

③ 欧洲诊断产品制造协会，“欧洲的体外诊断企业：事实与数据”，http：//www. edmaivd. be/index. php？page = european – in – vitro – diagnostics – industry – factsand – figures。

维持这一水平的投资需要财力支持，并且不可能是短期的收益或以人们的行为为基础的市场力所能推动的。重要的是，从患者的角度出发，某些需求正是经济学家所称的“弹性需求”。一个患者可能会愿意购买一切药物来解除他的牙痛，但却忽视预防性治疗。这正是政府支持和有效的公共政策的关键所在，根据世界银行的观点：

疾病如果在早期被诊断出来便可以得到治疗，但是在早期阶段的症状显现得相对较小，这就会产生一种对检查的需求，就价格或可用性而言，这种需求具有较高的弹性。在这样的情况下，另一种力量会提供一种不同的方式，在这种方式中政府补贴可以推动对服务的社会最优使用①。

政府和企业必须为了消费者的利益而找到合作的方式——这不是单独任何一方所能完成的工作。

中国的诊断行业

中国正处在历史变革的中间阶段，其医疗服务体系正向以市场为导向的体制转变。美国也在通过政策干预实施着一项重要的改革，例如平价医疗法案（ACA）。这两种改革有着同样的目的：建立医疗社会，解决制约经济和社会发展力的双重负担——疾病和高昂的医疗成本。最优的医疗只能通过政府、企业、研究组织的合作才可实现。这在诊断领域显得尤为突出，这要求计划、资源分配、教育改革的优化组合，并将让投资者看到巨大的潜在利润——事实上，它体现了某一种最大的机遇。

在中国，由于快速的人口老龄化，导致了需要开展更为便利全面的

① Filmer, D. et al.，“薄弱环节：贫困国家的医疗政策”，《世界银行调查员》，Aug 2000，Volume 15，Number 2，pp. 199～224。

检查，并得出更快更准确的检查结果，这样的需求推动了诊断检查的发展。中国，处于世界人口浪潮的前沿，在老年人口医疗保健中的经验，可以为其他即将迎来这一挑战的国家提供指导。但是，这样做需要制定有证可循的政策决策，重新调整鼓励政策，力求在诊断学领域创造新的优势，在这之后便会获得企业投资的支持，为中国各年龄段的人民谋福。

尽管面临着挑战，中国诊断学的未来却是光明的，凭借着巨大的互联网连通率，中国可称为是世界上最灵活的国家。远程医疗、网络床边诊断、数字化改革，有助于迅速地将医疗护理带到患者所居住的地方，并降低成本。就像中国的通信基础设施重心从固定电话向移动电话跨越一样，中国可以充分利用其网络互通性，为人工递送和测试方法另辟蹊径，从而提高工作的准确性、效率、和利用率。

当前在中国，仅有25%的诊断实验室检测实现了自动化，仍存在人为误差所导致的不准确且成本高昂的结果。自动化和信息化，可以使诊断改革成为现实，通过中国卓越的通信基础设施支持可以实现这一目标。

我们在中国的经验

雅培通过以下几种方式为中国的诊断医学的快速发展提供支持。

首先，作为技术创新者，我们近来在上海建立了一个研究与开发中心。我们的目标是测试并制造专门用于中国市场的产品，致力于中国传染病、癌症、心血管病、肺病、糖尿病患者的诊断。然而，我们的工作并不仅局限于当地。

我们寻求与中国最好的最先进的科研单位合作，将科研成果转化为更好的医疗护理，使全球的人们受益。我们可以做这项工作的原因是，我们是诊断学的全球领军者，我们知道如何通过一种满足患者需求的方式将科技引入市场。我们已经开始了这一进程，现在正与上海瑞金医院的转化医学中心展开合作，这是全国现有的六个转化医学中心之一。我们希望寻求与中国研究组织更多的专业合作机会。

其次，我们知道，中国的需求不仅是在城市大医院为患者提供优质的医疗服务，还包括为医疗服务水平低下的农村患者提供治疗。通过改进我们的现有产品以及应用适用于社区水平和农村地区的设备和诊断方法，我们有能力来满足这一基本要求，在这些地区，由于医疗途径的缺少，已经造成了对城镇大型医院需求的压力。有效的治疗不单单是去医疗服务提供者那里看病，也绝不仅仅是一个处方。同样，诊断学也绝不等同于诊断，它提供一系列连续的治疗，包括风险评估、筛查、诊断、分类、疗法选择、预后和监测。

所有的这些计划，都是以我们 126 年的长期经验和财政力量作为坚实的后盾的，从而确保雅培能够长期致力于中国市场。我们很快地在中国扩展了 4000 人的雇员团队，近期，我们投资了 2. 5 亿美元在嘉兴新建了一座营养品生产工厂。我们的 CEO 白千里先生在他上次参加北京亚太经合组织 CEO 会议时说，“我们已经积极地参与中国市场二十年，并在几个关键的市场取得了重大成就”，我们希望在这条路上继续走下去。

布莱恩布拉泽，雅培的全球诊断产品业务的执行副总裁，重申了这一承诺：

诊断测试发挥着提供信息的主导作用，有助于一系列疾病的预防、诊查、治疗。雅培的生活改善检测和诊断工具可以确保明智的医疗和经济决策制定，有能力实现生命各个阶段的医疗护理实践的改善。我们致力于为中国人民带来新的革新产品，并确保我们的仪器系统和检测项目能够在现在和将来为人们提供更好的护理。

我们致力于“六西格玛[①]”质量管理方法，这使得雅培在制定全球标准和指导方针方面处于领先，我们与亚太经合组织等国际组织的合作，研发甲状腺和HIV检测指导方针，这仅仅是两个例子。我们致力于为那些最需要的人们提供优质的诊断方法。我们诊断产品业务中国区总经理林日升先生曾经说过：“只有通过高质量的试剂、仪器、操作和培训，才能实现将‘六西格玛’引进中国。我们致力于提供最先进的、最好的技术来确保为中国的医护专业人士提供可靠的、及时的实验结果。”

当前建议：消除平价医疗的障碍

我们认为，我们在中国开展业务所遇到的最大障碍，也在全国范围内妨碍了中国医疗体制的最优发展。我们所遇到的障碍包括如下几点。

一是缺乏其他国家所公认的临床试验的灵活性。这已经导致了能够改善中国患者健康的关键试验出现了“档案空白”。

二是第三或第四线市场由投资不足的小型企业主导，外国医疗企业难以进入，导致患者不能公平地获得诊断，这已经形成一种常态。

三是各省之间的法规和支付系统有很大差别。中国不是一个单一的市场；它和欧盟形成协调的法律和标准之前的欧洲相类似。

四是针对将中国患者的研究样本送到世界顶级的研究中心设置了限制，这样的做法毫无意义。

其中的一些问题可以通过规章制度改革来解决，其他的更多是体制的问题。然而，最重要的是，中国的医疗系统所面对的报销制度，使得诊断检查（以及药品）成为了医院获得资金的重要来源。根据中国研

① http：//baike. baidu. com/view/185047. htm.

究者所编著的期刊《药物基因学》（http://www.ncbi.nlm.nih.gov/pmc/articles/PMC3937542/）中所发表的一篇论文：

政府为很多医疗服务设置的定价远低于实际成本，其目的是为了提高这些服务的可购性；因此，医院必须承担提供医疗服务的财政损失，为了弥补损失，大多数医院依靠的是处方药销售和烦琐的诊断程序，这导致了昂贵的不必要的过量药品和检查。这不仅是浪费医疗资源，还给患者和付款人增加了沉重的经济负担①。

这样的结构促使医院使用它们的集中定价能力来压低生产者的药品和诊断检测的价格。这尤其挫伤那些仅有有限的资源来开展研发的新型企业和小型公司，这阻碍了它们的发展。根据调查，生产商仅能获得医院从患者的体外诊断检查收费的10%，而购买者希望每年有5%的成本下降。检测通常是在诊断之后进行的，而不是在获准进入医院之前或作为急诊室治疗类选法程序的一部分。

我们认为还可以通过将诊断程序转移到急诊室患者床边的方法来减缓医院的实验室压力。床边诊断（即时诊断）可以降低在急诊部的住院天数。一家普通的三级医院每年大约接待100000名患者。如果把这种相应的影响力从美国转到中国市场，中国将会获得巨大的成本节约。即时诊断检查有助于为医院制定即时诊断计划，降低系统全面的费用支出，增强患者满意度。

不断发展的医疗环境要求医院提升质量、效率、患者体验，同时降低总医疗成本。全球的医疗体制必须找到一条出路来以较少的资源做更多的事，服务更多的患者，同时提供比以往更高水平的服务。从“按服务收费”到“按价值收费”的重要转变势在必行。

① Liang，W. et al.，“健康经济学与结果调查在中国的医疗改革中的角色”，《药物经济学》，Feb 2014，Issue 32，pp. 231～234。

讨论建议

以下是我们对政策建议的讨论议点，其中包括我们的具体举措来支持中国持续的医疗改革的进行。

第一，我们将与中国的经济学家合作，利用我们专注的健康经济学和结果研究经济学家团队，研究诊断如何才能在中国乃至全球的医疗保健中创造效率。对中国居民健康造成主要威胁的疾病，心血管病、癌症、糖尿病、肺病将是我们研究的课题。例如，我们将共同设计一个中文版的实例库，健康经济学分析工具，以供政策制定者和相关机构以各式各样的人口特征和疾病流行统计数据为基础，制定预算和远景规划。

第二，利用价格机制刺激高效的医疗护理，是以市场为驱动的改革如何能提高医疗护理的经济水平的一个范例。这种改革也将是我们的经济学家和营销专家利用我们的信息能力系统合作研究项目中的一个课题。我们很乐于同中国的相关各方共同合作，支持建设广泛的医疗护理信息机制。如果没有这种灵活的工具，潜在的政策改革——例如在中国实施 DRG（诊断相关组预付费制度）——是不可能实现的。

第三，国内外的诊断行业参与者共同合作促进改革。与外国企业合资也可以提高标准、质量，并引入公平竞争。在财政紧缩的环境下，我们对提供便宜的检测、控制通胀、支持本土企业表示理解。但是，大量小型企业的低利润率，使得他们不可能在研发中投入充分的资金。最终，患者要承受痛苦，并且总体费用会更高。

第四，协调国际、国内、地方检测标准和诊断法规。我们还希望讨论如何对中国的体外实验样本实施跨国检查。中国的样本目前是不允许实施国外实验的，这意味着中国的患者很难获得新的治疗方法。采取这样的措施（国外实验）将加快中国与全球医疗系统的一体化进程。这对于诊断和开展临床检测都是很重要的，可以保证中国的患者像其他国家那样从中迅速受益。

第五，我们希望为我们的下一代为小型供应商以及偏远乡村地区的供应商设计的模块化实验室平台实施审批程序。关键的问题是如何向这些规模小且位置分散的客户提供产品和服务，这比那些少数的大型医院要难很多，这必须在全国范围内获得技术支持。在 2015 年 1 月，我们在中国发布了雅培诊断客户支持中心微信平台，该工具的使用让仪器操作者通过手机微信以扫描条形码的方式接受远程诊断帮助。

第六，充分利用中国的数字平台提供贴近患者的优质医疗服务。根据我们的广泛研究和对中国城乡医院的走访，我们认为目前存在机遇来设计适用于中国的即时诊断产品。这些产品可主要用于医院急诊室，从而对患者进行筛选治疗，保证那些最需要治疗的患者先于那些较轻者得到治疗。即时诊断可用于医院的重症监护病房，在那里快速的检测结果是很重要的。它们还可以用于那些不容易接触到大型医院实验室的地方的远程定位，减少不必要的远途就诊，同时降低物流成本，更平价地提供即时诊断，其最终目的是为了减少当前几乎完全由医院实验室承担的诊断负担。

我们还有意推广一系列 i-STAT 产品，一种轻便手持的紧急体外诊断设备，并希望找到一家中方合伙人来提供持续的培训和国内生产。为了实现这一目标，iSTAT. System，一种先进的、手持的诊断工具，可以在几秒钟内为患者的即时诊断提供即时的、实验室质量的检测结果，从而加速患者的治疗方案的制定程序。

第七，为了填补中国关键性的检测档案空白，我们建议中国食品药品监督管理局（CFDA）加速实施对目前在中国还无法利用的外国企业新实验成果的行政审批。对于中国市场还不存在的实验成果，降低其进入市场时间也是一种创造价值并为市场引入最新的优质产品的最佳的方式。

第八，健康的血液供应对于一个健康国家来说是至关重要的。为了减少医疗护理支出，并提高安全性和质量，我们建议批准化学发光微粒子免疫分析（CMIA）血液检测工具，这样是世界卫生组织所推荐的。CMIA 本身已经在中国获得批准用于其他检测目的。

第九，了解 HIV 病毒的感染状况，对于有效的治疗癌症是十分关键的，尤其是与艾滋病相关的癌症，但是根据最新研究①，在美国，仅有 41% 的癌症存活者曾经接受过测试。我们希望召开一次双边学习研讨会，讨论为所有的癌症患者开展 HIV 病毒检查，这也是美国疾病控制中心的建议，也是对中国和美国提出的具体建议。

第十，我们计划通过专业社会机构、大学、雅培的 Volwiler Society 组织增加与中国的科学交流，我们还从 2015 年后期的《科学》杂志增刊入手，倡导并致力于在中国出版诊断研究成果。我们期待着能有机会提供各个层面的技术培训。

第十一，在我们的上海研发中心，我们将探索伴随诊断和个体化用药的 FISH 实验在中国的最大用途。FISH（荧光原位杂交）是由生物医学研究者在 20 世纪 80 年代研发的一种细胞遗传技术，主要用于探测和定位染色体上具体的 DNA 序列上的出现或消失，FISH 使用荧光探针仅依附于那些显现出高度序列互补性的染色体部分。植入前胚胎染色体异常（变异）的识别特征描述，以及胚胎基因对于生命质量是至关重要的。FISH 是一种判断多种染色体变异的强有力的工具。

---

① Li，J. etal.，“在美国为 65 岁以下癌症患者测试艾滋病毒，预防慢性病”，Nov 2014，Volume 11。

结 论

现今，成功的医疗实践是将企业投资、技术和情报熟练地结合。从产前诊断、癌症或其他疾病的标志物的基因检测，到快速准确地诊断病发时的疾病，并且有效地对治疗进行跟踪——例如通过测量病毒载量——诊断可以通过多种方法控制高昂的医疗成本并增加患者的满意度。

优质的诊断结果取决于很多因素，并由很多个部分组成：正确的工作流程、数据、实验室工作，此外还包括最佳的试剂和实验手段。建立监督链条，使用正确的计算程序，培训等工作也很重要。

包括全球科学家、企业家、相关政府官员在内的各方面的合作，将会为各方创造最佳的效果。这一点在突发疾病的案例中显得尤为突出。全球性挑战需要全球性解决方案。

以现有的最优秀的科学成果、全球标准、经济依据以及保障全民基本医疗的政策为基础的医疗政策，能够创造出繁荣和谐的环境。中国的医疗保健政策应与全球协调，以避免中国的患者所遭受的不利，给予他们享受最新最优科技的机会，让他们拥有更丰富的生活。

第七篇

包容而可持续的新型城镇化

- 沃尔沃集团
- 经合组织
- 瑞士再保险公司
- 国务院发展研究中心
- 西门子股份公司
- 港铁公司

迈向可持续发展的城市

——面向中国潜在的交通运输解决方案聚焦创新驱动的城市化和智能城市

沃尔沃集团

引　言

1. 基本介绍

鉴于城市发展的复杂性和综合性，任何单个部门都不可能解决城市生活的方方面面。本文的目的是以技术内容为基础，提供与城市化和智能城市建设有关的建议，范围将广泛涉及综合交通系统的方方面面，这同时也归结到沃尔沃集团的专业领域——可持续发展的交通运输解决方案。

交通运输是任何经济的基础和高品质社会生活的关键。任何追求经济增长和社会可持续发展的国家都必须将交通运输的政策制定摆在政治任务的首要地位。本文不仅包含大量的科技实例，同时也提出了一些针对中国社会可持续发展的政策建议。

2. 研究方法

本文搜集了关于中国城市发展和相关优先政策的基本资料，结合全球面临的相同挑战，筛选出了可能适合中国国情的经验和解决方案。

由于城市不是作为孤岛存在的，所以本文还将在某种程度上涵盖城市间的交通运输。

研究成果

本文的主要研究成果是确定需要进一步发展的解决方案和领域。但是，为了将这些建议放在合适的背景下，沃尔沃集团还搜集了一些关于全球和中国现状的基本事实，并在下文中加以介绍。

为了辅助证明本文列举案例的可行性，文章中列出了一些指示性数据，但是就本文的研究范围，并不能对所有数据的适用条件进行深入探讨。需统一说明，这些数据来自于商业运作的经验，以及具有一定控制条件的科学研究结论。

1. 全球挑战

一个众所周知的事实是，全球的城市人口正在迅速增长。城市化是经济增长的引擎，城市需要利用有限资源解决面临的巨大挑战。但是，城市发展仍然有路可循，有些好的例子可以相互借鉴。由墨西哥前总统菲利普·卡尔德龙担任主席的全球经济与气候委员会做出如下评论①：

全球最大、增长最迅速的城市如何发展对于全球经济和气候的未来发展路径至关重要。但是，目前大多数城市增长都是无计划、无组织的，需要耗费大量的经济、社会和环境成本。全球范围内领先发展的城市正在证明，围绕公共交通建立起来的更加紧凑、互相连通的城市发展可以建设经济更具活力、更加健康、排放水平更低的城市。这种实现城市化的方法可以在未来15年里减少3万亿美元的城市基础设施资本需求。

——《新气候经济报告》

① 综合报告，全球经济与气候委员会，世界资源研究所，2014年9月。

联合国秘书长潘基文任命了一个可持续性交通运输高级别顾问组，针对全球、国家、地区和行业层面的可持续交通运输提供建议①。顾问组负责推动可持续性交通运输的实施，与促进包容和公平增长、社会发展、全球环境和生态系统保护、应对气候变化等其他目标协调发展。

顾问组作为一个独立的声音在全球范围内推动安全、可持续的交通运输和基础设施系统的建设，帮助实现联合国可持续发展目标。这项行动旨在释放交通运输的全部潜力，促进包容性的经济增长和社会发展，同时减少排放、污染和交通事故。在接下来的三年里，顾问组将携手政府、交通运输服务供应商、企业、金融机构、民间团体和其他利益相关者：①通过经济、可靠的交通和货物运输方式促进经济增长；②减少交通运输对环境和关键生态系统的影响，包括二氧化碳和其他温室气体对全球气候变化的影响；③作为可持续发展日程的组成部分，通过改善公共卫生和提高道路安全支持社会包容和公平增长，减少贫困。

在短期内，顾问组将为秘书长提供可持续性交通运输方面的全球信息和建议，发展创新性政策和多方合作伙伴关系并发布《2015 年交通运输展望报告》。沃尔沃集团总裁兼首席执行官欧罗夫·佩森担任顾问组联合主席。

顾问组的目的是在整体层面上提供关于全球面临的主要挑战的看法。他们正在致力创造高效的交通运输服务，减少负面影响，促进增长和社会包容。

2. 中国国情

在过去的30 年里，中国的增长速度超过了全球的任何其他国家。但是，在环境恶化方面也付出了沉重的代价。能源高效利用和减少交通运输的碳排放量是中国“十二五”规划的重中之重。随着等同欧洲

---

① http：//www. un. org/press/en/2014/sga1493. doc. htm.

“欧4”法规、适用于卡车的中国国Ⅳ排放标准于2015年1月1日生效，禁止在中国制造、进口、销售和登记所有不符合新的更严格排放标准的重型柴油卡车。

到2025年将有大约10亿人生活在城市，中国将有221个城市拥有的居民数量超过百万——目前欧洲有35个，其中，23个城市将拥有500多万居民，8个“特大城市”将分别拥有千万以上的人口。

2010年，道路交通运输占中国石油消费总量的42%[①]。此外，据估计中国城市客运交通需求总量从2010年到2050年将增长4.5倍，相应的全球需求增长仅是2.6倍[②]。据同一来源估计，中国城市货运需求总量将同期增长4.3倍，而全球增长仅是3.0倍。

目前，与经济更加发达的国家相比，中国城市的机动车保有量仍然很低，在许多中国中小城市，非机动交通运输和出行模式仍然占据主导地位。正如中国环境与发展国际合作委员会（CCICED）的报告中所称，“促进城市绿色出行——减少中国城市的空气污染和交通拥堵”，这些因素为中国城市发展更加高效、经济的可持续绿色出行模式提供了机遇[③]。

中国在交通运输发展方面拥有战略性的地区和国家发展规划。上海市的《2040年交通运输发展目标》就是其中一例。它很好地概括了城市的需要，例如在规划中提到如下内容：①发展完整的交通运输服务系统，保证满足对速度、容量和价格水平的多样化需求。②沿交通走廊聚集人口和就业增长，对于城市新区，人口增长和就业增长区域必须沿着轨道交通沿线分布。③协调公共交通和非机动模式，改善公共交通、步

---

① 数据来源于清华大学车用能源研究中心的报告《2012年中国车用能源展望》。

② 《应对中国城市交通挑战的战略方向和生态系统》，针对2014年度米其林环保挑战赛发布的阿瑟·D·理特咨询公司报告。

③ 《促进城市绿色出行》，国合会特别政策研究总结报告，国合会2013年度大会。

行和自行车出行基础设施，根据人员而非车辆分配交通空间。④智能信息服务，为公交出行提供实时出行信息服务，有效管理交通资源。

3. 需要解决的关键领域

从中国的角度出发，我们确定了沃尔沃集团的经验可能相关的领域。对于每个领域，都列举了中国面临的一些重要挑战。我们认为对于中国具有价值的经验主要是在下列领域：

一是交通和物流效率。挑战：高空载率；低正常运行时间和耐用性；缺乏车队管理。

二是道路和交通安全。挑战：道路交通伤亡人数多；产品可靠性和驾驶行为习惯差（尤其是重型车辆）。

三是环境污染和二氧化碳排放量。挑战：市内的空气污染；燃油无法满足排放法规要求；二氧化碳排放量到2030年出现峰值。

四是城市交通运输和流动性。挑战：城市人口剧增、交通拥堵和空气污染。

五是基础设施升级和交通运输生态系统。挑战：缺乏信息和通信技术（ICT）概念、缺乏标准化（例如通信协议）、缺乏能够汇集并整合所有利益相关者以提供全套解决方案的平台。

本节的剩下部分将介绍上述某种或者多种挑战的相关例子。

4. 电动化

混合动力（配置内燃机和电池驱动电机的车辆）、插电式混合动力（可以接入普通电网进行充电的混合动力车辆）和纯电动客车等解决方案都应在城市中找到发展空间。但是，我们根据不同的交通运输任务提出了不同的解决方案。一般来说，该方案适用于：①市中心的低噪音、零排放、电动客车；②稍长路线的快速充电式混合动力客车；③城市通勤服务的柴油混合动力客车。

与传统的欧洲柴油客车（符合欧5排放法规）相比，新的插电式混合动力客车通常可以：①减少60%的油耗；②减少最高75%的二氧化碳排放量。

插电式混合动力客车具有高度的灵活性，不仅可以在选定的区域内作为电动客车运行，而且可以在任何路线上作为混合动力客车运行。它通常在平均70%的路线上以电动零排放模式运行。它运行噪音低，在终点站充电只需要6分钟。这样的客车已经投入商业运营。

沃尔沃集团与众多行业同仁、城市、公共机构和学术界将在“电动城市”项目的框架内继续就国家的公共汽车服务进行共同合作，包括推动瑞典哥德堡的全电动客车服务。该项目计划2015年6月投入商业运营。

全电动客车具有以下优势：①提供低噪音的交通运输；②本地零排放——为室内公共汽车站，例如室内购物中心，提供了机会；③二氧化碳排放量减少99%（基于无须化石燃料的瑞典发电）；④能源节省80%。

本项研究还有一个目的是让公交出行成为目的地之间优先选择的交通模式。出行便捷和其他优势将促使人们选择乘坐客车，而不再驾驶私家车。

电动汽车比传统汽车噪音更低，这为新的应用打开了空间。其中一个领域就是夜间使用低噪音的垃圾清运卡车收集垃圾。事实上，废弃物管理对于城市可持续生活是事关重要的。有许新的电动化交通概念可以切实提高废物收集的效率，降低空气中的污染物和噪声排放。未来，部分垃圾收集处理过程将实现自动化。

电动汽车还对其他方面有积极影响。例如，为了操作起重机吊臂，卡车的发动机必须保持运行。沃尔沃集团已开始开发采用电动动力输出技术的原型卡车。这种卡车配置完全使用电池提供动力的液压起重机系统。这就意味着所有起重机操作都是在内燃机关闭的情况下进行的。这样就可以保证敏感环境中或者有限的时间内以及室内工作中装卸货物噪音更低。该系统非常灵活，可以取代传统设备，例如高空作业车或者叉车。

一方面，推出电动商用车可以帮助改善空气质量；另一方面，全球二氧化碳排放的影响取决于发电方式。

5. 快速公交系统

快速公交系统（BRT）是一种基于公交客车的系统，有时也被称作“地上地铁”。它将地铁或者轻轨系统的容量、速度与公交系统的低成本、灵活性结合在一起。BRT 系统颠覆了城市交通的游戏规则：该系统能够以大约 5% 的成本实现地铁的速度和容量。现在全球拥有约 250 个 BRT 系统，包括在中国一些城市的应用。

BRT 系统的典型要素包括大容量客车、专用客车道、交叉路口优先通行权、进入客车和站台之前收费系统、乘客信息系统以及高度与客车地板相同的站台。更大的容量可以减少通道中运行的车辆数量，进而提高系统的平均速度，减少污染物的排放和运营成本。

举例说明：37 辆 24 米双铰接客车的载客能力，与 2000 辆满载有 1 位司机和 4 名乘客的乘用车是相同的（请注意，在拥挤的路面上，很难看到满载着 5 人的小轿车）。

沃尔沃集团在数十年之前就开始联合巴西库里提巴市开发 BRT 系统。库里提巴现在是巴西最繁华的城市，但是由于采用突破性的综合土地利用和交通规划方法，人均温室气体排放量比全国平均水平低 25%，燃油消耗量低 30%①。

6. ITS 解决方案

术语 ITS 表示智能交通运输系统。它采用现代化的通信技术，保证

① 综合报告，全球经济与气候委员会，世界资源研究所，2014 年 9 月。

出行更智能、更安全、更快捷方便。ITS包括智能交通控制系统、旅客信息系统、自动收费系统和车队管理系统以帮助商用车操作人员以更高效的方式管理车队。

大量的研究以及欧洲、美国和日本的试点项目已经证明，ITS解决方案能够提高燃油效率、减少交通事故和缓解交通拥堵。绿灯车速优化建议系统（GLOSA）是最有希望的早期应用之一。沃尔沃在实际城市路网上的试验表明节油率最高可达12%。

GLOSA系统的工作原理是，向汽车发送交通信号灯预计状态信息以及预计车辆换挡信息，驾驶员将从仪表盘显示器上接收信息。

所有驾驶员都将接受关于该系统的培训，了解他们在什么情况下应当遵守指令。通过使用GLOSA系统，可以在交通信号灯处避免不必要的停车。由于信号灯状态转换前后堵在交叉路口的客车将显著减少，所以周边交通将更加流畅。

城市交通控制中心通过整合GLOSA系统，可进行拥堵预测，进一步改善交通流量。为此，可以调整信号灯的区段计时，允许更多的客车通行，保证各辆客车之间的距离和时间保持不变。还可以引入优先级算法，允许信号灯显示绿色的时间更长，保证驶近的车辆通行。

应用GLOSA系统，每辆客车的平均行程时间大约可以缩短5%，二氧化碳排放量可以减少10%。

ITS就是一个很好的例子，向我们展现了各利益相关者如何合作开发能够找到发挥作用的解决方案。就GLOSA系统来说，需要车辆制造商、城市管理部门、公共交通运营商和交通信号灯控制系统供应商的共同参与。

7. 智能城市信息管理

城市的系统集成、数据采集、分析和决策支持变得越来越重要。交通运输部门、城市规划部门、废弃物处理人员、业务区域开发商、紧急服务提供商以及公共交通管理部门作为城市功能的一部分，都将受益于分享和处理汽车和交通产生的数据所带来的好处。通过适当的方式处理这些数据，有益于当地的经济发展，也可以预见它对改善城市通行以及环境保护所带来的积极影响。

上述工作将包括为应用程序开发者（例如移动规划者）开放应用程序编程接口（APIs）。所提供的动态交通信息和出行模式分析对于优化公共交通或基础设施（如在何处设置电动汽车充电桩）大有裨益。

智能信息管理是创造真正的“智能城市”的关键推动因素。越来越多的城市和地区需要信息管理战略。中国相关城市在制定此类战略时，首先应考虑获取车辆行驶周边交通数据的可能性。其次，建议公共和私营部门之间应加强合作。

8. 关于城市布局的新思维

城市交通正在迅速成为城市、地区和国家决策者的主要挑战之一。

城市的决策和规划过程极其复杂，这就非常需要政府、行业和学术界的合作研究：①分析新的城市交通运输解决方案对人员和货物的影响；②识别进一步推广的阻碍和推动力；③确定实施路线图和城市之间的协同作用，即使是在地区和国家层面。

实现城市交通运输可持续发展的技术和手段在很大程度上是可行的。然而，问题是城市内的不同利益相关者之间、客运和货运之间通常缺乏合作。

为了制定下一代的城市布局解决方案，世界各国已经设立了大量项目。这些项目通常旨在加速推行人员和货物的“合作型城市交通运输解决方案”，实现路径是：①确定通用标准和影响评价方法（即环境、安全和成本）；②协调和支持城市现有示范和试点项目的进一步实施，例如里昂（法国）、哥德堡（瑞典）、班加罗尔（印度）。

这些项目的研究方法可以同样适用于中国。

码头和港口把城市中心与在更广阔区域的行业连接了起来。许多新的提高这些站点办事效率的概念存在。这些措施包括在主要物流枢纽内建设电气化货运走廊、地理防御解决方案（GPS 控制操作），并使用混合动力配送。同样重要的是解决土地使用的问题，这是码头和他们所在城市的一个主要关注的问题。越来越多的枢纽站可能会发现，在现有的设施附近没有更多的土地可以利用。一种解决方案可以是所谓的“腹地终端”。在这种情况下，专用车辆（有时全电动车辆）可以把货物运送到城市郊区腹地（内陆）码头，那里的土地更便宜、更丰富。

中国将可能更受益于上述领域内的更多试点项目。

9. 可持续城市交通项目

如前所述，如果不是所有利益相关者都成为解决方案的组成部分，就难以解决城市的交通运输问题。所以，为了解决这个问题，沃尔沃集团开发了有针对性的城市交通项目。这些项目正在多个城市实施，包括哥德堡、斯德哥尔摩、汉堡和蒙特利尔。2014 年，沃尔沃集团与上海市和库里提巴市签署了合作协议，随后 2015 年又与墨西哥市签署了合作协议。

在这些项目中，沃尔沃集团与公共交通运输和布局的决策制定者合作开发和应用新的技术和交通运输解决方案，例如混合动力车辆和电动车辆。除了提供车辆，沃尔沃集团还在加大力度支持城市做好电动客车和混合动力客车的基础设施规划工作。讨论的内容通常包括：①公交路线选择；②低排放区；③低噪音区；④充电站数量；⑤充电站位置。

对中国的建议是实施更多的此类试点项目。

10. 交通安全

交通安全对于中国政府和人民群众来说已经成为一个日益重要的问题。沃尔沃集团是中国－瑞典交通安全研究中心（RCTS）的五个合作伙伴之一。RCTS 的目标是在中国进行世界级的交通安全研究，减少交通事故和人员伤亡。

不幸的是，单辆卡车或者客车事故造成大量人员伤亡的事故在中国并不少见，有时候，一次碰撞事故就有数十名遇难者。改进制动器和更好地保养车辆是一个显而易见同时经济有效的措施。

此外，还有一些高科技的解决方案可以保证交通更加安全。例如，对于重载卡车来说，如果冬季道路湿滑，就有较高的制动折叠危险①。沃尔沃卡车公司创新的伸缩制动系统可以防止制动折叠事故的发生，为在恶劣条件下驾驶车辆的驾驶员提供更好的车辆控制。这种系统在下坡行驶过程中可以发挥更佳的作用。

另一解决方案是具有碰撞预警功能的高级紧急制动系统（AEBS）。2013 年在面向欧洲市场的沃尔沃 FH 系列卡车上推出了这种先进的制动系统。这种系统配置有两个传感器：①判断前方车辆距离和速度的雷达；②提供前方车辆类型信息的摄像头。

如果系统探测到即将发生碰撞，将警告驾驶员。如果驾驶员没有反应，系统将自动制动，避免碰撞。

沃尔沃也有一种客车 AEBS 系统。与卡车 AEBS 系统相同，它也使用雷达和摄像头技术探测客车前方的车辆，激活正面碰撞预警功能和紧急制动功能。

车辆安全系统在预防事故和减少事故影响方面起着重要作用。但是对于 90% 的涉及人为因素的交通事故来说，提高安全性的最有效方法除了技术性解决方案，还有增强驾驶员、社会的交通安全意识和增加驾驶员、社会的交通安全培训。沃尔沃集团从 20 世纪 80 年代以来就一直在成功地实施这类项目。驾驶员培训和教育项目已经在巴西、阿根廷、秘鲁、摩洛哥、瑞典、挪威、丹麦、俄罗斯、爱沙尼亚、印度、新加

① 牵引车与拖车会在制动失灵时出现折叠现象，就像折叠的电工刀。

坡、中国和韩国等国家成功实施。

在中国更加广泛地进行驾驶员培训和教育项目有可能挽救更多的生命。

11. 车联网

车联网是一个基于车辆无线互联的技术领域。互联服务能够改变城市交通运输的实现方式。

目前全球有大约300000辆沃尔沃集团汽车正在使用互联服务。互联服务包括远程诊断、燃油管理和驾驶员指导。互联服务不局限于商业交通运输，社会作为一个整体，互联程度日益增加，因此，对于任何国家来说，车联网和互联服务都应当是战略重点。

互联服务有许多好处，包括：①二氧化碳和有毒污染物排放量减少；②对于车队运营商来说，运营成本减少，车队利用率提高；③车辆正常运行时间增加（可用性）；④通过更好地了解车辆使用情况和运行状态，最大限度地降低了保险和租赁公司的风险；⑤为使用者和车联网服务提供商提供了合作机会。

12. 区域管理技术

区域管理技术服务可以促进安全、零排放的城市驾驶。越来越多的城市正对在不同城市区域内允许运行的车辆施加限制。有些区域要求完全零排放，而其他区域则有特殊的噪音或者速度限制。

沃尔沃客车区域管理是一种服务，可以保证客车符合各种敏感区域的限制。这项技术自动管理客车在沿线特定区域如何运行。GPS用于确定电动或者柴油客车在线路沿线各特定区域内如何运行，以及在各种区域可以行驶的速度。这项技术有助于保证更清洁、更安全和更安静的城市环境。

13. 电动道路系统

电动道路系统（ERS）或者“充电道路”就是在驾驶过程中为车

辆持续充电。电力可以从上方（高架电线，例如用于火车）或者下方（无线连接或者通过接入地面的电线）提供。

ERS 可以为长途客车和重型卡车以及未来 BRT 系统提供充电机会。目前，利用“充电道路”进行动态充电是一项正在开发的技术，拥有试验和示范装置，但是尚未全面实施。

沃尔沃集团致力开发用于卡车和城市客车的充电道路。这项工作正在瑞典和加利福尼亚州进行。

14. 列队行驶

列队行驶是公路列车的另一种说法，即编队行驶的汽车，每辆汽车之间拥有很小的间隙。公路列车已经证明可以节省 10% ~20% 的燃油。原因是列队可以减少空气阻力和避免不必要的加速。

列队原理也可以适用于城市客车。根据需要的容量（可能随时间而变化）可以设计电子控制所需数量的客车列队行驶。

其中有个有趣的队列行驶范例。让一个专业的驾驶员驾驶头车，而跟在后面的汽车进入半自动控制模式（半自动驾驶），允许后面车辆的驾驶员做出于安全考虑通常禁止做的其他事情，例如，操作手机，读书或者看电影。在私家车行驶的普通道路上使用列队行驶可以改善环境（估计减少 20% 的排放量）、增强安全（减少驾驶行为造成的事故）、缓解交通拥堵（车流更加通畅，通行量可能由此增加）。领头的汽车将借助列队中所有汽车之间通信纵向和横向控制列队中的汽车。列队中的每辆半自动跟随汽车（在领头汽车后面）都配置用于通信的车载发射器、接收器和导航系统。道路列车的加速、牵引、转向和制动系统都借助同步行操作的领头汽车主动安全系统进行控制，从而实现自动驾驶。公路列车对于沿着高速公路长途往返的上班族来说是一种可行的、舒适的驾驶解决方案。在这种情况下，卡车可能是领头汽车，私家车可以选择加入列队。

但是，列队行驶在立法、法律责任和通信标准方面存在挑战，这些挑战在将其作为可持续发展的交通运输解决方案之前必须加以解决。沃尔沃集团积极参加与美国、欧盟和瑞典政府关于列队行驶问题的对话，并已经在欧盟、美国和日本的大量示范项目中（还包括公路上）展示了此项技术。

15. 生态驾驶

可以通过生态驾驶行动提高燃油效率。在参加相关的高效驾驶课程之后，驾驶员可以平均减少5%～10%的油耗。这将减少成本和对环境的影响。在欧洲生态驾驶一辆卡车的终生增益估计约为10000欧元。

16. 大容量交通运输

大容量交通运输（HCT），适用于专用非城市道路的更长和更重的组合式汽车，是增加道路交通运输系统容量的方法之一。从2007年起就沃尔沃集团开始在瑞典进行一个针对大容量交通运输的研究项目，研究大容量交通运输的利弊。

研究对象是一辆32米长、最大载重90吨的组合式汽车。两辆这样的组合式汽车就可以取代三辆普通的拖挂式卡车。这就意味着道路上的汽车更少。

在瑞典的研究结果表明：①交通运输效率提高；②车流更加均衡，有时甚至更加安全；③由于重量分布在更多的车桥上，道路损坏（例如车辙）更少；④更好的汽车操控性和稳定性；⑤尽管更长的组合式汽车在倒车方面是一种挑战，但是经验丰富的驾驶员能够应付。

与标准的60吨级组合式汽车相比，大容量的90吨级组合式汽车截至目前减少了22%的燃油消耗量和二氧化碳排放量，而74吨级组合式汽车每吨/公里减少了10%～15%的二氧化碳。

尽管最初有所担心，但是在所有方面都做了彻底调查和解决后，总体安全性确实有所改善。2013年，芬兰政府批准在桥梁足够坚固的普通路网中使用74吨级组合式汽车。瑞典正在考虑第一阶段批准在有限的路网中使用74吨级组合式汽车。

17. 绿色走廊

绿色走廊的想法旨在加强主要城市地区之间的货物运输，贯穿这些城市的专用通道能够高效连接公路、海路和铁路。这将提供更安全、更高效的交通运输、更少的交通拥堵和更低的总体环境影响。由战略转运点、信息共享和智能交通运输系统（ITS）组成的智能解决方案都集中在一个绿色走廊解决方案中。

在欧盟，沃尔沃集团正在参与一个新的从鹿特丹至维也纳、贯穿德国的绿色走廊项目。目标是：①建立一个汽车互联的天然实验室；②应用先进的汽车—汽车和汽车—基础设施通信技术；③提高公路效率和安全；④降低长途货物运输的环境影响；⑤为面向未来的标准化的国际合作智能交通运输系统（C－ITS）。

沃尔沃提供汽车技术专家和交通运输系统知识，参与现场试验。这项计划于2013年开始，将于2017年结束。

18. 可再生燃料

为了实现可持续发展的城市和农村道路交通运输解决方案，使用可再生燃料将是一个重要组成部分。含有越来越多可再生或者合成物质的传统柴油燃料在未来许多年里仍然将是各种交通运输的主要燃料，这主要是因为系统惯性。甲烷、电力和二甲醚（DME）是优先考虑的主要能源载体。替代燃料将以不同的速度发展，在某些具体领域将具有显著的重要性，沃尔沃集团对它们的排列优先顺序如下。

一是长途应用。液态甲烷和二甲醚是优先考虑的主要替代燃料。长期来说，动态充电是另外一种替代方案。

二是中等距离应用。压缩甲烷和二甲醚是优先考虑的主要替代燃料。长期来说，动态充电是另外一种替代方案。

三是城市应用。电力和压缩甲烷是优先考虑的替代能源。

上述优先排列顺序是基于生命周期评估（“从矿井到车轮”的分析）、可用性数据和预期成本等因素。此外，公司凭借多年来在卡车和客车应用中使用替代燃料获得的丰富技术经验做出了这种选择。

讨论和结论

全球面临的诸多挑战都与基础设施、交通运输业直接或者间接相关，如气候变化、人口增长、城市化以及自然资源和原材料短缺等。为了应对这些挑战，以更加高效的方式使用现有的交通运输系统是至关重要的。

交通是发展和社会福祉的重要推动力。没有交通，社会将无法运转。我们不能想当然地认为，即使我们没有高效的交通运输系统，商店里每天也将供应商品。

文中的例子说明，技术可以提供某些解决方案，帮助我们实现社会需要的可持续发展。1987 年联合国发布的《布伦特兰报告》对可持续发展的定义较为全面。它谈到了环境、经济和社会的可持续性。以往交通运输业的可持续性主要目标是减少对环境的影响，但是虽然环境维度依然非常重要，我们现在需要关注的是更加广泛的层面上的可持续性，只有它们是经济的、环保的和可为社会接受的（例如使用安全），技术提供的解决方案才是可持续的。

如果考虑汽车的整个生命周期，有些新的技术就已经成熟并且拥有成本效益。在这方面，我们可以看到电动汽车，包括混合动力汽车、车联网解决方案、快速公交系统（BRT）和大容量交通运输（HCT）等。

在其他领域，社会必须支持新技术在交通运输系统中的应用。就智能交通运输系统的实施和各种自动控制技术（从驾驶辅助工具，列队行驶，到完全自动驾驶汽车）的预计发展而言，的确如此。新的智能、高效物流技术的开发也需要公众支持。各种形式的公私合作伙伴关系可以提供一种合适的模式。

在通往可持续发展的智慧城市的道路上有许多挑战。必须实现的目标包括：①形成明确的城市、地区和国家愿景和战略；②地区—地区的整合；③私营部门的参与；④创新意愿；⑤灵活性—机动性，适应不断变化的需求；⑥示范项目的实施；⑦智能交通运输解决方案标准、协议和通用数据格式达成一致；⑧大力推行更加清洁的交通运输方式；⑨各种交通运输模式（客车、卡车、铁路、海运等）的互联更加完善；⑩更好的城市物流和配送（供应链）；⑪旅客和高效货物运输公开资料的可用性和使用；⑫集约化城市交通运输的电气化程度更高；⑬基础设施中智能系统的嵌入与升级（例如传感器、信息管理、集中式及分布式决策的使用等）。

本文以欧洲创新伙伴关系在智能城市和社区的应用为例，全面地讨论了如何才能建设智能城市①。

为了成功应对复杂任务，城市需要新的合作方式。因此，城市需要与不同的组织（公共组织和私人组织）、交通运输运营商、货主、保险公司及其他组织合作。从中国的角度来说，中国可以受益于全球其他国家和地区的成功经验。在中国从事经营活动的跨国公司就是一种信息来源。另一个方法是积极参与国际研究和创新项目。例如，最大的欧盟研究和创新计划——“展望2020”，将在7年里（2014~2020）提供将近800亿欧元的资金。与更早的欧盟计划相比，“展望2020”计划面向所有人开放。如果中国能够的参与将非常有可能从中受益。

---

① 欧洲智能城市和社区创新合作伙伴关系，《操作实施计划：2013》，http://ec.europa.eu/eip/smartcities/files/sip_final_en.pdf。

在这里需要表达的重要一点是，任何个体都无法独立解决我们全社会正在面临的挑战。因此，需要合作和结盟。沃尔沃集团向来遵循这样的原则，也已经准备好与中国合作伙伴进行新一轮的、更高层次上的深入合作。

政策建议

这项工作的成果体现了过去几十年里取得的经验，基于这些成果，我们建议中国的国家和地区发展计划应当考虑下列几个方面。

（1）考虑可持续发展的三个维度（环境、经济和社会），注意到经济承受能力是大规模实施新型交通概念的前提条件

为了激励真正可持续发展的交通解决方案，政策制定者应当均衡考虑经济（例如，社会成本）、社会（例如公众对交通运输资源的使用权）和环境的可持续发展（例如排放）。

（2）支持新技术在交通运输系统中的应用

为了推出新的技术，例如智能交通运输解决方案和列队行驶，交通运输行业需要政策的连贯性、长期的持续性和稳定性，并能够将资金投入到研究和开发活动中。由于推出新模式将耗费大量资金，所以需要政府的大力支持。社会应该支持这些新技术的推出，例如在基础设施和互联标准方面。

（3）形成汇聚多方利益相关者的合作联盟

为了推动交通运输业的可持续性创新的发展之路，不能低估社会所有利益相关者参与的重要性。政府应当寻找方法激励行业、学术界和政策制定者之间开展广泛合作，共同推动智能、高效的解决方案。

推动新型城镇化，实现新发展

——基于《OECD 中国城镇化政策评估》报告的主要发现

经合组织

过去30年，中国在取得巨大经济增长的同时，城镇的发展也实现了腾飞。总体而言，城镇化和经济发展相得益彰，取得了令人瞩目的成果。城镇人口已超过7.5亿，大约翻了两番。OECD 以功能城镇区的定义（即基于定居类型和劳动力市场流动而非城市的行政边界所定义的城市）为基础，通过分析后发现中国现有超过1000万的居民在15个城镇区内生活，一线城市的人口集中度还在持续增长。城镇化的发展很大程度上要归功于中国经济的快速增长，同时也反过来促进了经济的发展。中国的城镇既是城镇化过程中的聚集经济效益的创造者，也是受益者。正是中国经济的增长使得数以亿计的中国人摆脱了贫困，中国从原本一个以农耕为主、相对贫困的国家，转型成为一个城镇化、工业化的中等收入经济体，GDP 增长了16倍多，占全球 GDP 总额的比例增长了近7倍。

但是这种增长模式需要付出沉重的代价。一段时间以来，中国的决策者们已经意识到该模式已是强弩之末。几十年来，增长和城镇化都以四大要素为支撑：廉价劳动力、廉价土地、对外部环境因素的低估和强劲的出口需求，但这四要素都不是实现未来持续或可持续增长或城镇化的基础。

一是因为廉价劳动力的时代正加速结束。劳动力增长已经持平，中国正迅速走向老龄化。

二是因为政府加大决心，矫正长久以来扭曲城镇土地市场的政策，其往往带来低效、不公平甚至对环境有危害的结果。

三是因为城镇化的环境代价高昂且不断攀升，尤其是空气污染的经济代价和健康代价。根据 OECD 的估计，每年有 35 万人死于大颗粒物排放。城镇化使一些地区的耕地和供水的压力加大。

四是因为即使全球增长步伐加快，出口需求也无法复制过去的经济增长驱动模式。因为中国至少从某些指标上来看，已经成为全球最大的经济体，其出口市场的拓展空间大大受限。

除此以外，中国的城镇化还导致不平等加剧，户籍登记制度在某些重要领域也起到推波助澜的作用，对居民的教育、医疗、养老、社保和其他重要服务产生影响。

因此，中国的领导人致力于改变中国的增长模式，更多地依靠国内消费，取代以往倚赖投资和外部需求的做法。这一转变又呼吁一种新型城镇化。在经济增长模式转型的需求下，城镇有关的政策确实开始发生改变。去年 3 月通过的《国家新型城镇化规划（2014～2020 年）》承诺进行大范围的改革，触及城镇化的几乎所有重要领域。《规划》强调城镇化发展的质量，对公平、环保和城市生活质量以及产出率等问题给予更多的关注，中国的领导人称其为“以人为本的城镇化”。

幸运的是，经济增长模式和城镇化模式的双重转型具有惊人的连贯性。许多帮助中国建设更美好城市的政策也能经济增长模式向更可持续的、以效率为导向的模式转变。此外，宏观经济和经济领域的结构性政策在极大地促进经济转型的同时，也要求在城镇发展的诸多领域进行改革，否则地方政府所面临的动机和实行的城镇发展类型将与中央政府的主要经济任务背道而驰。政策调整应在国家层面和地方层面同时进行。能够推动迁移人口加速融合、提高土地和资源使用效率和优化企业在地点选择方面的效率的城镇政策均将帮助中国坚持走持续增长的道路，同时为实现更大的社会公平和更好的环境保护做出贡献。

城市主要关乎人口、土地和流动。城镇化，顾名思义，是关于定居的密度和向农业以外的经济活动的转变，二者是人与其居住的土地之间的关系中最基础的内容。流动是关键，因为城市化的好处，以及城市化所产生的环境代价等，很大程度上取决于在城市密集的环境中对人口流动、货物流动和资源流动的组织情况。因此，若要评估城镇化政策，必须审视城镇化的三个主要内容及其之间的联系。在中国，这就意味着要专门研究农民工管理方面的挑战（人口）、土地转让实践及其对中国农村和城市产生的影响（土地）和城镇规划和交通（流动）。设计一套针对这三大领域问题的综合性方案对制定全面实现城镇经济、环境和社会可持续发展的政策而言至关重要。

人口方面

中国有多达2.75亿的农民工住在城市，但他们只有农村户口。其结果是他们无论在就业市场，还是在教育、医疗、养老以及其他社会福利方面都处于系统性的不利地位。这一地位的不公平性自不必说，它同时也削弱了劳动力市场的效率以及增长。政府一直努力改正这一失误，但依然任重而道远。到目前为止，相关的改革较为温和，主要是在对农民工吸引力较小的城市简化户口转变程序，同时提高吸引力更大的城市的准入门槛。但这些改革遇到了地方政府的阻力。有的时候，地方政府的做法是强化户口的作用，比如将户口与当地汽车登记等事项挂钩。无论如何，虽然简化迁移人口改变户口的程序是可取的做法，但还比不上简单地打破户口和公共服务之间的联系所能达到的效果。

在这一背景下，教育平等或许是最为严峻的挑战。农民工子女在教育领域处于一个尤其严峻的不利地位。大多数农民工子女（大约6000万）留守家乡，小部分（2010年估约3580万人）跟随父母来到城市。这两种子女都属于教育体系中的弱势群体：农村学校的质量普遍远远落后于城镇的学校，而城市的农民工子女就读的学校与城镇居民子女的学校往往是分开的。此外，农民工子女在接受高等教育方面还面临重重障碍。地方官员经常谈及纠正这一国情所付出的巨额代价，但让中国整整一代年轻人的教育大打折扣，其长期代价可能更为高昂。随着人口步入老龄化以及劳动力缩减，提高劳动生产率将成为更为紧迫的任务。

土地方面

中国没有私有土地。农村的土地是村庄集体所有，用于城镇开发转让的土地属于国有。地方政府在决定农村土地转化为城镇用地的时间和方式上有最大裁定权，即地方政府向开发商出售城镇土地使用权。虽然法律关于土地转让有着明文规定，但现实中地方政府经常以过低的价格收购土地，将其转化为城镇用地，再向开发商或其他城镇用户拍卖土地使用权换取金钱，其数额是农民所获得的拆迁费的数倍之多。由于承担着庞大的开支且税基有限，地方政府有着强烈的动机利用这一机会。近年来，地方政府的总收入最大的贡献者就是土地使用权带来的收入(2010年达到2/3)。

其他扭曲，行为使这一现状雪上加霜。首先，地方政府热衷将土地以极低的价格卖给无所忌惮的工业投资者，同时限制住宅用地和商业用地的供应（因此抬高了价格）。其次，农村用地的分类极大地限制了农村集体开发土地的能力，他们只能出于固定的农用目的（耕种、农民自住房和农村基础设施）使用土地，不得利用土地寻求非农业收入。再次，粮食安全政策的重心是保留最少量的农田，土地转让配额由中央统一管理。

众所周知，这一情况造成的后果是：①优质的城镇土地浪费在工业上，而商业用房和住宅成本奇高；②土地转让交易中腐败丛生，农村集体土地被滥征乱用；③时而出现在未转让的农村土地或城市近郊大规模的非正式定居行为；④钻农田转让体制空子的行为；⑤在一些城市涌现的房地产泡沫和空城。土地转让问题往往是造成地方上社会冲突和腐败丑闻的根源，扭曲的土地市场很好地解释了为什么中国的城镇经常存在大量土地滥用现象，尤其是土地被用于建设大型闲置的且密度极高的工业园。政府迫切需要继续加强对土地转让中农村居民的保护，使土地征用程序更加常规化、透明化和市场化。同时，还要对税收和监管进行改革，鼓励城镇提高土地使用效率。

流动方面

中国的城镇规划史可以追溯到两千多年前，今天的城镇规划更加错综复杂。人们越来越关注多功能区、环境问题以及本地传统和身份的保护等问题。中国也有创新型最佳实践的案例，但并未形成风气。由于经济压力和政治压力，许多新的城镇开发特点是极度功能分化、建造超大街区、薄弱的内部联通以及公共交通投资不足。改善城镇规划可以让城市更加绿色高效。在规划过程中引入经济指标，道路设计更好地服务行人和公共交通都是很好的做法。减少密度可以推动大众运输发展、拓展多功能城市空间和促进开发商之间的竞争。

可以预料的是，解决这三大挑战很大程度上取决于资金。地方政府不愿意为农民工提供城镇户口，滥用土地转让程序，其实主要反映了其开支的繁重和资源的有限。资源限制也是造成许多地方城镇规划实践落后问题屡见不鲜的原因。因此，改革地方公共财政对改善城镇化决策的质量起着关键性的作用。应当改革各级政府之间的财政关系，以消除诸多地方政府背后不合理的动机。通过这些改革，还可以开辟城镇化融资的新方式。同时，这些改革也需要各级政府更清晰地分配各自的职能，更好地实现资源和责任的匹配。

财政改革需要治理改革的支持。大都市区政策协调的重要性日益凸显。各级地方政府的职能协调机制尚待完善，体现出中国城市自古以来拥有广泛的行政边界，几乎不需要进行城际协调的特点。从地理意义上来说，中国的城市是相当独立的个体。然而，随着中国的城市汇集成庞大的城市区域，大都市区的各个地方政府需要建立有效的机制以确保就土地使用和交通等问题进行合理的协调。

诚然，这套城镇政策组合方案非常宏大，但它是行之有效的，与政府的经济目标、环境目标和社会目标大体一致：向新型城镇化模式转变将为改善环境质量和提高生活质量双重目标的实现，以及向更多地依赖国内消费、资源有效利用和生产力提升的增长模式的转型提供支持。正如本文接下来的章节阐述的那样，我们所建议的许多措施将得益于，或者在某些情况下取决于其他经济领域的结构改革，尤其是金融体制和财政体制的改革的进展。本文所概述的方法蕴含的内容虽有不同，但又彼此相通：如迁移、土地使用和城镇规划相关的政策改革是相辅相成的，打破土地市场和劳动力市场的分化局面，同时改善资源配置，特别是提高土地利用率。此外，这些政策完全符合政府力求减少城镇化对环境的影响以及实现更加“以人为本”的城镇化的决心。

中国包容性增长政策路线图

经合组织

中国经济的快速增长极大地提高了国民的生活水平，但是可持续发展需更注重经济增长成果的共享。经过30多年GDP年均10%的增长，可支配收入的大幅增加让数以亿计的国民摆脱极度贫困状态。但是，中国经济的增速在放缓，到2020年人均GDP年增速大约会降至5.5%[①]。要让大多数国民的物质生活水平实现更强劲的上升态势，政策需着力于推进生产力提升、让经济更具包容性等方面的改革，从而让更多的国民有机会创造财富并从经济增长中获益。

最近数年，大多数收入不平等指标渐趋稳定并逐步降低，但仍居于高位。这主要反映在收入最高和最低群体之间的收入比差距，以及人均收入基尼系数均有所降低。至2014年，中国全国基尼系数下降至略低于0.47的水平[②]，原因是高学历人才的供给扩大以及非技术工人出现短缺。近几年来，贫困省份的经济发展速度超过了经济发达省份。不过，与发达国家比较起来，中国经济的空间不平等程度依然偏高。

为反映国民福祉的变化情况，相关政策不应仅仅局限在收入增长方

① 经合组织（2014年），《经济展望》（Economic Outlook），经合组织出版社2014年版。

② 用于计算全国基尼指数的国家统计局数据来自国家统计局的经济统计公报和CEIC数据库。中国全国基尼系数仍高于发达国家，但与印度等其他新兴市场经济体基本持平。

面，而应将健康和就业状况等多维度生活水平标准纳入考虑范围。1995年至2011年期间，经合组织多维度生活水平指标（包括家庭可支配收入、寿命和失业风险等）表明，中国中产阶级指标水平实现了大幅提升①。这项成就主要反映了家庭可支配收入的强劲增长，同时，也反映了就业率的提升以及预期寿命的提高。

但是，长期的收入不平等和不良的健康状况拖慢了多维度生活水平提升的步伐。1995年至2011年间的前半阶段，中国经济在发生巨大转型的同时，国民收入差距也持续扩大。自那之后，在“十二五”规划的前三年时间里，收入不平等现象有所缓解，就业率得到飞速提升，从而使多维度生活水平得到提高②。但是，预期寿命的增长有难度，原因在于污染以及与癌症和心脏病相关的死亡人数的上升。此外，尽管整体生活水平得到提高，但人们从多维度生活水平提高中获益的程度并不平等。城乡收入差距虽然得到了缩减，但依然巨大。

“十三五”规划应在以往成就基础上增强经济增长的包容性。中国逐渐不再片面地追求GDP增长，而是将重点放在提高生活水平、改善国民福祉以及为将来的包容性经济增长打基础上，同时政策应当着重改善低收入群体的生存状况，让他们从持续的经济发展中获益。

一份中国包容性增长政策路线图将包含各个政策领域的一系列干预措施。

1. 缩小城乡收入差距对推动中国经济更具包容性增长至为关键

亟须开展土地改革，以及推行提高农村经济生产力、推动农村经济多元化的政策。为提高农业生产力，可将保增长政策的着力点放在提高

① 中国中产阶级指收入水平接近全国中线水平的家庭。

② 更详细描述请参考《一个都不能少：推动中国实现包容性增长》（2015年3月由经合组织发布）。

小农户竞争力、推行土地改革上，让土地使用权可以在全国范围内进行买卖、抵押和出租。对于不往城镇迁移而留在农村的农民，如果能开发相关培训项目，扩大新技术的普及范围，同样可以提高农业生产力。同时需要制定以当地人口的参与为基础、促进农村经济多元化的策略，以及推动弱势群体生产性发展的各种项目。

扩大农村人口获得优质教育的机会至为关键。城镇居民受教育的时间平均要比农村居民多三年。农村学生接受更好教育的机会有限，同时农村教育水平低下，这阻碍了人力资本的积累，从长远来看，限制了城乡收入差距缩小的幅度，阻碍了中国企业向高附加值产业的迈进步伐。未来的教育政策可以向贫困农村地区倾斜，提高农村孩子接受高级中等教育的机会，取消学费，以及改善农村学校的资金状况。

2. 通过让所有居民共享城镇化的成果，“十三五”规划将使中国经济增长更具包容性

采取进一步的措施逐步放开户籍制度可以改变农业转移人口的命运。为让农业转移人口更好地融入到城市之中，国务院于 2014 年 7 月份宣布了数项户籍改革措施，逐步取消农业户口与非农业户口的性质区分，并部分放开了居留许可制度，“十三五”规划可以在此基础上更进一步。大城市和特大城市居留许可的门槛应该降低，最终可以考虑全面放开居留标准。这样做可以切断户口与高级中等教育、失业保险和社会救助等公共服务之间的捆绑关系，同时配套改善养老金和医疗保险制度，提高社保的跨区域转移性。

欲使城镇化更具包容性，需大力完善土地管理。在国家和地方土地开发配额中，政府应更加关注土地价格，增加高房价地区的地块供应量。为让更多人买得起房，地方政府划归工业用地的比例应当降低，并允许全国的农民和村集体在强有力的法律支持下开发用于流转的地块。允许村集体开发土地用于出租在珠三角地区业已取得巨大成功，为上百万的城镇流动人口提供了住房。

政府希望保证国家耕地面积不跌破120万平方公里（18亿亩）的“耕地红线”，这在某种程度上导致了城市化进程的复杂化。当前已有完善土地再分配机制的地方试点方案可以在全国推广。例如在成都和重庆，农村居民将农村建设用地转变为耕地的，可以获得一种名为地票的土地凭证作为回报，地票可以通过财产交易的方式出售给开发商，使得后者可以将市区中的耕地转而用于开发，以满足市区对土地开发的高需求。这既能在市区实现急需的土地流转，又不影响国家耕地比重。

土地改革应与改善公共交通共同进行。这需要对公共交通综合网络的建立进行持续的资金投入，包括郊区通勤铁路网络、地铁以及快速交通系统等。同时也要提高市区交通枢纽周围人口公共交通的密度，来减少私家车的通勤，这可以减轻交通拥堵和空气污染。

3. 改善健康状况的措施可以帮助提升多维度生活水平

治理空气污染毫无疑问会改善健康状况、延长预期寿命。应大力整治严重的空气污染，因为这极大地削弱了国民健康状况改善对多维度生活水平的积极贡献。新出台的措施限制发电站的空气污染物排放量可以有所帮助，但其他行业同样需要规定空气污染物排放量的限制并严格实施。至于交通，应提高柴油卡车和柴油公交车等的国家标准，强制对老旧汽车的排气装置以新技术进行更新汰换，可以有助于改善空气质量。

降低污染对健康的负面影响的措施可以着眼于为碳排放设定统一价格。设定统一碳价格可保证对碳排放物减排的资金投入实现最佳效益，并可鼓励开发绿色技术。

针对不健康行为的预防性措施可以降低医疗支出，让弱势群体受益。当下中国面临的一大挑战来自不健康行为引发的非传染性疾病。预防性措施在减少由吸烟引起的疾病等方面效果尤为显著，因此“十三五”规划可以设定缩减烟草销售的具体目标。也可开展广泛的禁烟运动，将烟草税提高到零售价的75%，同时公共场合也应完全禁烟。

4. 让税收和福利更具包容性可以让低收入群体受益并减少不平等现象

改革可以致力于解决直接税税收低和税收累进程度低的问题，降低它们对中国税收制度再分配效应的限制作用。个人所得税在收入再分配方面所起的作用并不显著，主要源于高个税起征点和较宽泛的税率级距。在通过整合不同劳动收入的税率、计算个人需赡养的人员数量，以提高横向平等性方面，仍有大量工作亟待完成。扩大税基，将非货币收益纳入征收范围亦可提高个税总额。另外，可以降低最高税率、降低免税门槛，以避免对劳动力供应、创业、技能和储蓄造成扭曲。

降低低收入劳动者的社会保险缴费也是让人拍手称快的举动。目前，中国对收入水平低于当地平均工资水平60%的人群实行统一的社会保险缴费比例。尽管这会提高个人账户缴纳的养老金数额，但从短期来看，但如果个人领取的是最低工资，则社保缴纳额可高达其收入的25%。社会保险缴费的征收应当以工资的百分比为依据，这有助于减少低收入阶段的税收递减现象。

应进一步合并各种地方养老金和医疗保险制度。应加强养老金的可转移性，提高其流动性，缩短养老金支付前过于漫长的等待期，并加强对农村地区的收入保障。深度改革还需着眼于各种医疗保险制度福利的协调，以提升资金和其覆盖面的公平性，还需将地方医疗保险合并到统一的国家医疗保险当中。

5. 为个体提供在劳动力市场上取得成功所需的支持和技能培训，可以为包容性增长奠定坚实的基础

修订《劳动法》，以达成灵活性和保障性之间的平衡，是创造更具有包容性的劳动力市场所面临的一个主要挑战。对劳动保护立法进行的改革还需要解决对正式员工和临时工保护程度的不平衡，聘用临时工的现行法律还需进一步更好地执行。而针对正式员工的改革方案应着眼于创造更大的灵活性，减少经济补偿金以及限制不公平辞退后的赔偿和复职。

失业保险的覆盖范围需要继续扩大。很多参加失业保险的劳动者并没有从中受益，很多地方政府并不要求用人单位将农民工纳入失业保险计划。为保证失业人员能尽快找到工作，可以将切实执行求职要求作为领取失业保险金的条件。

调整职业教育和技能政策，强化从培训到就业的顺利过渡。首要的工作重点是提高高级中等教育的毕业率，建立高质量的职业教育体系。职业教育机构整体改革势在必行，应努力使各区域和各行业的用人单位做出培训规划、批准培训课程并支持在职培训，还应采取措施改善各级政府在对职业教育进行投入时的协同度。

6. 加强经济中的竞争性，并提升市场力量的作用，将成为通向包容性增长的道路上至关重要的转折点

通过加强竞争来推动包容性增长，应着眼于增强与国有企业相关的市场力量的作用。应当制定相关政策，以确保国有企业的薪资支付以市场为基础。当前私有企业和国有企业之间存在待遇差距，但这并不代表国有企业的员工在技术和素质方面更高一筹。

改革应着眼于限制政府在国有企业招聘员工方面的影响，以及加强行政权力的分离。可以通过限制公共行政管理部门和国有企业高管之间的人员交换，来降低政府对国企招聘员工方面的影响。同时，政府可以创设资产管理公司，协助国有企业的董事会履行职责，避免行政权力过度干涉国有企业战略政策的制定、监管和所有权。

（本文主要观点基于经合组织报告《一个都不能少：推动中国实现包容性增长》）

变化中的中国，变化中的世界

经合组织

经过数十年的高速增长，中国已成功跻身中等收入国家之列，亿万人民从此脱离贫困。同时，中国的经济结构发生了根本性转变，在1978年邓小平启动改革时，农业在经济中的占比高达约1/3，而近年来已降至10%左右。制造业的份额大体稳定，占经济增加值的1/3左右，但生产率有了极大提高，这主要得益于国有企业和集体企业的增效激励和私营企业的增长。服务业的增长最为显著，从改革启动之初到2013年，在经济中所占份额翻了一番，达到46%。

中国未来的增长模式将会面临劳动力的快速老龄化，同时更多依靠内需驱动经济增长，特别是消费。为了继续快速提高居民生活水平，实现与发达国家的趋同，中国还需要更多地倚靠作为主要经济增长引擎的多要素生产率的提升。中国制造业和服务业的劳动生产率不到美国的10%，体现了中国与世界先进技术之间的差距。尽管农业在经济中所占比例已经显著下降，但在加强农业创新以缓解资源束缚方面，农业生产率仍有很大的提升空间。

与此同时，全球经济模式的转变催生或显著增加了中国持续发展的机遇和挑战。因此，中国有必要在应对新兴全球趋势的同时，克服一系列国内挑战，才能实现持续、包容性增长，同时免于堕入“中等收入陷阱”。

为了向更具包容性、效率更高的知识型经济转型，并最终为向高收入经济转型提供支持，中国在制定政策路线图时，可能需要在诸多政策领域齐头并进。

向全球价值链上游延伸，确保中国的持续竞争力

当前全球经济格局的特点是经济权重持续从经合组织经济体向其他经济体转移，市场对利率和汇率的决定性作用日益加强，贸易和外国投资一体化的趋势不断加强，知识型资本（KBC）日益成为经济增长驱动因素，中国的经济增长前景不可避免将受这一全球经济格局的影响。在这一背景下，中国的工作重点必须设定为提高生产率，向价值链上游进军，全面融入现有和新兴的全球价值链（GVC）。而要实现这些目标，中国必须不断努力取消阻碍发展的贸易和投资限制性措施，允许通过市场机制实现更有效的资源配置，推动私营部门蓬勃发展并提高私营部门竞争力，加大对创新的重视。

尽管中国近年来已陆续推出多项重大改革措施，但仍存在重大贸易和投资壁垒，特别是在服务业领域，而服务业在增加值贸易中占比也越来越大。消除贸易投资壁垒的重要政策举措可能包括：扩大仅需通过备案程序即可接受外国投资的“非敏感”地区和行业清单，充分实施贸易便利化措施，以及解决“经合组织服务贸易限制性指数”（STRI）中确定的服务贸易壁垒。

过去十年，中国的创新能力展现了长足进步，但仍有很大的发展空间。2013 年，中国研发支出在 GDP 中的占比逾 2%，已超出欧盟平均水平，但仍落后于美国（2.8%）和日本（3.4%）。同时，尽管中国居民的专利申请数量出现飙升，但是从国际专利和商标注册数量来看，创新成果仍相对落后。创新通常源自竞争，从某种程度上说，国有企业

(SOE) 在某些领域的垄断地位不利于创新。事实上，中国的研发支出主要集中在国有企业部门。为国内企业，特别是在国有企业占主导地位的行业部门，营造公平竞争的环境，将有助于刺激竞争，从而推动创新。

中国已经采取了一系列措施，改善创新所需的必要大环境，例如改革税收优惠措施、增加研发公共支出等，但有待开展的工作仍然很多。中国公共科技体制改革的关键领域包括：厘清三大类（商业创新、社会福利和基础研究）公共研究机构各自的角色；建立适当的治理和资金机制，使它们能够完成各自的任务；拓宽创新政策的重点支持领域，为基础研究提供支持，使之成为广泛的应用和实验研发工作的补充。

为了实现向高生产率的知识驱动型经济转型，中国的劳动力技能也需要升级。尽管中国拥有世界上规模最大的科技人力资源，但是衡之以经合组织标准，接受过科技类高等教育的人数或取得科技类博士学位的人数在总人口中的占比极低。尽管最近出台了一系列改革措施，但是在世界级研究人员方面，中国的缺口仍然很大，需要更好地利用包括华侨在内的全球人才库。中国还应该制定相关政策，加强高素质人员在国内劳动力市场的流动性，提高公共研发资金体制的透明度。此外，只要制度设计完善，不阻碍劳动力的参与，扩大社会保障体系和安全网的覆盖面，就可以促进劳动力的流动性，并鼓励身处创业期的企业家冒必要的创业风险。

由于全球面临着潜在的灾难性气候变化，加之中国自身在保障能源供应和降低城市空气污染方面遇到的挑战，中国有必要在能源领域开展全面改革。国际能源署建议基于以下四大支柱进行改革：①促进能源产业市场化改革；②提高能源的安全性与多样性；③增加和巩固环境保护措施，尤其是减排措施；④进一步加强国际合作。可再生能源是有望在中国大规模使用的最有前途的低碳能源之一。在大多数可再生能源技术和碳捕获及存储领域，中国已经占据了世界市场的领先地位。这是一个很好的例证，说明中国的能源和环保目标恰好与亟须向价值链上游移动和发展知识型经济的目标相一致。

发展更强大、运行更有序的市场经济

面对不断变化的全球环境，为支持知识驱动型经济并最终向价值链上游移动，中国需要开展一系列的广泛改革，让市场在经济中发挥更重要作用，尤其是要素市场（资本、劳动力和土地）和一些关键产品市场。在中国的结构性改革议程中，尤其应将定价、市场准入和竞争摆在重要位置。采取鼓励竞争的改革措施与放松产品市场监管相辅相成，可以有效提高中国的劳动生产率。与此同时，中国的政策制定者还需要确保企业充分重视消费者权益、职业健康和安全以及环境保护。

目前，要素市场的扭曲比产品市场更为严重，需要采取措施予以纠正。金融抑制虽然在不断减少，但仍然对金融资产（包括储蓄在内）的相对价格构成扭曲，造成了资本配置不当的情况。同样，非市场因素决定土地价格也会导致土地资源的使用和配置无法实现最优化。这也是中国与经合组织标准不符的例证之一。尽管最近出台了相关改革，但是由于劳动力流动壁垒的存在（主要源于户籍制度），劳动力依然很难流向能实现最高价值的地区，从而损害了整体经济的效率和包容性。解决这些扭曲问题需要更大程度地采取如下措施：通过市场化利率进行信贷分配；对工业用地和土地使用费进行市场化定价；进一步改革户籍制度，促进人口向最具活力的经济中心有序迁移。

在产品市场方面，中国也存在诸多亟待解决的过度监管或者监管不力问题。某些网络型产业（如电信行业）存在很高的进入壁垒和严格的价格管制。国家干预企业经营各环节的现象司空见惯，常见形式包括价格管控、指令性监管和控制式监管。特别是，应放松针对专业服务提供商（如会计师、建筑师、工程师和法律服务提供者）收费的管控措施，同时放松对某些网络型产业（尤其是公路运输）的收费管制。相反，大多数制造业和某些服务业（例如零售或陆运）的竞争很激烈，但为了确保这些行业的公平竞争，也需要实施进一步的监管改革措施。制定和执行产品标准，同时提高消费者意识，加强消费者保护是促进公平竞争的重要步骤。

要支持促竞争的改革，需要适当调整机构职能。如果中国能够强化竞争政策框架，例如降低监管分割程度，必将从中受益。举例而言，这一目标可以通过如下方式实现：明确界定不同机构主体的执法权，并提高决策过程的透明度。这需要建立统一的专门机构，负责提高监管质量。由机构应承担决策责任，评估权衡政策的最终利弊，保障政策的依法实施。

中国政府开始对国有企业进行现代化改造，但仍任重道远。当前的努力是加强私人投资者在国有企业中的作用，这是促使国有企业管理整体趋向商业化的重要一步。除此之外，对于没有迫切必要继续维持国家所有权的行业部门，应逐步撤回国有企业的资产，并进一步采取措施，实现国有企业董事会的专业化。

要创造运行良好的市场经济，需要对其他领域进行干预，完善框架条件。可以采取的关键政策措施包括：①加强公司治理和反贿赂法律的执行；②拓宽融资渠道，包括通过受适当监管的非银行渠道支持中小微企业的成长；③监管影子银行部门，确立存款保险制度，提高金融稳定性；④放宽就业保护立法对固定期限合同及无固定期限合同的限制性规定，强化对临时合同的保护；⑤在基础设施项目中更多采用公私合作关系（PPP），以改善地区内的框架条件。这类重要的国内改革措施可以带来双重红利：一方面提升经济效率和潜在增长率；另一方面促使中国的竞争力（包括价格方面的竞争力，以及满足更高劳动力和环保标准方面的竞争力）向价值链上游延伸。

改革政府职能，适应新的增长模式

未来几年内，市场将在中国经济中日益发挥决定性作用，政府需要相应调整自身的机构和职能，其中包括支持以市场为导向的经济改革的实施。同时，特别要完善司法体系，并对公共管理进行现代化改造。

中国正着手推进一项雄心勃勃的司法改革计划，但仍然任重而道远。保护财产权对支持私营部门的发展具有特别重要的意义。因此，法院必须有能力有效阐明法律的适用情况，并担任法律守护人的角色。要创造一个友好的营商环境，合同的良好履行是友好营商环境的另外一项重要因素，它有助于降低非正规性、拓宽企业获取信贷的渠道，并为营造公平竞争环境提供支持。中国还应对如下两项重点领域进行改革：一为解决地方层面的不平等问题（例如，法律程序成本不均衡的问题）；一为缩短冗长的诉讼时间。

需要加强公共机构的问责制度，提高透明度和廉政度。全国人大常委会近日批准了《〈预算法〉修正案》（其中允许地方政府经全国人大批准之后发行债券），这是中国向提高预算透明度和效率迈出的重要一步。这种机构改革除其自身具有的重要意义之外，对于合理平衡政府和市场之间的责任，有效果和效率、公平地提供商品和服务也十分必要。在这一背景下，改革的重点领域之一应当是编制统一的公务员行为准则，设定公务员职业要求框架，并制定解决利益冲突、使用职务信息和资源等常见问题的法规。

地方政府的创收能力要更好地与其开支需求相匹配，并探索其他资金渠道。要解决这些资金问题，需要通过开征不动产地方税等方法扩大城市税基，还需要微幅调整均衡机制，即从富裕省份向贫困省份转移支付，并确保基于实际人口，而非登记人口进行该等转移；具体方式还应当能够体现地区间的成本差异。

结 论

随着中国正着手编制“十三五”规划，上述内容将成为政策路线图的关键，以帮助中国应对全球趋势，平衡市场和政府之间的关系，调整政府定位和职能，扫清进入高收入阶段的剩余障碍。中国是经合组织的重要合作伙伴，经合组织将继续为中国发展提供分析支持，以致力于我们共同的目标——“更好的政策，更美好的生活”。

（本文主要观点基于经合组织报告《新时代全球背景下的中国》）

2015 年《经合组织中国经济调查》摘要

经合组织

过去 30 年，中国经济取得了令人瞩目的发展。今天，中国正向“新常态”转变，即走一条增速虽有所放缓但仍相对较快、更加可持续的增长道路。中国将继续逐步赶上经合组织国家。劳动年龄人口正在减少，放宽计划生育政策并不能放慢老龄化进程。增长的主要动力仍是投资，但对生产力的再加速提出了要求。从农村到城市，从公共部门到私营部门，从投资转向消费，从制造业转向服务业，中国的转型是多方面的，也需要坚定不移地推动结构改革。2013 年下半年，中国共产党十八届三中全会制定了相关的路线图，后来在“十三五”规划（2016 ~ 2020 年）开始前召开的四中全会则强调了法治的重要性。

增长趋势放缓，但仍居高位，2010 ~ 2019 年人均 GDP 约翻一番

全球经济前景充满不确定性和风险，中国在短期内也面临诸多宏观经济挑战。中国要在短期的增长和长远的稳定之间做取舍，同时在更加广泛的社会层面分享增长效益，为业已受到严重污染的环境减压。

为确保长期可持续和平衡的增长，两大领域的结构改革是关键，一是能力和教育，二是农业和农村的发展。

第一，应当继续改革教育和培训系统，包括从早期儿童教育到成人

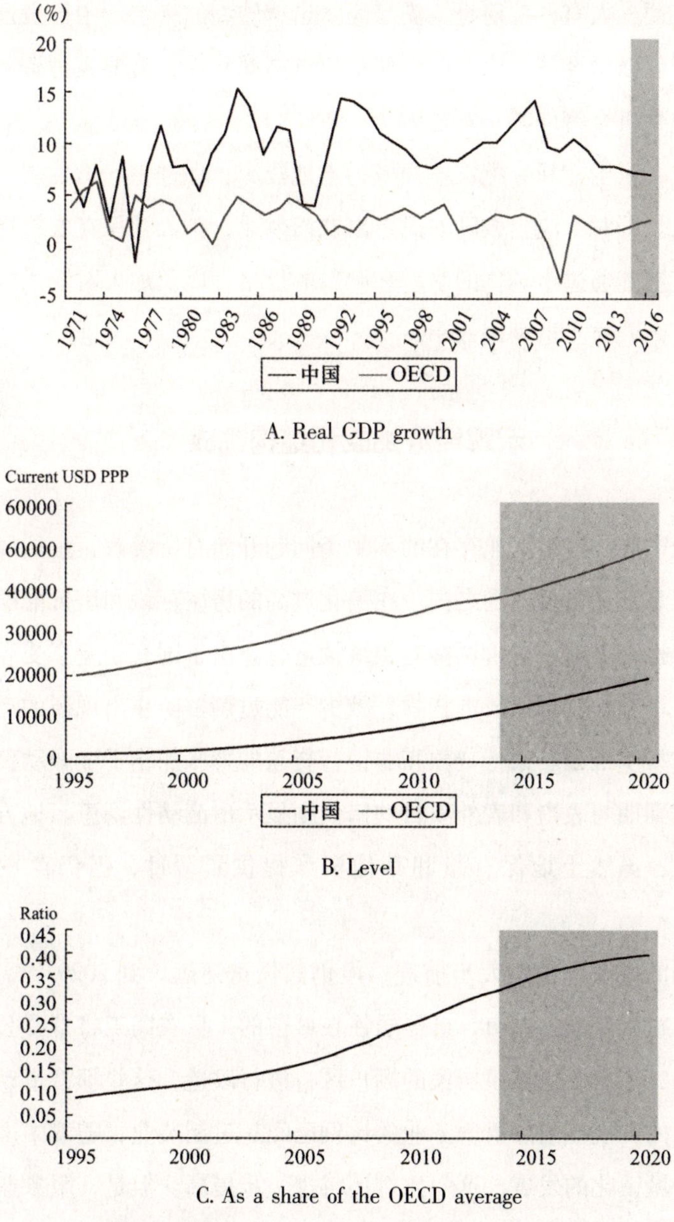

图 1　GDP per capita at purchasing power parity

注：阴影区代表估算或预测。

资料来源：经合组织，中国国家统计局。

教育，以便人人有一技傍身，满足经济迅速转型的要求。中国发展知识型经济和创新型经济，以及向全球价值链高端移动，需要人力资本，而公平的教育机会将助其一臂之力。

第二，应当重新分配农业领域的土地资源，促进生产力发展，增加农民收入。同时，应当鼓励农民走出农田就业，扩大社保在农村居民中的覆盖范围。通过市场化的水价和肥料的价格，以及加大对农民的技术培训，提高农村土地利用效率。

宏观经济挑战和结构挑战

房地产和一些重工业存在的不平衡问题开始有所缓解，虽然风险犹存，但似乎都在可控范围之内。在消化过高的房屋存量和房价能够被更多买房者接受之前，房价调整有望继续进行。由于国有企业享受政府默示担保，可轻松获得低成本贷款，减少产能过剩、防止出现新的产能过剩的工作举步维艰。银行贷款和非银行贷款的膨胀加剧了金融动荡的隐患。贷款到期与表内和表外项目的错位则显示出流动性隐患。地方政府债台高筑，虽然土地保有量和其他资产提供了缓冲，但仍存在财政风险。

中国的城镇化虽然大步前进，但仍然任重道远。到2020年，预计有1亿农村人口涌向城市，已经居住在城市的1亿农民工将享受公共服务和社保，还有1亿城镇居民的棚户区将进行改造，这些都将带动经济和生产力的发展。附加值服务业的比例已经超过制造业，随着中国财富的增加，城镇化的发展，这一比例还将进一步提高。但是，服务业生产力受到不公平的竞争环境的制约。

增长愈来愈依赖人力资本和创新。从学校习得的知识和能力并不能充分满足劳动力市场的需求。基于工作场所的职业培训极其匮乏。虽然研究领域的投入增长加快，但创新成果并未得到充分应用。中国的教育开支与金砖六国的一些成员齐平，但低于经合组织国家。教师的起薪与其他职业相比没有吸引力，收入前景黯淡。教育不平等问题十分突出，最主要的根源是城乡差距，其次是社会分层。

中国农村的生活水平仍然远远落后于城市。农业方面，农田平均面积十分有限，制约了机械化和规模化经济的实现。许多小农生产者难以获得融资支持，农民的教育水平和技术支持还有待提高。与其他国家相比，中国的人均耕地少，农业的可持续发展面临化肥滥用、水资源利用不善和草原退化等威胁。希望移居城市的农村居民面临诸多政策上的障碍。对于留在农村的居民而言，社会福利不完善，卫生服务也严重落后于中国的城镇。

主要建议

保持并改善中国增长的质量面临三大主要任务：①完善市场机制，坚持法治；②加强从儿童早期到成人阶段的技能培训，包括推动基于工作场所的职业培训；③扩大农民的土地使用权，提高操作性和交易的便利性。

为实现上述目标，下文详细阐述了建议内容。有的建议已经制定完毕，有的已经在试点或在更大范围内进行。

1. 促进可持续增长的改革

首先，通过实行全国碳排放交易机制、逐步取消碳密集型生产者的补贴和加大可再生能源的投入等，继续实现已声明的排放目标。

其次，逐步取消国有企业享受的政府默示担保，在融资、监管、税收和政府采购等领域，为所有企业创造一个公平的竞争环境。

再次，继续逐步放开存款利率，并通过公布坏账及表外贷款实际情况等措施提高金融稳定性。

最后，通过永久性禁止地方政府投资工具制造新的债务等方式，增加财政透明度，确保财政可持续性。

2. 让城镇化和服务业推动增长

一是向所有农民工提供公共服务和社保，推广在全国适用的可转移式社会福利。

二是减少零售业、酒店、餐饮和建筑等商业化的服务业中的国有成分，向私营部门开放更多的行业。

3. 人人都有一技之长

（1）能力升级

①增加教育开支，如增加教师薪酬以改善教育质量。为弱势儿童提高平等接受教育的机会。

②建立全国基于工作场所的职业教育体系；加强就业指导，加大就业信息宣传力度。把教育的重心转移到实用的知识和技能上，提高能力需求调查的系统性以缩小技能空白。

③以学术成果质量作为评估大学和大学教师的重点。鼓励研究自主、按绩效提拔并加强知识产权保护以吸引和留住世界一流的研究人员。

④鼓励研究自主、按绩效提拔并加强知识产权保护以吸引和留住世界一流的研究人员。

（2）提高教育质量

①评估教育成果并公布评估结果。

②提高教师职业门槛，废除终身聘用制，提高教师工资。

③更加有效地利用网上教育，传播优质的教学材料，例如公布根据下载量最高确定的提供最好的材料的教师姓名。

④削弱考试和证书的地位，从小培养探索精神。

（3）提供平等的教育机会

①通过扩大社会协助的范围和向私立机构提供代金券，改善学前教育的入学机会。

②用中央预算资助义务教育，确定全国教学质量最低要求。向人口较多的中部省份增加资金投入。

③继续举办县内教师交流和发展程度不一的地区之间的教师交流，减少教育机会的差距。

④向国内迁移人口子女开放公立学校，如果没有公立学校，提供代金券，供其就读私立学校。

⑤允许常驻迁移人口子女就地参加高考，不论父母的职业或社保性质。

4. 提高农业生产力，进一步推动农村发展

（1）资源再分配

①向所有农村家庭颁发证书，详细说明土地使用权并改善操作性。

②为农田和集体所有的建筑用地的土地操作权转让建立规范、透明的交流平台。

③农田承包权延长至70年，且承包合同到期自动更新。

④向农民工普遍发放居住证，以享受公共服务，同时保护其在原来所在地的土地权利。

⑤减少小微信贷机构的障碍，为农村借贷人制定更有效的信贷评估体系。

（2）提高农业生产效率

①逐步取消肥料产品的补贴。

②维持农业公共延伸服务，尤其注重提供新技术相关信息和帮助选择种子和肥料。

③实施并执行农业用水单位定价制度和更完善的水资源分配机制，

以鼓励需求管理和节水技术的投资。

④确保村庄负责人和政府协同合作，以最低的成本提供高质量的农村基础设施。

（3）完善农村地区收入扶持制度的管理

①逐步用向农民直接付款取代粮食最低收购价。

②扩大低保的覆盖范围，为县级政府提供充足的资金，用于审批低保申请。

③中央政府增加对新型农村合作医疗制度的资金投入，允许在国内其他地方享受这一福利。

确保经济“新常态”下的城市化可持续发展[1]

瑞士再保险公司

自30多年前实施改革开放和经济市场化以来，中国经历了根本性变革。如今，中国已经成为全球第二大经济体和最大的贸易出口国。然而，从长期来看，中国显然不能再仅靠出口来拉动经济增长。同时，缩小沿海城市与内陆欠发达地区之间贫富差距的呼声也越来越高。不容忽视的是，中国GDP增速也在持续放缓，2014年已降至7.4%。这些都促使决策者考虑将国内消费作为主要的经济增长引擎，从而逐渐替代外贸依赖型的传统发展模式。为实现这一目标，城市化[2]已成为促进中国经济可持续发展的重要组成部分之一。

城市化是全球20世纪的标志性特征，并延续至今

城市化一般被视作从农村地区向城镇转变的过程。1950至2014年间，全球城市人口增长了五倍以上，城市居民数量年均增长4900万。更好的就业和生活前景吸引了大量居民涌入城镇，全球各地工业化的兴

① 本文为瑞士再保险股份有限公司为中国发展高层论坛2015提供的报告。

② 城市化在这里也包括“城镇化”的含义。如未特别说明，本报告中“城市化”和“城镇化”的含义未做区分。

起引发了人口迁移的现象。

如今，全球一半以上的人口居住在城市地区①。从表1中可以看出，自20世纪70年代以来，发达市场的城市化步伐趋于稳定，而新兴市场日益成为全球城市化进程的主要推动力量。

表1　城市人口年均增长率　单位：%

年　份	全　球	发达市场	新兴市场
1950～1970	3.0	2.1	4.1
1970～2010	2.4	0.9	3.4
2010～2030（F）	1.7	0.5	2.1

注：F为预测值。

资料来源：联合国经济和社会事务部人口司。

随着移居城市的人口数量持续增加，城市规模也不断扩大，“超大城市”（人口超过1000万的城市）的数量也大幅增加。1970年，全球仅有两座超大城市，拥有2.9%的世界城市人口。到了2014年，超大城市的数量增至28座，占世界城市人口12%，预计到2025年将进一步增至37座，占世界城市人口的13.6%。届时将有30座超大城市来自新兴市场，其中19座位于亚洲，而中国和印度就有13座。

根据联合国的分类，按人口规模从低于50万至高于1000万不等，城市可依次划分为五大类（表2）。从历史经验看，人口的增长主要集中在较大城市。1970年，小城市（人口不足百万）人口占世界城市人口的71%，而2011年，该比例降至61%，预计到2025年将进一步降至53.5%。

① 2014年，全球54%的人口居住在城市地区。（联合国《世界城市化前景：2014年修订版》/World Urbanization Prospects：the 2014 Revision）。

表 2 按人口规模划分的城市类型

城市类型（按人口规模）	1970 年	2011 年	2025 年（F）
不足 50 万	61.6	50.9	42.4
50 万~100 万	9.4	10.1	11.1
100 万~500 万	18.0	21.3	24.3
500 万~1000 万	8.0	7.8	8.7
1000 万以上（超大城市）	2.9	9.9	13.6
小城市*	71.0	61.0	53.5
大城市	29.0	39.0	46.5

注：*指的是人口不足百万的城市。F 为预测值。

资料来源：联合国经济和社会事务部人口司。

麦肯锡公司的一项预测表明，到 2025 年，排名位于前 20 的超大城市的 GDP 总值将达到 5.8 万亿美元，2011~2025 年的年均复合增长率达到 7.6%，几乎相当于全球总体经济预期增速的两倍。超大城市将成为未来几十年全球经济的主要增长中心，预计规模较小的城市（即中等城市）的增长略有加速，到 2025 年，其年均复合增长率为 8%①。

总体而言，城市化的兴起造就了充满活力、不断增加的现代生产和工业中心，提升了资源利用效率，从而促进了收入增加和生活条件改善。由于规模经济效应，城市化有助于降低生产成本。然而，实证研究也显示，在达到一定规模之前，大城市比小城市具有更高的要素生产力；在超过这一规模后，要素生产力就会呈现收益递减趋势②。还应注意的是，城市化并非仅仅局限于建立超大城市。随着地铁和铁路网络的

---

① 麦肯锡将中等城市定义为人口介于 20 至 1000 万的城市。请参见麦肯锡的报告《都市世界：城市与消费阶层的兴起》（Urban World：Cities and the rise of consuming class）（2012 年）。

② Roberto Camagni、Roberta Capello 和 Andrea Caragliu 所著，《一个或无限多个最佳城市规模？探索城市的均衡规模》（One or infinite optimal city sizes? In search of an equilibrium size for cities），2013 年。

高速化，城市之间的通勤时间大幅缩短。城市集群也应运而生，即将具有类似规模、不同功能的城市交织起来，从而实现垂直整合和劳动力分工的经济化。

自1949年以来，中国的城市化进程经历了几个阶段。特别是1978年经济改革开放以来，城市化随着经济增长而加速发展。城市和城镇中心成为投资和消费的主要驱动力。过去20年间，不断增强的城市化进程对中国整体经济增长起到了举足轻重的作用。截至2014年底，中国的城市化率已经达到53.7%。

中国的城市化发展受多方面因素推动，包括城市规划和各种自发机制，尤其是自1978年从农村地区开始推进经济改革以来。乡镇企业的快速发展提升了农民收入，也推动了小城镇的巨大发展。此后，国际贸易的扩大推动了沿海城市的发展，吸引了内地省份的打工人员纷纷到大城市工作和定居。政府在城市化进程中也起到了关键作用，特别是通过产业结构升级、户籍管理制度改革以及改善外来人口的社会保障福利等举措。

未来几十年，城市化仍将是中国经济发展的标志性特点之一。政府决策层将其视为经济可持续增长的核心支柱，城市化不但有助于转变经济增长模式、促进产业结构调整、合理利用土地资源、改善社会流动性，还有助于缩小贫富差距①。城市化将重塑中国的经济发展和社会结构。然而，如果考虑到工业化、第三产业化、全球化及中国人口加速老龄化等各种风险因素，城市化将是个非常复杂的问题，会为决策者带来全新的独特视角。

---

① 研究显示，城市圈对于提高居民收入具有正面影响，较小城市尤为明显。但随着城市规模扩大，这种效应逐步递减。请参见 Chun - Chung Au、J Vernon Henderson 所著，《中国城市是否过小?》（Are Chinese Cities Too Small?），2005年10月。

城市化会引发复杂的新兴风险格局，显著提升风险集中度

一般而言，发达市场的城市化进程主要伴随着财富创造和生活条件改善，同时，各种环保政策也不断出台，使经济发展更具环境可持续性（图 1）。

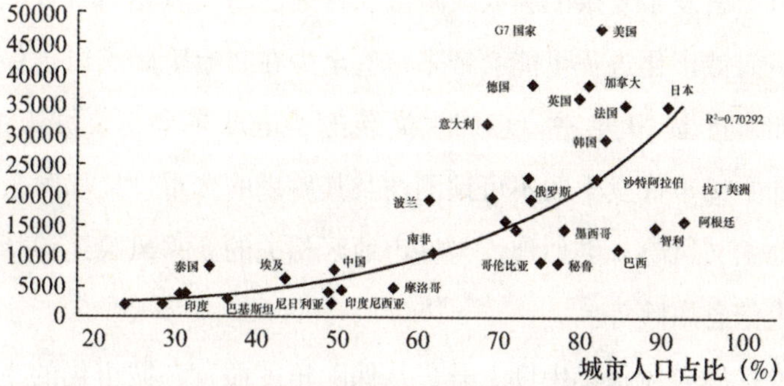

图 1　2010 年城市化率和国民人均总收入（美元，购买力平价）

资料来源：瑞士再保险经济研究及咨询部、联合国、世界银行。

从效率角度来看，新兴市场的城镇化率速度很快。例如，中国的城市化率在 40 年间提高了 20 个百分点（从 1960 年的 16% 增至 2000 年的 36%），而同样的变化英国则经历了 120 年，美国需要 80 年[①]。然而，新兴市场的主要基础设施建设往往落后于城市化的发展速度，从而为城市带来了全新且更为严峻的挑战。

城市化带来了经济、社会和环境的变化，也引发了一个全新的、相互关联的风险格局。某些风险在当下看来影响甚微，但有可能在未来成为关注的焦点，而有些问题目前已经引发了社会的广泛讨论。例如，近年来，流行性疾病（如严重急性呼吸综合症，即非典）和环境问题

---

① Buckley R 与 A Kallergis 著，《美国和英国的城市增长率》（US' s and Great Britain' s urban growth rates），2011 年。

（如空气和水污染）对社会的威胁持续上升，同时，倡导绿色及城市的可持续发展也引发了更多关注。此外，新兴市场也日益意识到满足流动人口基本需求的重要性，因为这些需求未得到满足可能会产生社会动荡等。不管怎样，新的风险格局对于决策者来说充满挑战与机遇。

城市化引发了错综复杂的新风险格局，显著提升了风险集中度。这对保险业的影响主要包括：

①城市圈引发了复杂的新兴风险。农村地区的风险相对直观，并具有可保性。而城市化进程可能会带来一些至少在初始阶段难以承保的新风险。例如，过去 10 年来，恐怖主义袭击了全球多个主要城市中心，但由于恐怖主义事件发生的不可预测性及其后果的严重性，保险公司难以承保恐怖主义风险。类似地，与城市地区相关的新兴风险还包括网络风险和个人信息风险等。

②规模扩展与风险集中度上升。从保险角度而言，城市化的主要优势之一是经济资产集中度增加。一方面，这意味着保险公司得以利用规模经济，以较低的价格提供保险。另一方面，资产集中伴随着风险积累，如果城市地处自然灾害易发地区就更是如此。

③城市地区产权界定更加明确。部分农村地区的产权界定不明确，在城市化进程中，这些地区将面临承保挑战。

④城市集群的扩大可能会将几个大区合成一个经济区，比如珠三角经济区或长三角经济带。这为进一步的区域专业化、人才和投资的加速流动创造了条件，且有助于区域中心向邻近城市提供定制服务（金融、营销及研发等）。此外，由于过去 10 年中投资过剩，造成很多工业部门产能过剩，因此，生产率和效率（以及创新和可持续性）将得到越来越多的关注。

毫无疑问，由于人口密度和经济资产集中度高，城市地区（特别是大城市）更易受到包括人为和自然灾害在内的各类风险的冲击（见表

3）。这对于沿海或靠近地震活动较频繁或水灾易发地区的超大城市更是如此。此外，城市地区的健康风险也较为集中，当大量人口生活在同一区域，共享公共服务和公用设施，食物、水污染、空气、噪音污染和化学品泄漏或疾病暴发所引致的后果将会显著放大。

表 3　　大城市面临的主要风险

自然灾害
• 地震、洪水、旋风和海啸
人为灾害
• 工业灾难，如火灾
社会/政治风险
• 恐怖主义、暴乱
基础设施损坏
• 公路、铁路、港口及机场等设施损坏
健康风险
• 流行性疾病、食物/水污染等
业务中断
• 全球供应链中断

资料来源：瑞士再保险经济研究及咨询部。

中国自然灾害发生频繁，包括地震、洪水、风暴、干旱、沙尘暴和山体滑坡等。许多灾害造成了巨大的人员伤亡和经济损失。但由于保险深度不足，这方面的保险理赔非常有限，中国很多城市仍存在巨大的“自然巨灾保障缺口”。此外，由于绝大多数重要工业中心位于河谷和冲积平原等地（如珠江三角洲），成千上万的国内外企业的供应链及商业活动都有可能遭受洪水及风暴灾害的冲击。据估算，如果有风暴潮或河水泛滥来袭，仅珠江三角洲地区就会因此分别造成高达 350 亿和 90 亿美元的保险损失。此外，还有超过 1.1 万家外企在中国设有业务中心，随着城市化和工业化的进一步加快，外企数量将可能会进一步增加。由于外国投资者往往在海外购买保险，如果发生自然灾害，中国本地保险公司及海外市场的保险业务都会受到影响。

与此同时，对中国而言，“从农村到城市”生活方式的转变也非常显著。城市生活方式，比如快餐食品和久坐不动的日常工作，可能会导致如肥胖和心脏病等疾病的增加，从而会影响死亡率（城市地区更好的医疗设施会起到抵消作用，但也取决于其负担能力）及医疗服务提供水平。此外，由于城市人口密度日益增大，国内外交通运输也越来越方便，流行性疾病暴发的风险也急剧上升。例如，2003 年，在中国和亚洲地区爆发的严重急性呼吸系统综合症（即非典），航空旅行即被看作是导致该疾病快速传播的重要因素之一。超大城市较高的人口集中度加剧了其应对流行性疾病风险的脆弱性。自然灾害也会对人口稠密地区构成威胁，例如，2011 年，日本东北（Tohoku）地震引发的海啸造成了巨大的人员伤亡。

基于国际经验的政策建议

过去 30 年，中国经历了快速的城市化进程，如今半数以上的人口生活在城市地区。由于中国仍需持续增长的城市化来带动经济增长、助力经济向消费驱动型模式调整、缩小家庭收入和贫富差距，以及提高国家工业生产能力，因此，展望未来，城市化仍将是中国经济发展的增长点。

本部分旨在为政府提供一些具体措施，以便在经济新常态背景下，防范城市化进程中的新风险。

首先，需要综合性风险管理措施，以应对城市化过程中出现的挑战。

其次，再/保险有助于支持城市化发展和经济增长。

最后，发展公私合作伙伴关系（PPP），有助于更好的管理城市化过程中出现的新兴风险。

1. 需要综合性风险管理措施，以应对城市化过程中出现的挑战

现代风险管理依赖于综合性的风险评估方式，立足于风险组合模式，包括所有的风险类别及其相关性——涵盖地缘环境下的技术、经济、自然及社会等所有风险。因此，很多跨国公司增设了“首席风险官”一职，以便采取整体化方式来分析和管理影响公司发展的风险组合。瑞士再保险公司认为，公共部门亦可借鉴这一做法，即设置“国家/城市风险官”一职，负责了解城市化进程中可能出现并影响城市发展的各种风险本质及其相互依存关系。这种方式的潜在好处包括：①整合并强化了此前分散于各部门的专业技术知识能力；②集中了资源，从而可以更高效地分配政府资金。

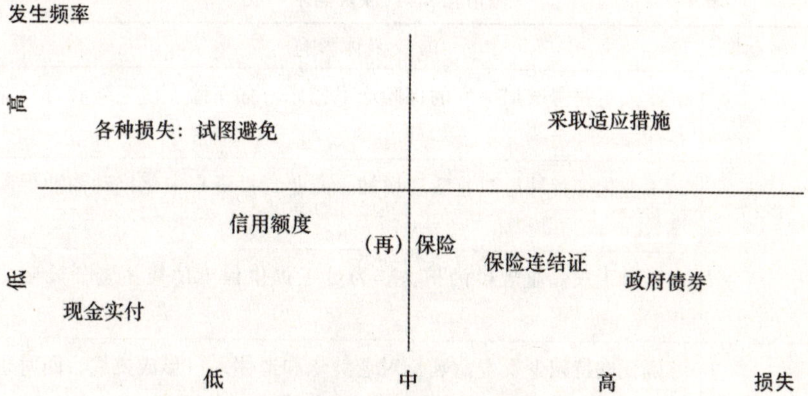

图2　综合性风险管理措施

资料来源：sigma 2011 年第 3 期，《政府参与商业保险市场》，瑞士再保险。

相关部门可通过设计不同的情景条件来模拟各风险因素之间的依存关系，从而有针对性地采取相应的风险缓解和管理措施。综合性风险评估模式将会显著加强政府在城市化进程中应对重大灾难或金融/外部冲击的能力。

一个明显的例子是，城市地区的老龄化问题，护理服务提供方和解决方案实施机构等主体之间亟须加强沟通协调。目前，护理资金筹措和护理服务非常分散，而且在大多数情况下都独立于医疗服务之外。此外，社会服务和家庭护理提供者之间也往往缺乏协调，造成成本浪费和效率低下，不能给患者带来最佳疗效。

2. 再/保险有助于支持城市化发展和经济增长

城市化进程中出现的新风险格局也引发了再/保险需求。再/保险在提高社会和经济生产力和稳定性方面做出了重要贡献。作为一种契约关系，再/保险公司对事前交付保费的被保方承诺，若既定事件导致损失，将赔偿被保险人相应损失。保险业务涉及保险产品的设计和分销、风险监控和核保，以及保费的管理和理赔。表4归纳了城市化进程中可能会产生的再/保险保障需求。

表4　城市化和再/保险需求

分　类	具体影响
经济	收入与财富增加引发的保险产品需求。如车险、住宅险和寿险储蓄产品
	工业化、贸易与商业活动增加、商业与投资集中化推动商业保险增长
	随着正规就业规模的扩大，为员工提供保障的雇主责任险随之扩容
社会	隔代支持减少及寿命延长对老龄化和退休人口形成挑战，同时也为老年健康和养老金产品创造机会
	消费者权利意识的提升对意外险和责任险业务具有影响
	城市生活方式导致所谓的“城市病”（糖尿病、心脏病、癌症）；在相应的保险产品中有所体现
	具有较高金融知识水平的消费者更易接受万能寿险等复杂的保险产品。另一方面，随着城市地区服务业的发展，保险公司可预见到来自其他金融中介机构的竞争增加
	随着科技进步，网络和个人数据风险上升的领域也是与城市中心更为密切的业务部门。这些风险已经产生特殊的险种需求

续表

分 类	具体影响
基础设施	基础设施项目建设阶段创造的商业保险新机会
	建设后期的经常性保险需求也可能依然强劲，不过这也取决于政府是否作为实际保险人
环境	随着环保问题及利用信息技术建造“智慧城市”意识的提高，绿色保险的投保率也会增加
	很多大城市都位于多种自然灾害易发地区。人口与经济价值高度集中放大了自然/人为灾害、工业灾难、恐怖主义或疾病暴发所造成的损失。保险不仅可以在个人和企业层面实施，也可以在城市层面作为风险管理战略的一部分
	城市风险管理意识提高，以及公私合作的好处将为保险业创造更多机会

资料来源：sigma 2013 年第 5 期，《新兴市场的城市化进程：保险公司面临的机遇和挑战共存》，瑞士再保险。

3. 发展公私合作伙伴关系（PPP），有助于更好的管理城市化过程中出现的新兴风险

瑞士再保险最近开展了一项研究，评估了全球 616 个主要城市地区所面临的五大自然灾害风险状况——地震、风暴、风暴潮、海啸和洪水等。地震是人口密集地区发生频率较高，且最具毁灭性的灾害之一。在很多新兴市场，受害者很少能从保险公司或政府获得足够的赔偿。比如 1999 年，土耳其伊士密和迪兹杰发生的地震造成了 200 多亿美元的经济损，保险公司仅承担了其中的 10%①。1999 年，中国台湾南投县（集集镇）地震也同样造成了 141 亿美元的巨大经济损失，其中仅有 10 亿美元的保险理赔。可以看出，传统保险显然未能提供充分保障。

为应对地震风险，政府开始引入地震保险共同体机制，以提高地震

① 损失数据为事件发生时估算，并未按照当前价格予以更新。

保险深度，并加强抗震建筑的建造标准。2000 年 8 月，土耳其推行了强制地震险，并由世界银行资助成立了土耳其巨灾保险共同体（TCIP）。该共同体旨在缓解政府潜在的财政负担，提高公众的保险意识，通过在国际市场进行再保险，进一步缓解相关风险。

2002 年 4 月，台湾也成立了住宅地震保险共保组织（TREIP），以便更好地控制住宅地震风险。该组织协调了多种资源，包括当地共同保险、非盈利基金、再保险以及政府支持等。同时，修订了新住宅火险保障条款，自动提供地震风险保障，相关损害赔偿以重置成本为准。

这些例子表明，在城市化进程中，利用公私合作的伙伴关系来强化风险融资能力，比单独依靠政府灾后救援更为有效。此外，保险共同体可以扩大保险范围，包括地震之外的其他自然灾害风险。

事实上，利用公私合作形式，不但有助于缓解政府救灾的财务负担，对灾后复原能力也十分重要。例如，政府可通过制定相关政策和法规，使保险业承担较大损失，从而鼓励风险转移。这些政策法规包括强制保险计划，有助于形成规模足够大的“风险社区”。或采取相关措施，以更好的界定责任并改善进入国际再/保险市场的条件。再/保险公司在城市的规划过程中可以担任顾问，也可以作为风险吸收者。再/保险公司拥有灾害风险管理方面的技术专长，可以帮助政府有效地进行城市风险管理和规划。此外，通过公私合作建立风险融资机制，可以缩小资金缺口。

相比而言，政府可以通过修改规章制度，设定鼓励个人、家庭和公司采取风险适应性措施的相关政策。而私营部门具备财力和专业知识，从而可以应对经济发展中的各种风险。建立公私合作伙伴关系，特别是涵盖再保险及资本市场解决方案的合作关系，可以利用不同利益相关主体的独特优势来实现互补，从而创造出更具活力和弹性的方案，以更好的应对城市化进程中出现的各种挑战。

区域协同发展与新型城镇化战略

侯永志　孙志燕
（国务院发展研究中心）

在2014年12月召开的经济工作会议上，习近平总书记对中国经济发展进入新常态进行了系统阐释，并强调指出“认识新常态，适应新常态，引领新常态，是当前和今后一个时期我国经济社会发展的大逻辑”。区域经济作为国民经济在空间上的支撑，其未来的发展也必须遵循这一大逻辑。简单地说，遵循这一大逻辑，就是要使区域经济发展更加高效，更具公平性和包容性，更具可持续性。达到这一目的，必须在科学认识新常态下区域经济发展面临的机遇和挑战的基础上，完善区域发展的战略和政策。城镇化通过对土地、劳动力、资本等要素的配置和再配置影响区域经济发展。实际上，在现代经济中，随着城镇化水平的提高，城镇化和区域经济发展越来越具有统一性。因此，在推动区域协同发展的过程中，还要积极推进高效、包容、可持续的新型城镇化战略落实。

科学认识新常态对区域经济发展的影响

经济进入新常态，伴随着发展环境和条件等诸多方面的变化，这些变化既有物质技术层面的，也有制度政策层面的。这些变化对区域经济发展的影响主要有以下三点。

1. 全国统一市场建设步伐加快，资源要素在空间上的流动更加自由便利

一方面，随着我国经济体制改革的深入推进，地区之间商品、资本、资源、人才等各种要素流动的显性和隐性障碍将逐步被消除。至2014年底，国务院共取消下放部门审批事项538项，非行政许可审批取消205项，原有226项工商登记前置审批精简了85%①。在这些改革的推动下，全国统一市场将加快形成。

另一方面，由于我国交通通信设施网络化现代化水平的不断提高，资源要素跨区域流动的便利性和自由度将显著增强。2013年，我国高速铁路营业总里程达到1.1万公里，是2008年的16.4倍；占铁路营业里程的比重也由2008年的0.8%增长至10.7%。我国定期航班航线里程在2013年达到了410.6万公里，是1990年的8倍。互联网宽带接入端口在2013年已高达3.6亿个，是2003年的20余倍；互联网普及率为43.9%②。伴随着基础设施条件的不断改善，资源要素在空间的流动性也将得到显著提高。

2. 经济活动空间集聚效应将更加显著，区域之间的分化可能进一步加剧

如图1所示，近10年，我国人均GDP的相对差距明显缩小，但是绝对差距仍在扩大。这一趋势在我国经济进入新常态之后仍有可能得以延续和强化，我国欠发达地区的资源优势将较难发挥，主要有两个方面的原因。

（1）多数国家经济增速趋缓，世界经济发展进入低谷

世界银行2015年1月份预测，2014年世界经济将增长2.6%，增

---

① 资料来源于新华网，2015年2月27日。

② 数据来源《中国统计年鉴2014》。

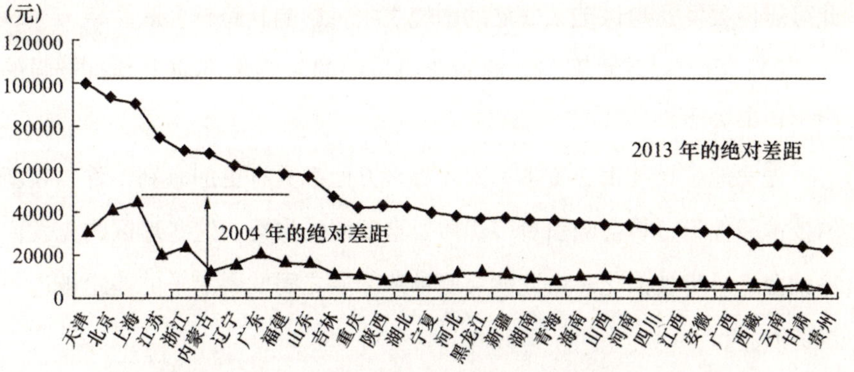

图 1 2004 年和 2013 年我国各省（直辖市、自治区）人均 GDP

速比上年小幅加快 0.1 个百分点，比 6 月份预测值下调 0.2 个百分点。美国预计 2014 年全年经济将增长 2.4%，比上年加快 0.2 个百分点。欧元区预计 2014 年全年经济将增长 0.8%，比上年下降 0.5%。日本 2014 年第一季度 GDP 环比增长 1.4%，但第二、三季度环比分别下降 1.7% 和 0.5%，经济出现技术性衰退[①]。2014 年，我国国内生产总值（GDP）的增长速度也降至 7.4%，比 2004 年下降了 3.1 个百分点[②]。从目前的态势看，世界经济的增长速度在中期内难以恢复到从前水平。由于全球经济增长速度的下降，能源、矿产等大宗产品的市场需求增长也会趋缓。据世界银行统计，2014 年，能源、非能源价格比上年分别下跌 7.2% 和 4.6%，均连续三年下跌[③]。2015 年 1 月，我国工业生产者出厂价格中，生产资料价格同比下降 5.6%，其中，采掘工业价格下降 17.5%，原材料工业价格下降 8.6%[④]。这就意味着，尚处在工业化初级阶段的欠发达地区，以资源为核心的传统优势难以发挥，而其他一些发展条件，如人力资本质量、基础设施条件等在短期内又很难改变，由

①③ 数据来源于国家统计局网站，《2014 年世界经济形势回顾与 2015 年展望》。

② 数据来源于国家统计局发布的《2014 年国民经济和社会发展统计公报》。

④ 数据来源于国家统计局网站。

此可能使欠发达地区陷入发展的困境之中，影响其跨越发展。

（2）由于以互联网和智能制造为核心的新技术本质上具有较强的网络积聚效应

先发地区在技术、资本、人才等多方面都具有更加有利条件，在新的技术条件下，将会吸引更多优质要素资源的聚集，这些地区的先发优势就会进一步被强化。由此就可能导致区域之间发展水平的差距被进一步扩大。

3. 资源环境承载力成为各地发展的硬约束，区域发展必须另辟蹊径

过去，一般认为，中西部的资源丰富，环境容量较大，与东部地区相比资源环境对中西部发展的约束相对较弱。在谋划区域发展时，有时会忽略资源环境对中西部地区的影响。但是，在新常态下，各地区都面临着更严峻的资源环境压力。2013 年，我国重点监测的 74 个城市中，NO2 平均浓度达标城市比例为 39.2%，PM10 平均浓度达标城市比例为 14.9%，PM2.5 平均浓度达标城市比例为 4.1%。在这 74 个监测城市中，空气质量平均达标天数比例仅为 60.5%，平均超标天数比例为 39.5%。其中有 17 个城市空气质量达标天数的比例低于 50%。2013 年全国平均霾日数为 35.9 天，比上年增加 18.3 天，为 1961 年以来最多[①]。根据第一次全国水利普查水土保持普查成果显示，中国现有土壤侵蚀总面积为 294.91 万平方千米，占国土面积的 30.72%。2012 年，全国因建设占用、灾毁、生态退耕等原因减少耕地面积 40.20 万公顷。在全国 2461 个县域中，有 960 个县的生态环境质量等级是在一般或一般以下，所占比例接近 40%，其中西部地区的生态环境质量相对较差[②]。2013 年，全国地表水总体为轻度污染，部分城市河段污染较重。十大流域的国控断面中，Ⅳ ~ Ⅴ类和劣Ⅴ类水质断面比例分别为

①② 数据来源于环保部网站，《2013 年中国环境状况公报》。

19.3%和9.0%[①]。在此背景之下，资源环境承载力应成为推动各地区发展都必须考虑的硬约束，无论是发达地区，还是欠发达地区，都不能再走传统的资源消耗多、环境污染大的工业化道路，而是要另辟现代化新路。

适应新常态，必须推动区域协同发展

中央经济工作会议强调，要“促进各地协调发展、共同发展和协同发展”，并将“优化经济发展空间格局”作为2015年经济工作的五项主要任务之一。协调发展、协同发展和共同发展既有联系，又有区别。协调发展更多的是强调发展的一种状态，如地区差距存在但可接受，区际分工较为合理；共同发展是更高阶段的协调发展。而协同发展更多的是强调地区之间共同行动，强调各地要形成目标一致的行动方案，实现对区域公共事务的联合治理。在新的发展时期，必须推动区域协同发展，这是因为：

第一，只有推动区域协同发展，才能增强发达地区的辐射带动作用，加快欠发达地区的发展。在新常态下，全国市场的一体化程度提高，欠发达地区很容易由于其后发劣势而陷入“贫困陷阱”之中，而发达地区由于其因先发而形成竞争优势，对资源要素产生更强烈的“虹吸效应”。只有推动协同发展，才能加快区域发展由“虹吸”过程到“涓滴”过程的转变，才能加快生产布局在集聚中走向均衡的过程，才能尽快缩小区域发展差距。

第二，只有推动区域协同发展，才能消除区域竞争的负面效应，真正提高资源要素的空间配置效率。区域竞争是我国经济发展的重要动

① 数据来源于环保部网站，《2013年中国环境状况公报》。

力，其意义不可否认，但区域过度竞争、无序竞争也带来了生态环境恶化、产能过剩、土地无序开发等负面效应。在新常态下，依然需要区域竞争，但必须规范区域竞争，以提高资源要素的配置和利用效率。只有推动协同发展，才能建立新型的区域竞合关系，才能形成优势互补、分工合理的区域格局，才能奠定资源要素优化配置的基础。

第三，只有推动区域协同发展，才能实现跨区域问题的有效治理，真正实现区域的可持续发展。随着产品要素流动和人员往来的自由化，区域发展面临越来越多的共同问题，如基础设施连接、环境治理和生态保护、食品安全、社会稳定等。他们单靠某个区域和某些区域难以解决。而这些问题具有较强的正的或负的外部性，能否得到解决直接制约区域整体的发展。在新常态下，在注重区域竞争的同时，更要注重围绕共同面对的治理问题，展开区域之间的联合行动。

积极推进高效、包容、可持续的新型城镇化战略

新型城镇化战略不仅是支撑区域经济发展的强大引擎，也是实现协同发展的重要途径和抓手。因此，需要正确处理好协同发展和新型城镇化的关系。

经过三十余年的快速发展，我国城镇化发展迅速。城镇化率由1978 年不到 20% 提高到 2013 年的 53.7% 。但是，我国城镇化发展还存在着一些问题。如经济活动、人口快速向大城市聚集，对城市治理、资源环境的承载能力提出了新的挑战。2013 年，上海、北京、广州、深圳的经济总量之和已超过 10000 亿美元，大约相当于挪威或者是瑞典经济总量的两倍，已高于韩国的经济总量。根据 2010 年我国第六次人口普查数据显示，人口流入最多和最快的城市是上海、北京、广州、东

莞，共有5200万以上的人口流入这些大都市区①。超过200万的大城市比例明显增加。按照市辖区人口测算，有11个城市的市辖区人口超过了500万，人口总和占所有城市市辖区人口的比例已接近1/4（2012年，如图2所示）。

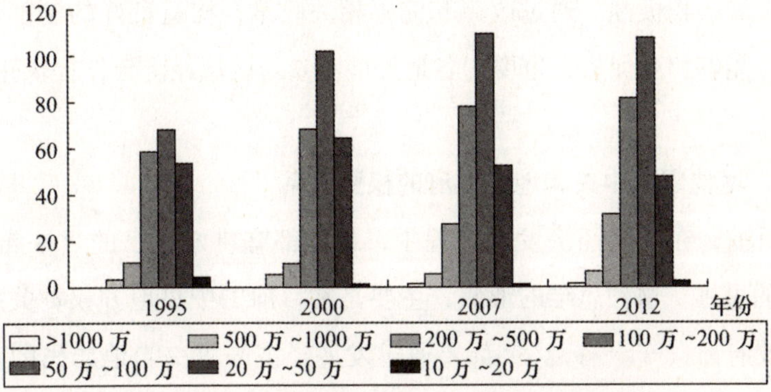

图2 1995~2012年我国城市规模结构的变化

与此同时，中小城市集聚产业和人口不足，潜力没有得到充分发挥。我国50万以下的中小城市数量正在减少②。此外，要注意到各地区之间的城镇化水平还存在显著差异，如河北、江西、河南、安徽、贵州等地的城镇化率还未达到50%。城镇化的潜力还很大，城市规模还有较大的拓展空间。为此，在落实城镇化战略的过程中，要进一步优化城市规模结构，增强城市之间的连接性，改善欠发达地区的基础设施条件，加快基本公共服务均等化，为各类城市的发展创造更加公平的环境，以此促进区域协同发展。

---

① 资料来源于世界银行与国务院发展研究中心合作课题《推进高效、包容、可持续的城镇化》。

② 根据中国城市统计年鉴2013计算。

推动区域协同发展，落实新型城镇化战略，必须深化改革

区域协同发展的核心在于协同，而协同的关键又在于各地具有推动协同发展的积极性。通过改革和完善相关政策，构造良好的制度环境，使二者能够相互促进，也要为各地发展和参与区域经济合作提供正确的激励。

1. 尽快理顺中央和地方政府的权责关系

目前，在区域经济发展过程中，各地都有耕好自己的“一亩三分地”的思维。这种思维的形成，主要是在目前的中央地方权责关系下，各地政府都“守土有责”，都要通过发展经济来解决当地居民的就业、公共服务、基础设施建设、环境治理和生态保护等。这是造成地区之间进行“底线竞争”的重要原因。消除这一因素，需要重新构建中央地方权责关系，将那些在目前技术条件下可以由中央政府承担的公共服务和跨区域的交通、通讯、环保等基础设施建设的责任上收，义务教育、基本医疗、社会保障等以“人”为中心的公共服务和跨区域、跨流域的生态建设和环境治理等方面要承担更主要的权责，弱化各地进行“底线竞争”的激励。建立中央和地方政府事权与支出责任清单。

2. 加快财税体制的改革

建立适当的利益激励和约束机制是推动协同发展的根本基础，而这一机制的建立与财税制度的改革密切相关。我国现行的税制以增值税为主体，地方政府可获得的财力往往与增加值率比较高的制造业发展的状况有关。这使得各地热衷于发展高附加值的重化工产业，造成了比较严重的区域产业同构，影响了资源要素配置效率。应逐步提高直接税的比重，建立以房地产税和土地使用税为主的物业税、城市维护建设税、资源税和环境税为主的地方税体系，引导地方政府行为转移到提高本地公

共服务水平和绿色发展上来，使各地发展更符合新常态下经济社会发展的大逻辑。

3. 推进基本公共服务均等化

目前，我国各地基本公共服务水平差异较大，这不仅有违社会主义国家必须坚持的公平原则，不利于社会的稳定和国家的统一；而且也不利于劳动力要素的流动，从而不利于劳动要素在空间上的优化配置。应在明确地方政府在公共服务方面的权责的基础上，加大对欠发达地区的转移支付的支持力度，提高欠发达地区政府提供公共服务的能力。同时，应尽快统一全国的养老保险、医疗保险等制度，以便于劳动力的空间流动。

4. 尽快消除阻碍要素跨区域流动的地域歧视性政策

应当承认，经过多年的改革，对要素流动起阻碍作用的地域歧视性政策已大为减少。但是，各地市场准入、职业资格、产品、技术、质量安全等的认证标准和污染排放标准还不统一，政府采购和其他支持产业发展的政策还存在差异，这依然比较严重地影响着资源要素的空间优化配置。应按照中央对于建立全国统一市场的部署，尽快消除各地在上述诸多方面的差异。

5. 加快完善地方政府政绩考核制度

目前，我国不同层级政府间呈现为“条块结合、层级授权，向上负责”的网络型政府间关系。地方政府作为经济发展、社会管理、公共服务、土地管理、环境保护、生态建设、科技创新等大量职责的实际执行者，同时面临着上一政府或者上一级主管部门的考核。考核制度如何，直接影响着地方政府的行为。过去，由于比较重视增长指标的考核，各地都把经济增长作为第一要务。今后，应按照新常态下经济社会发展的大逻辑，从提高经济运行效率、增进发展的包容性和公平性、增强资源环境可持续性等方面，设计出新的系统而又简洁的考核指标体系，以引导各地走协同发展之路。

6. 采取多项政策措施，加快新型城镇化战略的落实

加快提高我国各地区基本公共服务的均等化水平，促进农村人口有序转移。完善社会保险关系转移接续政策，在农村参加的养老保险和医疗保险规范接入城镇社保体系，建立全国统一的城乡居民基本养老保险制度，整合城乡居民基本医疗保险制度。加快优化城镇布局，推动城市之间跨区域的协同发展。城市群将是未来经济活动空间组织形态的主体形式，也是带动全国经济增长、促进区域协同发展、参与国际竞争合作的重要平台。今后，我国要更加注重从全国整体空间要素配置效率最优的角度，统筹协调各地区的城镇化发展，在优化提升东部城市群的基础之上，还要加快中西部地区城市群的发展。加快推动城市群规划与城镇体系规划、土地利用规划、生态环境规划等“多规合一”的改革。建立城市群发展的长效机制，切实推进基础设施、公共服务设施等的跨区域互联互通，促进各种优质资源的高效配置和广泛共享，推动跨区域生态环境的联合治理。

智能基础设施：城市可持续发展的关键

西门子股份公司

过去的三十多年是中国经济腾飞和城市化狂飙突进的时代。但由于缺乏全面系统的规划和经验，快速的城市化也产生了一系列的问题，空气和水污染、交通拥堵等问题尤为突出，已经严重地影响到了城市的宜居和竞争力，也影响了国家经济和民生的进一步提高和改善。因此，关键是要寻找到解决这些问题的切入口，通过经济有效的措施确保城市和国民经济的可持续发展。

目前城市的突出问题是主要由能源的低效和不清洁利用造成的

北京市环保局于 2014 年 4 月 17 日发布的北京市大气污染分析报告（参见图 1）表明：PM2. 5 的产生主要由机动车、燃煤和工业生产排放造成，三者合计占 70% 以上；上海市环保局于 2015 年 1 月 7 日发布的分析报告结果也与此类似①。这三者的核心都是属于对能源的低效和不清洁利用上（工业生产中的物料排放除外）。

① 《上海首张 PM2. 5 "基因谱" 正式出炉 PM2. 5 源解析将常态化》，中国上海政府门户网站，2015 年 1 月 8 日。

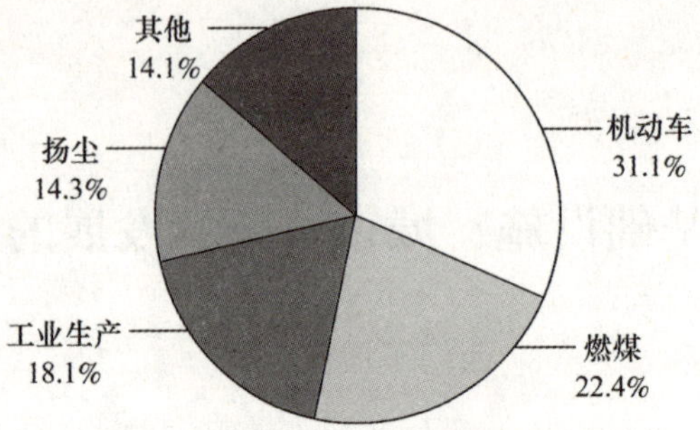

图 1　北京市 PM2. 5 排放源分析

资料来源：北京市环保局网站，《北京市 PM2. 5 来源解析正式发布》，2014 年 4 月 16 日。

同期的研究也显示，在中国的能源综合利用上存在着巨大的浪费（参见图 2），在能源生产和运输过程中有 44% 的能源通过各种形式损失了，这还没有考虑能源在使用过程中的浪费。如果考虑到中国目前作为世界上最大的能源消费国（2012 年消费了 3，037 百万吨石油当量的能源，超过美国同期 24%），且约 18% 的能源通过进口获得，一个百分比的损失即意味着巨大的能源进口需求。

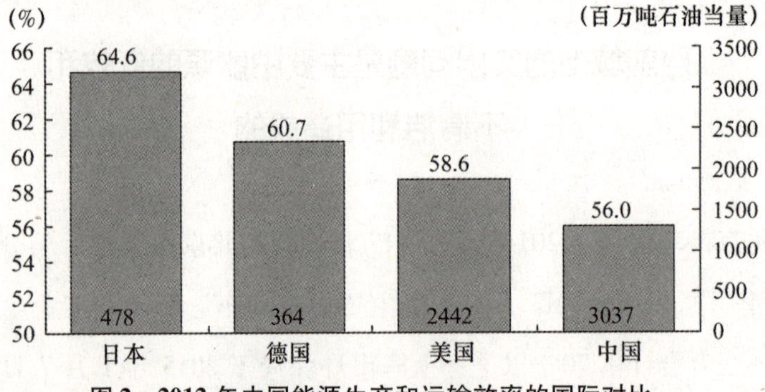

图 2　2012 年中国能源生产和运输效率的国际对比

资料来源：国际能源署，图中绝对数是能源生产和进口总量，百分数是从能源生产和进口转化为最终消费的比率，数据为 2012 年。

具体而言，中国的综合能源利用率方面在整个能源价值链上还存在以下主要问题。

（1）能源生产环节的低效和污染

相比较于全球平均为26%的煤炭利用率，中国67%的能源来自于煤炭①，因此在挖掘、加工、运输和二次能源制造过程中形成了巨大的污染。但同时，煤炭资源的价格优势和供应充足确定了中国长期对此的依赖，这使得能源使用效率和清洁使用成为一个核心问题。电气化比例低是另一个关键问题，大量的煤炭等化石资源没有转化为电力而是直接燃烧，造成大量的浪费和污染。

（2）能源运输环节的损失

总体而言，中国经济发展的中心与能源生产的中心并不重叠，因此传统上必须长距离对能源进行运输，而一般的电力输送技术线损率高。同时，由于用电上的峰谷差也造成了系统的巨大浪费和损失。

（3）能源使用环节的低效和污染

在交通方面，燃油机动车的大幅增长和低效率使用、公交分担率低是主要原因。2014年末中国民用汽车保有量达到15447万辆，比上年末增长了12.4%，伴随产生了严重的机动车燃油消耗量增加、城市交通拥堵和空气污染问题，并造成了巨大的国民经济损失。据中国交通部的测算，我国城市交通拥堵带来的经济损失占城市人口可支配收入的20%，相当于GDP损失5%~8%，高达2500亿人民币。同时，中国内地大城市公交出行分担率平均约为20%，远低于发达国家。此外，货运机动车和轮船柴油使用过程中的巨大排放也不可忽视。

在工业方面，生产集中度低、生产过程效率低、污染防治和管控不力是主要原因。

在建筑方面，快速城市化过程中的大量建设、建筑围护结构的保温效率低、低效照明、建筑自动化程度低以及由于生活和工作环境改善补

① 资料来源于国际能源署，数据为2012年。

偿式的消费增长推动了能源的巨大消耗。特别是在中国的公共建筑领域，由于建筑面积的大幅度增长和同期单位能耗的不降反升，造成了巨大的能源损失。据统计，中国公共建筑的总面积在过去的10多年间翻了三番（从1996年的27.6亿m^2增长到2011年的79.7亿m^2），而单位面积能耗则增长了22%（从1996年的62.0kwhe/m^2增长到了2011年的75.7kwhe/m^2），是各类建筑用能中能耗强度最高的一类①。这其中主要的原因之一在于制冷站的能效偏低。根据不同的实测结果，目前中国实际运行的制冷站年平均能效比大多不超过3.0，尚未达到必须的合格水平（3.5）②。通常空调能耗占建筑能耗的50%以上，制冷站系统能耗占空调能耗的约70%，如果制冷站系统能效比从3.0提升到5.0（优秀水平），建筑整体能耗将降低14%。

也正是由于这些原因，中国在综合能源利用率上和发达国家相比还存在较大的差距，这也导致了中国在单位GDP二氧化碳的排放上居高不下（参见图3）。

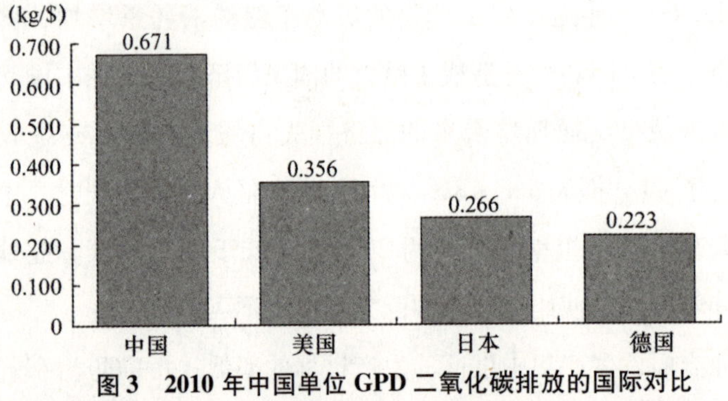

图3　2010年中国单位GPD二氧化碳排放的国际对比

资料来源：根据世界银行《世界发展指数》数据库编制。

① 资料来源：《中国建筑节能年度发展研究报告2014》。

② 根据美国暖通空调工程师协会（ASHRAE）的标准，将系统能效比（EER）低于3.5的制冷站列为需要改进（分体空调的能效比一般在3.5左右），优秀的制冷站系统能效比应高于5.0。

因此，如何在能源生产、运输和消费的整个链条提高效率，减少污染，对于中国实现可持续的发展至关重要。

现有和不断涌现的智能技术可以最有效地提高城市的能源利用效率

现有的技术已经能够大幅度提高能源的利用效率，特别是得益于ICT技术发展产生的智能技术，能够比传统技术更加有效和经济地提高能源的利用效率，而且智能技术还在不断的发展之中，还能够通过新的运用方式改变我们的传统方式。

研究表明，如果采用相关的技术，特别是智能技术，能源的综合利用效率可以达到65%，甚至更高（参见图4），相比较于目前仅35%的效率，这个提高无疑将对中国的可持续发展做出极大的贡献。

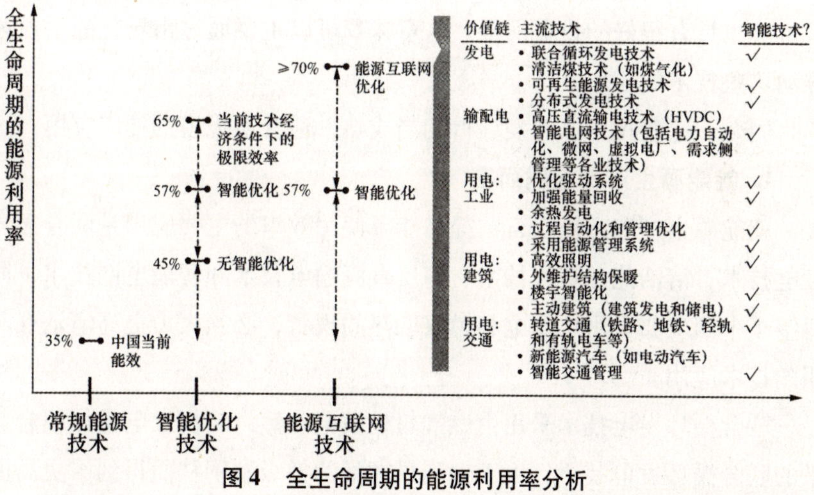

图4　全生命周期的能源利用率分析

根据西门子亚洲城市能力中心最近完成的对南京市可持续发展的分析也充分印证了这一点。南京市完全可以实现“零碳增长的可持续发展”，即与2012年的碳排放水平相比，在保证排放总量不增长甚至下降的情况下，实现经济的持续增长，其主要的贡献来自在能源、工业、建筑和交通领域智能基础设施技术的应用（参见图5）。在目前城市碳排放主要与能源相关的前提下，这个结论将大幅度帮助南京市提高能源的综合利用率，减少污染，从而推进可持续发展目标的实现。

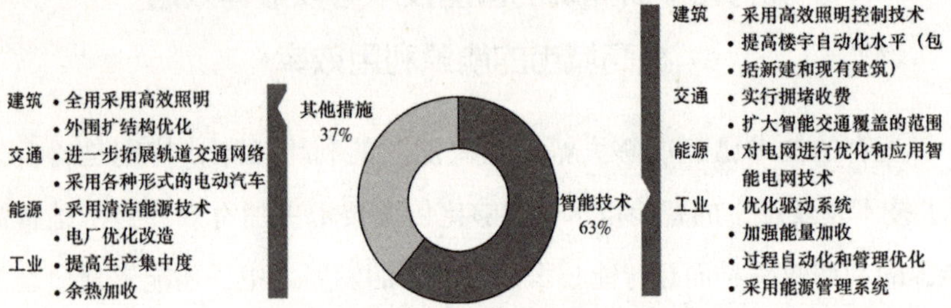

图5　南京市碳减排的措施贡献分类

资料来源：西门子亚洲城市能力中心的分析报告《南京市的可持续发展愿景：零碳增长的可持续发展》。

该分析显示，智能技术可以贡献63%的减排量，并且更加重要的是，在合适的市场前提下，这些智能技术不仅具有很高的社会效益，而且自身也具有很好的投资回报，这意味着可以主要通过市场化的手段来推动这些技术的应用。

同时，这些技术已经发展得相当成熟，适合大规模的推广应用。

1. 就能源生产和运输而言

就能源生产和运输而言，提高能源使用效率的主要应用是联合循环发电技术、清洁能源替代技术、高压直流输电技术和智能电网技术，同时鉴于中国主要采用煤发电和燃煤取热的现状，必须大力提高清洁煤利用的技术应用。

联合循环发电技术采用由燃气轮机发电和蒸汽轮机发电叠加组合起来的联合循环发电装置，由于做到了能量的梯级利用从而得到了更高的能源利用率；而分布式热电冷三联供则通过靠近负荷端的能源综合应用进一步提高了能源使用效率。目前联合循环发电最高可以达到61%①的

① 杜塞尔多夫Lausward电厂是全球最高效、最环保的燃气蒸汽联合循环电厂，发电效率达61%以上。

能源利用率，而分布式热电冷三联供则可以达到至少75%的效率，比目前传统的发电技术35%以下的效率提高巨大。与发电技术的改善相关的智能电网则通过有效整合小型的分布式发电和储能技术，动态管理需求等措施平抑峰谷差，进一步提高能源的使用效率。以位于美国科泉市的美国空军学院为例，西门子通过对整个校区的建筑安装智能楼宇能源管理系统进行网络化管理和优化，并进一步组成区域智能微网实现需求侧管理，实现了高达30%的削峰填谷和40%的能源节约，而这些系统的投入可以在2年左右收回投资。

2. 就能源使用而言

就能源使用而言，在工业、建筑和交通领域也存在成熟的技术能够大力提高能源使用效率。

一是在工业领域，取决于每个城市的产业结构，通常石化、钢铁、建材、纺织等领域是能源消耗的大户，也是污染排放的重要部门。

我们的研究发现，智能技术也能够帮助这些领域大幅度提高能源使用效率，包括优化驱动系统、错峰生产、加强能量回收、余热发电、过程自动化和管理优化、采用能源管理系统等手段并辅之以提高生产集中度等措施能够帮助企业提高将近20%的能源利用率，且投资回收期短。而未来的智能制造则可以进一步优化能源的综合利用，实现按需生产和用能。

二是在建筑领域，除了通过强化标准和设计创新加强围护结构的保温外，推动高效照明及其控制、楼宇自动化等智能技术的应用至为关键。

采用被动式建筑设计与主动式节能智能技术有机结合的近零能耗建筑，应用太阳能、风能、地能、余热回收、蓄冷蓄热及建筑节能等措施，达到采暖、通风、空调、照明、动力等设施近零能耗运行，无疑是发展的方向。以中国建筑科学院最近建成的近零能耗示范楼为例，在建造过程中秉承了“被动优先、主动优化、经济实用”的原则，重点从建筑设计、围护结构、能源系统、末端系统、照明及智能控制系统、室内空气品质、能源管理与楼宇控制等方面，集成了28项前沿技术，包括楼宇自控系统，能源管理平台、冷机群控系统、温湿度独立控制系统、地源热泵系统、中高温太阳能集热系统、能量回收利用系统、高效照明与控制系统、室内空气品质与PM2.5控制系统、近零能耗建筑施工工法及过程管理等，达到“冬季不使用传统能源供热，夏季供冷能耗降低50%，照明能耗降低75%，每年每平方米综合能耗不高于25千瓦时”的目标。特别是采用的ECO系列智能节能控制系统，则是实现近零能耗的目标的核心所在，它实现了暖通空调系统至少30%的综合能耗节约。

最后，在交通领域，通过大力增加包括地铁、轻轨、有轨电车和电动汽车等绿色交通的建设、增加公交和非机动车出行的分担率和道路通行效率的相关技术，包括高效轨道交通信号控制系统、智能交通管理、拥堵收费、电气化货运、岸电船用和电动汽车分享等智能技术。

以伦敦市为例，为解决日益加剧的交通拥堵、空气污染和能源紧缺等问题，伦敦交通局和相关部门经过充分的论证研究和广泛的公众咨询，于2003年2月17日开始正式实行“交通拥堵收费”政策，在伦敦中心区划出特定区域，在固定时间段对其出入车辆实行交通收费管制。在此基础上，伦敦市又于2008年推出“低排放区”政策，针对进入该限制区的机动车等交通工具专门设定污染物排放限值。这两项举措使得大伦敦区的城市交通流量明显降低，城市道路通行能力增加，居民的出行行为与结构明显向公共交通方式倾斜。同时，城市污染物的排放也呈现逐年降低的趋势，城市空气质量明显好转。

法律法规的制定和强化是推动技术实施的必要前提

然而，完全依靠市场本身无法完成这些智能技术的快速推广和有效应用，目前还存在技术导入的困难。政府采取适当的措施能够大幅度缩短技术的导入期，提前实现可持续发展的目标。为此，建议根据不同市场的特点制定相应的法律法规，强化技术措施的应用。

1. 需要建立推动相关技术应用的市场发展机制

以热电冷三联供为例，由于天然气价格、上网电价和方式的不确定影响了该技术的发展，风电、太阳能等其他可再生能源的发展也面临同样的问题。建立针对非清洁能源利用的补偿和交叉补贴机制，可以在推动煤炭利用的清洁化和电气化发展的同时，增强对这些新兴清洁能源发展的鼓励。拥堵收费等方式的应用也受到相关法律法规的约束，需要通过立法层面推动这些技术的应用。另外，节能服务业务发展的叫好不叫座也与此相关，需要国家层面既要强调建筑物的节能性能，但更应关注建筑物的实际能耗，以控制能源消耗总量。为此，需要从总量控制的角度出发，建立公共建筑能耗标准，并根据总量控制标准，实施按定额递进的阶梯电价，对于促进市场主体积极寻找和利用先进节能技术，切实提升建筑能效具有重要意义。

2. 政府加强审计和监管也至为关键

对重点能耗单位进行实时监控并进行国内国际对标，并在此基础上通过碳交易机制推动这些重点能耗单位的节能减排，提高能源使用效率是一种有效的市场化机制。

3. 建立跨部门的协调机制能从源头上提高能源使用效率

国际与国内优秀经验表明，城市与交通一体化协调发展，实施综合交通规划是城市解决交通问题的一条重要经验。城市绿色交通的规划、建设、运营和管理，需要交通运输、规划建设、市政园林、旅游、公安交通管理等主要相关部门共同参与决策。尤其是交通智能化的建设发展涉及城市交通管理的各个职能部门，这些职能部门既是交通信息的提供者，同时也是交通信息的需求者，更需要建立部门间的协调机制，在交通信息的采集和共享方面进行系统整合。

城市公共交通市场化发展初探

港铁公司

城市公共交通与城市的发展水平和居民生活质量息息相关。近年来，我国越来越重视城市公共交通的发展问题，国务院先后发布了《关于城市优先发展公共交通的指导意见》（国发〔2012〕64号）和《关于加强城市基础设施建设的意见》（国发〔2013〕36号）等文件，明确指出要鼓励发展城市公共交通，鼓励社会资本参与城市公共交通的建设和运营。各级地方政府积极响应，开始探索引入社会资本和竞争机制进行城市公共交通的市场化改革。

借鉴发达国家市场化改革的成功经验，并结合中国的实际，我国的城市公共交通市场化探索可从“投融资体制多样化”“运营主体多元化”和“价格体系市场化”三个方面入手。

多样化的投融资体制

资金的短缺，无疑是制约城市公共交通快速发展的最大障碍。在我国，过去由于投资主体单一，融资渠道不畅等原因，无法形成多样化的投融资体制。交通基础设施建设和运营所产生和积累的资金缺口，形成了庞大的地方政府债务。当前，国务院正在要求各地政府清理地方债务，并于2014年10月发文全面规范地方债务管理。显然，延续老路，继续加大举债进行基础设施投资已非常困难。但另一方面，基于全球经济的实际情况，为保证整个国民经济的持续增长势头，以及构建未来长期发展的红利，交通基础设施在相当长一段时间内仍将是投资的重点领域之一。若资金的矛盾得不到解决，则会在很大程度上制约城市公共交通的发展。

自20世纪70年代开始，诸多发达国家都开始积极探索城市基础设施投融资体制改革，以解决政府财政资金短缺、财政负担过重的问题。通过积极吸引社会资本，不断创新融资手段，将政府独家投入的投融资模式转变为政府主导的市场化投融资模式。

在日本，政府在推进城市基础设施投融资市场化改革时，不断提高股权融资和债券融资的比重，逐步降低政府和银行的贷款比重。日本“开发银行”通过吸收邮政储蓄资金、养老金等资金，向国内的基础设施建设提供长期低息贷款来有效引导社会资本投入城市基础设施建设。在英国，政府则大力推广政府与社会资本合作的PPP模式。目前英国的PPP项目价值额和数量占到全球的1/3。据统计，1987年至2012年，英国一共批准了PPP项目730个，其中650个在运营中，运营总金额达540亿英镑，其中交通占36%。这些成功的探索，为我国推进公共交通行业投融资市场化改革提供了有益的借鉴。

事实上，城市公共交通的投融资模式的市场化和多样化之所以可行，是由其内在属性所决定的。相当一部分城市公共交通项目，具备收费机制确定、收益较稳定、项目风险相对较小等特点。这些特点对包括保险资金在内的市场上大量的低成本资金具备一定的吸引力。

因此，要推进城市公共交通投融资市场化改革，需要真正建立起“政府引导、社会参与、市场运作”的投融资体制。在投资上，政府要积极探索多种方式，引导资金的供需双方实现匹配，推广政府与社会资本合作的PPP模式，吸引社会资本投资建设和运营城市公共交通。在融资上，除了继续完善以银行融资为主的间接融资手段外，还应积极培育和发展规范、透明、高效的资本市场，通过发行公共交通建设债券、融资租赁，引进养老基金及保险基金等多种融资方式，逐步提高直接融资的比重，拓宽城市公共交通企业的自主融资渠道。通过这些手段，最终实现城市公共交通投资主体多元化、资金来源多渠道、投资方式多元化。

多元化的运营主体

在我国过去的体制下，在几乎每一个城市里，都是唯一的国有企业来垄断着城市公共交通的运营。整个城市公共交通服务缺乏优胜劣汰的竞争机制和透明有效的监管机制。

竞争的缺失，首先带来的是运营主体不作为或不当作为的问题。垄断性经营诱发了成本的不透明性，进而导致企业出现过分投资、不适当扩容、盲目增加雇员、不合理提高费用等行为。企业经营者千方百计获取更多的政府财政补贴，而对通过如何降低运营成本、提高服务水平并无兴趣。

竞争的缺失，还带来了监管主体无法有效监管的问题。城市公共交通运营服务完全依赖单一的供给者，政府和公众都无从对其所提供服务的优劣进行有效的对比。同时，由于企业成本的不透明性，政府也很难对财政补贴的合理性做出判断，直接加重了政府的财政负担。垄断条件下，没有可以替换的运营商。即使面对低劣的服务，政府监管部门也无计可施。

20 世纪 70 年代以前，英国政府基本上把城市公共交通运营视为自然垄断的福利性产品，主要采取政府财政出资，由政府公共管理部门进行运营管理的模式。这一做法导致了财政负担过重、运营效率较低等问题的出现。1979 年英国政府开始推行市场机制，大力推进市场化改革，在城市公共交通行业引入社会资本参与运营，不仅缓解了英国政府的财政压力，而且极大地提高了英国城市公共交通的运营效率和服务质量。自英国实现市场化改革之后，日本、澳大利亚等国家都加快了城市公共交通运营主体多元化的步伐。英国和其他发达国家的经验表明，运营主体多元化改革是城市公共交通发展的大势所趋。运营主体多元化改革要通过放开市场，吸引社会资本进入一直由国有企业垄断的运营市场，其实质是引入合理的竞争机制，形成多元运营主体共同参与的平等有序竞争格局，从而改变单一运营主体下的运营低效性和监管无效性。

适当引入城市公共交通供给者，实质上是为政府和消费者提供了一种保险。由两家或两家以上运营商提供相同的服务时，若其中一家未能履行职责，或者低效无能、服务质量低劣，那么政府部门就可转向另外一家运营商。同时，消费者也可在多元的供给者之间进行选择。这些都将促使各运营商不断地提高服务质量和运营效率，构建以服务为导向的城市公共交通运营模式。

适当引入城市公共交通的供给者，为社会资本进入公共交通领域提供了可能。引入社会资本参与城市公共交通的运营之后，由于社会资本具有明确的利润导向，在保证政府制定的运营标准和自身合理利润的前提下，为了增加企业的竞争力，必然会努力提升服务品质、创新服务内容来满足社会公众的需求。同时，社会资本的进入，也带来一些先进的行业经验和管理理念，能够使城市公共交通的设计、建设和运营等环节都得到优化，提升国有公共交通运营企业的运营效率和管理水平，从而使得整个城市公共交通体系的设计和运转更加合理。

适当引入城市公共交通供给者，有助于减少信息的不对称性，让政府部门和社会公众能更多地了解公共交通运营企业的成本，从而制定合理的财政补贴。因此，我国在未来需要加快对多元化运营商结构的培育。通过“鲶鱼效应”，激活现有市场的活力。

市场化的价格体系

确定合理的价格体系，建立相应的收益补偿机制，保证社会投资者的合理利润，是实现城市公共交通可持续发展的重要保障。

过去，政府出于公共福利的考虑，对终端价格的管制较多——要不严重扭曲市场价格，要不常年不做调整。除去企业自身经营不善等因素外，价格因素也是导致目前国内公共交通运营企业收入较低，难以实现完全意义上的财务收支平衡的重要原因。因此，若继续沿袭过去的定价思路，过分夸大城市公共交通服务的社会福利性，把公益性和商品性对立起来，违背价值规律，从长期来看只会制约甚至恶化整个行业的发展。一方面，消费者缺乏经济约束力，过度使用或浪费性消费公共交通服务，加剧地方政府的公共财政负担；另一方面，因为“无利可图”，社会资本踌躇不前，投资运营公共交通产品的积极性被抑制。因此，我国的公共交通价格体系的改革是势在必行。

而世界许多发达国家和地区，通过长期的探索，对公共交通价格改革已经积累了丰富的经验。在英国，政府在城市公共交通行业推行市场化改革，充分考虑运营企业追求利润的合理要求，通过建立相应的价格管理机制和收益补偿机制，保障社会资本的合理回报。这样既确保了社会公众能够得到优质的运输服务，也保证了城市公共交通运营企业得够得到合理的盈利水平，最终形成了社会和企业的双赢局面。在香港，政府通过了地铁票价的“可加可减机制”，即每年根据通货膨胀率和企业运营成本的变化来调整票价。在合理的价格体系环境下，香港地铁通过技术创新、精细化管理、优化流程等措施不断提高收益、降低成本，在提供了世界级优质服务的同时，还成为全世界极少数能够盈利的地铁之一。

要实现我国当前公共交通价格领域的改革破冰，首先需要厘清定价问题。合理的价格，应该以经济效率为准则，兼顾公平和福利，统筹消费者和政府的承受能力。只有这样，才能实现多方共赢，促进长期发展。具体而言，企业有利可图，政府要财力可及，市民要享受福利，同时还要对私人交通保持显著的价格竞争优势。其次，还需要构建动态的价格调整机制。在改革的实际操作中，可以适当借鉴香港等地的经验，建立一套与物价总水平、居民收入水平以及企业运营成本相适应的价格联动机制。

一旦合理的定价机制和价格调整机制被建立起来，不仅有利于吸引社会资本的参与，拓展公共交通行业的融资渠道，减轻政府的财政负担，而且还能形成一种良性的竞争机制。社会资本为了取得竞争优势，不断改进技术、降低成本，同时提高服务质量，最终促进城市公共交通行业的健康发展。

十八届三中全会明确提出“建立透明规范的城市建设投融资机制，允许地方政府通过发债等多种方式拓宽城市建设融资渠道，允许社会资本通过特许经营等方式参与城市基础设施投资和运营”。城市公共交通市场化改革需要政府发挥引导和带动作用，合理探索和鼓励社会资本通过特许经营、参股控股等多种形式参与公共交通项目的建设和运营，完善城市公共交通的价格形成机制和动态调整机制，确保社会资本的合理盈利水平。同时政府也要尽快制定相应的法规和政策，强化监管能力，防止出现社会资本采取变相高利贷、绑架地方政府等问题的出现，真正形成政府和社会资本共同合作、共担风险、共同发展的新型城市公共交通。